光明社科文库
GUANGMING DAILY PRESS:
A SOCIAL SCIENCE SERIES

·法律与社会书系·

刑事证据原理及其应用

张斌　古剑｜著

光明日报出版社

图书在版编目（CIP）数据

刑事证据原理及其应用 / 张斌，古剑著. -- 北京：光明日报出版社，2024.11. -- ISBN 978 - 7 - 5194 - 8349 - 4

Ⅰ. D925.213.4

中国国家版本馆 CIP 数据核字第 20248729WJ 号

刑事证据原理及其应用

XINGSHI ZHENGJU YUANLI JIQI YINGYONG

著　者：张　斌　古　剑			
责任编辑：张　丽		责任校对：刘兴华　贾　丹	
封面设计：中联华文		责任印制：曹　净	

出版发行：光明日报出版社

地　　址：北京市西城区永安路 106 号，100050

电　　话：010-63169890（咨询），010-63131930（邮购）

传　　真：010-63131930

网　　址：http://book.gmw.cn

E - mail：gmrbcbs@ gmw.cn

法律顾问：北京市兰台律师事务所龚柳方律师

印　　刷：三河市华东印刷有限公司

装　　订：三河市华东印刷有限公司

本书如有破损、缺页、装订错误，请与本社联系调换，电话：010-63131930

开　　本：170mm×240mm			
字　　数：286 千字		印　　张：17.5	
版　　次：2025 年 3 月第 1 版		印　　次：2025 年 3 月第 1 次印刷	
书　　号：ISBN 978 - 7 - 5194 - 8349 - 4			

定　　价：95.00 元

序　言

法学研究最重要的区分莫过于法学理论与法律实务。法学理论要求法学知识的生产，通过观察法律现象、寻找法律规范在社会生活中适用的疑难问题，剖析这些疑难问题的生成原因，从而达致对某一部门法律规范的完整理解与体系构建。法学知识的体系化与创新性，是法学理论研究的中心任务。而法律实务的要求与此不同，遇有法律问题或者法律案件，实务工作者首先想到规制这些法律问题、案件的法律条文、指导性案例、管辖法院及上级法院对类似案件的习惯性做法，从法律条文的解读和法律案例的比较中找到最有利的法律解决方案与操作策略，不用考虑这些操作策略背后的理论原理。简言之，法学理论要求知识创新，法律实务要求最优操作。

这种区分当然意味着差异与矛盾。在实务工作者眼中，摆平即水平，正当即担当。法学理论再精致、再圆融，也无法对法律实务产生影响，尤其是摆在面前的法律规范或者法律条文是强制性、原则性规定的时候。法律实务工作者很难理解如下问题，法律办案不就是法律条文运用于具体案件的过程吗？以自己几十年的办案经验和对法律条文驾轻就熟，懂不懂这些条文背后的理论争议或者解释方法，其实并不重要。法律是衡平的艺术，案件是利益的博弈，办理法律案件说到底是平衡各方利益的"艺术"。在具体法律案件的办理过程中，只要能够充分正视双方当事人的诉讼请求，理性对待他们之间的诉讼利益，提出大家都能够接受的法律解决方案，那么既体现了自己的办案水平和办案责任，又有效解决了当事人的诉讼纠纷，满足了法治的正当要求。那些从来没有办过案件、只会在法律理论上喋喋不休、耍弄嘴皮写点自娱自乐文章的家伙，只是一群不懂法律的纯粹书生或者理论家，只会在大学课堂上面对着一帮没有实务经验的法科学生"指点江山"，没有任何实际的作用。

相反，在理论研究者眼中，学术即生命，理论即创新。法律实务再具体、再富含技术，也无法撼动法学理论对法律实践的指导地位与意义，尤其是摆在面前的法学问题在法学理论上存在显见优势的时候。他们同样难以理解如下问题，这些具体办案的律师、监察官、检察官、法官，平时既不怎么读书，也没有把思考与写作当作一种生活方式，怎么能够正确理解法律条文背后那些精微幽深的法学道理，怎么能够将这些法学道理正确运用在具体案件的办理过程中？不正确理解条文、不正确运用法理，法学还是一门社会科学吗？如果在课堂上我们不向学生讲清楚条文理解与运用的道理，不去研究这些法学问题，我们还算是法律学者吗？不论那些实务工作者是否承认我们的学术价值、是否指责我们是纯粹书生或者理论家，都不要紧，我们可以承受谩骂与怀疑，法学理论研究与创新过程虽然从来都布满荆棘没有坦途，但是绝对不能不讲法理。

理论研究与实务操作之间的差异与矛盾，在任何学科都实际存在，只是差异的深浅与矛盾的大小不同罢了。法律技术是"入世"的技术，法律学科是紧贴社会现实的社会科学，在实际操作中遇到法学理论难以回答的奇特问题，在所难免。刑事证据法学同样如此。

以证据的所指为例，时至今日，学者对证据的对象都存在着相当大的争议。有些人认为证据实指证据载体，如证人、物品、U盘、各类检验报告，而持不同观点的学者认为证据实指证据载体中与案件事实相关的内容，如证人所说的证言、能够反映案件事实情况的物品、U盘中的各类文件、检验报告的相关结论，还有些学者认为证据即指证据载体，也指这些载体所表达出来的内容。最为奇特的说法是证据是指这些载体表达出来的符合案件实际情况的内容，或者说证据指截取案件事实的命题。要分清楚这些说法的细微差别，确实要耗费相当多的时间和精力。

证据的所指不同，在操作中可以规制的对象和确实的证据规则就有较大区别。规制证据载体，最容易办到，这毕竟是有形的实物；但是要规制证据载体所表达出来的内容，为其确定相应的调查规则，难度要大很多。

以电子数据为例，在实物操作中侦查人员认为，反正电子数据就在电脑、手机、网络等的各类介质上，最简单、最有效的办法是按照电子数据取证操作手册，直接插拔这些电子介质即可。但是理论家会告诉侦查人员，电脑、网络、手机中的数据类型有暂存、缓存、贮存、不存的区别，单纯插拔可能会损害相应的电子数据，影响电子数据的完整性，继而影响电子数据的真实性，因此要根据不同的电子数据，配备专业人员搜查取证。这很像你做一个切除胆囊的小手术，医生会让你在列举了一系列术后并发症的免责声明上签字，出了问题与医院、医生没有关系。简单插拔行为，如果影响了电子数据的完整性和真实性，不能够证明案件真实情况，不能有效打击犯罪，甚至放纵犯罪，那就是侦查人员的责任。可以想见，侦查人员对电子取证问题会有些犯怵，真的遇到电子载体究竟是插拔拿走好还是视而不见好，确实没有定论。插拔虽有取证瑕疵，但是总会存在一个证据，总比什么都不管好一些。因此，在实务操作中即使没有那些复杂的电子取证的理论与规则，电子取证的实践照样存在。理论的智识与实务的智慧，可以并行不悖。

本人从事法律行业 26 年，法学理论研究与法律实务操作大致各占一半的时间。前十多年的研究生涯，拼命地阅读与写作。三年法学硕士、三年法学博士、三年进中国人民大学法学院博士后留动站、一年到美国加州大学伯克利分校做访问学者，终于在四川大学法学院拿到教授职位，成为博士研究生导师，那是一段痛并快乐的时光，两耳不闻窗外事，一心只读圣贤书，每天想的就是怎么写出好的文章，怎么能够把自己写的这些文字发表出来。到了2014 年，本人在成都市人民检察院挂职检察长助理，协助分管部分刑事检察和民事检察业务，那个时候才猛然惊觉法学研究的"自娱自乐"。花了那么多的时间、精力来写文章，最终得到的无非发表文章以后那瞬间的满足感和自己认为存在的智识，然而，实务当中的那些问题并不能通过查找既有研究成果就可以得到解决，因此另起炉灶、另辟蹊径，通过带领律师团队研究疑难案件，研究解答各类法律问题，以此获取法律智慧，倒也能够"自得其乐"。从"自娱自乐"到"自得其乐"，人生走过了大半。

本书选取了本人自认为重要的刑事证据问题，重新思考与写作。在这个过程中，成都市双流区人民检察院古剑检察长担任了本书部分章节的写作任务和全书的校对工作，非常感谢古剑的艰辛劳动，因此本书以合著的形式呈现在读者面前。当然全书的错漏都由本人承担。

是为序。

张斌于仁恒滨河湾

2024 年 6 月 25 日

目　录
CONTENTS

第一章

证据概念的学科分析
——法学、哲学、科学的视角

依据证据认定案件事实，是现代证据法中证据裁判原则的内容和要求。它被看作有别于神判等非理性断案方法、彰显现代证据制度理性和民主价值的根本标志，是诉讼合理主义发展的必然结果。其中，关于证据概念的理解与把握最为基础。可以说，中外学者对证据概念的研究倾其精力与心智，形成相当多有价值的学术成果。不过，笔者在研读这些材料的过程中，除了有一些研究心得，经常是疑惑丛生，产生这样一种阅读状态——你不说我还知道，你说了我就被搞糊涂了。这一方面反映了笔者学科知识素养还有待提高，另一方面是否还存在这样的问题，证据概念的研究在不同的学科具有不同的路径与方法，因而关注的基本问题亦有不同。本章对此略陈管见，以期对证据概念有更为清楚的理论认识与把握。

笔者认为，解释"依据证据认定案件事实"这种法律现象，可以运用（1）法学、（2）认识论、（3）知识论、（4）语言学、（5）逻辑学、（6）经验论、（7）（自然）科学七大学科领域的知识，由此理解的证据概念具有不同的侧重点。可把（1）的情况称为证据概念分析的法学路径，把（2）~（6）五种情况统称为证据概念分析的哲学路径，把（7）的情况称为证据概念分析的科学路径。

一、证据概念分析的法学路径

（一）法律实务人员与学者对证据的看法

对证据的理解与把握，是法律实务人员和证据法学者所熟悉的。

在那些经常运用证据办案的公安司法人员眼中，证据的理解与把握是相关法律规定及应用的问题。法律是怎么规定证据的，证据就是什么，法律是怎么规定运用证据的，就怎么来运用证据。例如，我国 1979 的《中华人民共和国刑事诉讼法》（以下简称刑诉法）第三十一条和 1996 年（修正）刑诉法第四十二条规定"证明案件真实情况的一切事实，都是证据"，现在的刑诉法第五十条规定"可以用于证明案件事实的材料，都是证据"，已将原来的"事实说"改为现在的"材料说"，这种修正在学界看来似乎更加合理一些，但是据笔者对实务的了解与观察，这不会对实务操作造成什么显著的影响。公安司法人员不会因为原来刑诉法规定证据是"事实"、现在刑诉法修正案修正为"材料"，而不清楚应当怎么发现、固定、收集和运用证据。他们知道，刑诉法原来规定的证据——"事实"需要用"材料"来固定，现在修正案规定的证据——"材料"需要去确定"事实"。无论证据概念的"事实说"还是证据概念的"材料说"，均不会造成他们于实际办案中对证据内涵与外延理解的偏差。他们清楚，证据的内涵就是认识案件事实的手段、是证明案件事实的根据或者方法，证据的外延就是诉讼法规定的那七种证据种类，不同的证据种类具有不同的制作与收集方法、程序。这些有关证据的知识，足以满足他们日常办案的要求。但是，如果你告诉他们另外一个不同的证据定义，例如，证据是截取案件事实的命题，他们就会产生很多的不解，甚至认为你是"打胡乱说"。他们不会理解为什么证据概念需要这样一种定义方式，什么叫作"截取"、什么叫作"命题"，证据的"命题说"与"材料说""事实说"比较起来有什么优势，对于日常办案有帮助吗？在办案中采取证据的"命题说"，是否已经违反现行的实在法？……这就意味着，在实务操作中，法律实务人员理解证据概念采取的是一种实用主义态度，他们具有一种规范的思维与操作习惯。

这种实用主义的态度在证据法学者身上同样存在。如果说那些公安司法人员注重的是法律有关证据规定的"规范意识"，证据法学者除这种规范意识外，还具有相应的"问题意识"。他们既努力解释有关证据问题的相关法律规范，用法解释学的方法确保证据法律规范能在司法实务中得到准确的实施和运用，又努力去发现现行证据法律规范可能存在的不足与漏洞，用法律建议的方式提出相应的完善对策。理解证据法律规定、反省证据法律问题、提出法律完善对策，是证据法学者研究证据的三大基本任务。他们关注和研究最多的，是有关证据能力、证据方法、证据规则、证据程序等内容在法律规范中可能存在的问题以及法律解决方法，他们具有把自己研究的证据问题形成法律规范或者法律规则的理论自觉。站在证据（概念）的角度来理解证据法学者研究的问题域，可以说他们研究的是，是否具有证据资格的证据、是否需要特定取证方法的证据，是证据规则中的证据、证据程序中的证据，还是庭审证明场景中的证据。他们同法律实务人员一样，只关注法律规定哪些材料可以作为证据，可以作为什么样的证据，只不过比法律实务人员具有更多的法律理论建构与批判意识而已。具体到证据概念问题上，证据法学者更为关注的是法律关于证据操作性定义是如何规定的，以及规定的合理性，或者说现在的法律对证据的规定会不会有漏洞或者不足，以致显著影响司法实务人员正确理解证据，造成证据规则运用混乱。

（二）对证据概念作法律实用主义理解的原因

证据法实务人员和学者对证据概念这种实用主义的操作与研究态度，是可以理解的。法律是一种经验的治理技术，法学具有实践的品格，这一点前人早有论述。康德认为，如"什么是法？"这样的问题，如果让法学家来回答会"使他感到为难"。[①] 这是因为，上述问题是哲学或者法哲学（这仍然是一种哲学）而非法学的提问方法，法学关心的是此时此刻是否合法。法学家必须把他应该判决的，个别的具体个案与组成实在法的法制或多或少是抽象把握的各种规则联系起来。具体而言就是，他的考虑是从案件到规则，又从规则到案件，对二者进行比较、分析、权衡，案件通过那些可能会等着拿来应用的、可能决定着判决的规则进行分析；反之，规则则是通过某些特定的个案或者类案进行解释。就此而言，法学的思维就是判断，法律的工作就是行使判断力。[②] 正是因为如此，有学者才会认为法律的解释与应用，是典型的"法学思维"，是法学家的"根本任务"。[③] 在法学领域，说某个法学家是思想家、哲学家，那不是在表扬他，甚至可能是隐含着"不了解、不懂得法律实务"的批评。

对证据概念的理解与把握，也是如此。实务人员和证据法学者很少追问"证据是什么？"这样抽象的问题，而是关注"证据的取得是否合法？""证据的运用是否合法？""是否有特定的证据规则来规范相应的证据取得与运用问题？"等。证据法中的证据，诚如何家弘教授所言，首先是一个法律术语，"人们一听到（证据）这两个字就会首先联想到案件、纠纷、调查、审判等法

---

① 康德. 法的形而上学原理 [M]. 沈叔平，译. 北京：商务印书馆，1991：39.
② 科殷. 法哲学 [M]. 林荣远，译. 北京：华夏出版社，2002：197.
③ 科殷. 法哲学 [M]. 林荣远，译. 北京：华夏出版社，2002：197.

律事务中的问题"①。在他们那里，想到的是"证据规则""证据规范"而不是"证据"。

（三）与证据概念共存的三个法律术语

这就意味着，证据不是作为单一的概念存在，而是与描述证据存在的法律环境之其他法律术语共存的。证据只是一组法律概念之中的一个。在证据法律规范中，与证据共存的具有紧密联系的法律概念主要有以下三个。

第一是待证事实这个法律概念。待证事实也叫作待证对象，纠纷事实、争议事实。运用证据的前提总是存在着一个待证事实。过去人们认为，待证事实就是需要法官查明或者认识到的案件事实，证据就是案件事实的查明手段或者说是认识手段。现在，随着诉讼主体性概念的提出，法官不再去主动调查案件事实，待证事实随之由一系列承认诉讼当事人主体地位的法律术语来表达。民事诉讼中，当事人主张的事实、需要当事人证明的事实、当事人之间的争点事实、民事实体法规定的要件事实、法官的审理对象等诸多与待证事实有关的法律概念，表明民事案件中待证事实在事实与法律层面应当注意的内容。刑事诉讼中，强调控诉方应当单方、完全证明当事人定罪量刑事实，以及辩方仅在违法阻却与责任阻却等可见范围内承担有限的证明责任的相关法律规定，使得刑事案件中的待证事实呈现出与民事案件不同的内容。但是无论怎么强调民诉与刑诉在待证事实方面的差别，可以明确的是，待证事实不仅是"等待证据查明的案件事实"，也是"等待证据证明的案件事实"，证据不仅是待证事实的认识手段，也是待证事实的证明手段，是诉讼、证据法律规范发展与变化的结果。笔者认为，证据的"事实说"，实质上是从待证事实的角度来界定、理解和把握证据，如果仔细分析 1979 年刑诉法、1997 年刑诉法有关法律规定，可以发现这一点。这是证据的"事实说"得到部分证据法学者认同的原因。

第二是证明这个概念。证据的提出与论证体现在案件庭审的法律时空当中，证据总是与证明紧密地联系在一起。如果说待证对象表达了证据运用的基本范围，没有待证对象就没有必要提出证据，那么证明表达了证据运用的基本方式，运用证据的必要性是在证明中体现的。前者是证据运用范围的限

---

① 何家弘.让证据走下人造的神坛：试析证据概念的误区［J］.法学研究，1999（5）：100-109.

定，后者是证据运用方式的限定。而证明就有免证对象与证明对象、证明责任、证明标准以及免证方法等具有典型证据法技术特征的法律规定及问题。严格地讲，证据只运用在那些需要当事人就特定案件事实（主张）承担证明责任达到法定证明标准的证明对象之上，免证对象不需要提出证据，免证方法不是证据方法，这是有关证明的常识性看法。① 因此，从证明的角度来界定、理解和把握证据，认为证据是证明的根据、手段、方法、材料，这就是证据的"根据说""手段说""方法说"和"材料说"，它同样得到部分证据法学者的认同。

第三个重要的法律概念是证据的审查判断。何家弘教授严格区分了证据审查判断的两个阶段：一是解决证据是否具有证据资格（能力）问题，他称之为采纳；二是解决证据是否能够作为定案依据的问题，他称之为采信。采纳与采信，合称为"采用"。这三个术语已成为证据法学研究中的基本概念。证据的审查判断与证据的采用基本同义。② 从证据审查判断的视角看，证据被视为法官就案件事实形成内心确信的原因，这就是证据概念的"心证原因说"。证据的"心证原因说"具有非常重要的法律实用和操作价值。从证据实务来讲，我们会问这样一个问题：为了使证据成为案件事实的定案依据，使法官对证据能够证明案件事实形成内心确信，我们需要在证据的发现、固定、获取、提出、质证和认定等方面注意哪些问题？具有什么样的要求？这样，如"证据是什么""证据应当是什么"这样的问题，通过证据审查判断这个概念的"桥梁"作用，很容易转化成"证据指什么""证据有什么作用"，进而转化为法律实务中证据运用的各种要求和特定规则。只要是符合这些法律要求的证据材料，就是形成法官内心确信的定案材料，反之，不能作为定案依据。因此，不难理解在证据法律规范中，有关证据的审查判断的法律规范占有很大的比例。"两高三部"甚至专门出台了《关于办理死刑案件审查判断证据若干问题的规定》（以下简称《死刑规定》）这样的证据规则。此外，从认识论的角度来看，证据的审查判断这个概念，将证据这种超越人们主观意识而存在的事物导向证据的认识和判断这样的认识论立场，实现了从证据本体论向证据认识论的"转向"。因而证据的审查判断，是证据法学者研究证

---

① 当然，也有把司法认知、当事人自认等免证方法称为证据方法的立法例，如英美国家。
② 何家弘. 证据调查［M］. 北京：中国人民大学出版社，2005：78.

据问题的一个基本的、重要的视角。

二、证据概念分析的哲学路径

（一）对证据进行哲学思考的必要性

为什么需要从哲学的角度思考"证据是什么"及相关问题，学者仁智互见。笔者认为，除了满足学者天生的那种"刨根问底"的知识好奇感，休谟的说法具有代表性：哲学思考有助于培养"忠实与精确"的精神，可以很容易地避免各种"浅薄""无知"与"愚昧"。提出问题、想出问题的快乐，是对一个哲学家寡群独居、艰辛思考最充分的补偿。"一个纯哲学家的为人，是不常受世人欢迎的，因为人们都以为他不能对社会的利益或快乐有什么贡献……而且他所沉醉于其中的各种原则和观念也都是人们一样也不能了解的"，不过，"他们以为，只要自己能发现出一些隐藏着的真理，使后人得到教益，那他们毕生的辛苦也就得到充分的补偿了"。① 正是因为如此，证据法学者对证据概念及相关问题的哲学分析，也会表现出很高的学术热情。②

除此之外，法律实用主义的分析工具只能解释证据合法性及其运用规则的问题，它无法从证据本质的角度来阐明证据的存在及其真假判断，这是需要在证据概念中引入哲学分析工具的主要原因。按照我国传统的证据法理论，证据本身被视作"真"的代名词，是一种绝对的客观存在和铁板钉钉的东西，只要发挥人的主观能动性，就能够认识证据、找到证据，从而正确地认定案件事实。到现在仍然有学者主张这样一种证据观。但是，在司法实务中，一个有经验的公诉人会告诉你，如果案件中的各种证据，如口供、人证、物证等吻合得严丝合缝，能够很好地相互印证，那就需要警惕，不能够排除这样一种可能性，案件本身是"做"出来的假案，这是因为在现实世界中，证据证明案件不可能做到那么好。很显然，现代与传统的证据法理论与司法实务，似乎对证据的客观属性和真假判断有了一些变化，如何来认识证据，如何来认识证据的真假，如何来把握"通过证据认识案件事实"的内在合理性，找到通过证据正确认定待证事实的合理做法，是思考"证据是什么"的主要动

---

① 休谟. 人类理解研究 [M]. 关文运，译. 北京：商务印书馆，2011：11-13.
② 至今笔者仍对20年以前"客观真实"与"法律真实"的学术论战记忆犹新。这场关于证明标准问题的讨论，全面引发了诉讼法、证据法学界思考研究证据、事实、证明、证明标准等证据基础问题的热情。

因。这里面有学者的推动与贡献，如前面提到的何家弘教授的那篇论文①，他第一次明确提出证据不是绝对的客观存在，本身具有真假。

例如，司法实务中常见的搜查笔录、挡获笔录、情况说明、单位证明、书面证言、不明来源的录音录像材料、网络虚拟空间的电子数据、光盘信息等大量似是而非的材料，需要人们在辨明证据本质特征的情况下，对其证据的客观属性及其真假问题进行判断：它们是不是证据，能否作为证据使用。又如，从证据审查判断的角度，把证据视为"心证原因"，也存在很多难解的法律概念和复杂问题。什么叫作内心确信？内心确信就是排除合理怀疑吗？什么叫作排除合理怀疑？无论是内心确信的状态还是排除合理怀疑的状态，它们都是一种对案件事实的认知状态吗？……这些问题不仅带有强烈的哲学思辨色彩，而且时刻给证据法律实务工作带来困扰，使得通过哲学方法精确回答证据概念及其客观属性，成为证据研究的一个重要的学科方法。

（二）证据的哲学思考方式及证据的公共性

思考"证据是什么？"这个抽象的问题，一种常见的哲学处理方式是辨明为什么要思考"证据是什么？"，即思考这个问题有什么目的和意义。这有助于人们找到问题的边界和问题的思考方法。在法学上，之所以需要提出"证据是什么"，笔者认为，主要理由在于人们对证据裁判原则规定的"通过证据认定案件事实"这样一种理性主义思想有一些担忧。在证据法上，证据被视为案件事实发生以后所留下的主客观痕迹，我们需要按照法律规定的证明标准在"现在"审查判断这些主客观痕迹，正确认识"过去"发生的案件事实，这是否能够做到？我们从一个不能否认的事实开始进行证据概念的思考。无论我们怎么来界定证据的概念，一个案件的证据总是一种可以被公共理解和进行交流的存在，它有别于纯粹的臆想与主观猜测。笔者把证据这种能够被公共理解和进行交流的属性，称之为证据的公共性。

证据为什么一定具有公共性，可以以我国就"当事人陈述"这个立法事例来说明。假设原告主张对被告的债权、要求被告还款，尽管我国民事诉讼法规定了"当事人陈述"这种证据形式，但是原告清楚地知道，如果他把借条弄丢了，或者他向被告借款的过程没有第三人或录音录像见证，或者他没

---

① 何家弘. 让证据走下人造的神坛：试析证据概念的误区 [J]. 法学研究, 1999（5）: 100-109.

有从银行调取给被告的打款凭条，单凭他自己向法官提出法律主张，进行案件事实的陈述，他一定会败诉。这里面的主要原因在于原告没有证据，法官不会相信借款事实的存在。这是一个值得仔细思考的法律现象。很显然我们不能排除案件存在这样的可能，原告所说的借款事实是真实的，而且他所说的本身就是"证据"，那么，为什么我们还会认为原告主张的借款事实没有证据支持？笔者认为，根本原因是司法实务中把"当事人陈述"看作证据是有条件的，其最低限度的条件是能够有效区分，当事人陈述究竟是基于案件的实际情况还是基于当事人的主观臆想与猜测。在只有"原告陈述"的情况下，显然无法做出这样的区分。因而，大多数国家（如英美法国家）解决"当事人陈述"问题的办法，是将"当事人对于己不利事实的承认"——自认，这样一种更狭窄范围的当事人陈述，作为证据使用。① 这种情况下，事实主张是由对方当事人提出，但承认是本方当事人所为。我国台湾甚至规定"当事人陈述"不是证据②，因此，在无法辨明证据公共性的情况下，法律即使规定了"当事人陈述"这种证据形式，它仍然不能用作证据。

如何理解证据的公共性？在一般的意义上，指称个体（事物）的专名（如张三、《红楼梦》、中石油、某个案件的一号物证）与通名（如犯罪嫌疑人、原告、证人），正确描述个体（事物）性质及其相互关系的语句内容（有学者称之为事实）、各种事情（件）等能够指称客观世界存在物所谓"实在"的东西，以及反映个体、事物内在属性的知识、逻辑规律③，人们约定的公理以及演绎出来的定理等与客观世界存在物没有形成指称关系所谓"反实在"的东西④，都具有公共性，与臆想猜测等主观内在观念具有严格的界限。"实在"的东西，之所以具有公共性，原因在于它的指称——客观世界的

---

① 梅.刑事证据［M］.王丽，李贵方，译.北京：法律出版社，2007：4.
② 许士宦.证据搜集与纷争解决［M］.台北：新学林出版股份有限公司，2005：151-155.
③ 弗雷格在他的名著《算术基础》中，利用数理方法严格区分语言表达式的含义和所指，使得逻辑研究走上了客观化的道路，从而清楚地表明逻辑规律的性质。陈波.逻辑哲学［M］.北京：北京大学出版社，2005：141.
④ 需指出，"反实在"的东西仍然具有指称，只不过是没有指称客观世界的存在物而已。例如，概念词的指称就是概念，描述语句的指称就是这个句子所具有的真值，各种学科知识与规律的指称是它的科学性（或称之为客观性），等等。

存在物具有客观存在性;① "反实在的东西",之所以具有公共性,原因在于它的指称——以主观形式表现出来的概念、知识与规律,可以超越主观形式而存在,弗里德里希·路德维希·戈特洛布·弗雷格(Friedrich Ludwig Gottlob Frege)将这种性质称为"主体间性"。要精确理解证据的公共性,很显然要明确证据的指称,究竟是"实在"的东西还是"反实在"的东西。对于证据指称的不同理解,会形成两种学术主张,即证据的实在论与反实在论。

(三)证据指称的实在/反实在论

在解释"证人说谎亦证据"这个问题上,周洪波提供了一个有启发意义的分析方法。证人 A 说:"我看见被告人杀人了",然而证人实际上是在撒谎,证人 A 的陈述是不是证据?按传统的事实说,证人 A 说的与客观实际情况不符,因而不存在证据(事实)。但实际上,证据是存在的,即"证人 A 说:'我看见被告人杀人了。'"这种表述中的"证人 A 说:'……'"的部分,它是在描述证人 A 作证的过程与状态,是的的确确存在的,因而是证据。至于证人 A 说的内容"我看见被告人杀人了",周洪波认为,应是证人 A 对于中间事实的主张,证人 A 说的内容的命题意义"被告人杀人了"是待证事实。"论者因证人说话的内容不真实而在证据的意义上说伪证不是事实的时候,实际上就是仅仅把证人说话的内容当成了证据,而未把证人 A 说:'……'当成证据,因而,也就是错误地把中间事实主张或证明对象的性质(非事实性)当成了证据的性质,进而,也错把证据与证明对象之间的关系性质(非事实性)当成了证据本身的性质"②。

笔者把周洪波的这个分析再往前推进一步,这实际上反映了学者在对证据指称的问题上具有不同的学术态度,理解证据公共性基于不同的证据指称。就他所说的这个事例,证人 A 说:"我看见被告人杀人了。"证据的指称有三种理解方式:(1)指"证人 A 说:'……'",这种情况称之为"发声行为";(2)指"证人 A 说:'我看见……'",这种情况称之为"表意行为";

① 按照王敏远教授的说法是"硬梆梆的"(王敏远.一个谬误、两句废话、三种学说:对案件事实及证据的哲学、历史学分析 [M] //王敏远.公法.第 4 卷.北京:法律出版社,2003),不过他指称的范围只有"事实"。实际上,(事)物及其属性关系、事情(件)都是硬梆梆的,不依人是否认识到或者意识到而改变。
② 周洪波.修正的事实说:诉讼视野中的证据概念新解 [J].法律科学(西北政法大学学报),2010,28(2):88-100.

（3）指"证人 A 说：'我看见被告人杀人。'"，这种情况称之为"查证属实的表意行为"。如果仅坚持（1），是朴素的实在论，它只看到客观世界存在着"发声行为"；如果坚持（2），是复合的实在论，它既看到客观世界存在"发声行为"，又存在"表意行为"；如果坚持（3），是反实在论，它对"表意行为"提出了认识要求。

这种分类方法与奥斯汀、塞尔的"言语行为理论"具有本质的区别。"言语行为理论"是一种语言研究理论，重点考虑的是描述语句的语效（力）问题，即不少所谓描述句实际上是隐性的施为句，"说话就是做事"，是对"言语行为理论"形象的概括。因而"言语行为理论"关注的重点是言语的实质内容。① 而本章所关注的，是证据的指称与客观世界存在物之间是否具有一一对应关系，"言语行为"，连同"发声行为""表意行为"等概念，本章只关注它的表现形式，认为它们只是证据指称的表现，并不去关注这些语句是描述句或者是施为句，也不考虑语句的实质内容。很显然，这是两回事。那种认为可以将"言语行为理论"引入证据指称分析的看法，是值得商榷的。②

坚持（1）具有重要的证据法意义，它是不同证据的调查方法能够进行区分、需要不同规则来进行规范的标志。严格地讲，在（1）中，实际的重点不是"证人 A 说：'……'"这种证人的"发声行为"，而是证人 A。这是因为，证人 A 可以说（口头形式）、可以写（书面形式）、可以通过录音录像（音像形式）来进行陈述，"说"只是证人陈述的一种表达方式而已。③ 在证据法上，我们不会因为证人 A 表达方式的不同，而认为证人的口头证言、书面证言和视听证言需要不同的证据调查规则。因而，如果站在（1）的角度，证人证言的指称应当是证人，而不是证言的表达方式。坚持（1），就是坚持证据可以以证据方法的形式而存在。

（2）的情况包含了（1）。这是因为，如果认为证言的指称是证言的表达方式，证人要表意，形成相应的证言，他总需要某种方式，所以一个证言包含了这个证言的表述方式，如果认为证言的指称是证人（方法），调查证言同时意味着调查证人，证人是证言的证据来源。不管是哪种情形，（2）包含了（1）。因而在证据法学理论上，调查（2）需要根据（1）指引的证据调查规

---

① 陈波. 逻辑哲学 [M]. 北京：北京大学出版社，2005：134.
② 宋振武. 传统证据概念的拓展性分析 [J]. 中国社会科学，2009（5）：141-153，207.
③ 由此可以明显地看出证据指称与"言语行为理论"的区别。

则来进行。坚持（2），就是坚持证据可以以证据资料的形式而存在。

有一种看法认为"我国目前的证据学理论存在的问题之一，就是不将某些可在程序上直接确定的事实作为证据，而只将从该言语行为所引出的事实作为证据，如不将程序人陈述的言语行为本身看作证据，而只将从该言语行为所引出的事实作为证据"①，这实际上是对证据法学理论的误读。他这里所说的"可在程序上直接确定的事实"指（1）的情况，"从该言语行为所引出的事实"指（2）的情况。在证据法学理论中，如果没有（1）（2）的调查不会存在任何特定的证据规则，因而证据法学特别重视根据不同的证据方法来建立相应的证据调查规则。如果没有（1），我们会认为，书面证言与书证属于同一证据种类，音像证言与音像资料属于同一证据种类，证明"伪造"的笔迹与文字属于同一证据种类，模拟电子资料（如传统的银盐照片）与数值电子资料（如现在的数字照片）属于同一证据种类。有（1）才有（2），（1）是（2）存在的充分条件，这对证据法学者而言属于常识。

坚持证据实在论立场的真正问题，是周洪波所提出的证据指称是否只包含（1）而不包含（2）。周洪波提出了一种修正的事实说，"一个具有完整逻辑结构的一般性证据概念可以界定为：与待证事实（主张、判定）具有法律相关性、可直接观察认识的外在事实"②，这个概念注意到证据运用的法律环境和相关法律术语，具有相当的解释力和说服力。但是周洪波不承认证据可以指称（2）。在证人 A 的例子中，他认为只有"证人 A 说……"是法官可以直接观察的外在事实，而"证人 A 说他看见……"由于无法辨明真假，只能是证人 A 有关待证事实"被告人杀人"的中间事实主张，因而不是事实，或者说不是 A 证言应当包含的内容。笔者不同意他的看法。他实际上忽略了法官关注"证人 A 说……"这个客观存在的目的是要去查证"证人 A 说他看见……"的内容是否属实，同时他为了坚持证据的"事实说"，似乎回避了"证人 A 说他看见……"的真假判断问题。

可从三个方面来分析这个问题。首先，语义上，"证人 A 说他看见被告人杀人了"和"证人 A 说被告人杀人了"的命题意义，在法律语境中几乎是相等的。证人做陈述，他总是对案件事实有亲身感知，这是他能够成为证人的

① 宋振武. 传统证据概念的拓展性分析 [J]. 中国社会科学, 2009 (5)：141-153, 207.

② 周洪波. 修正的事实说：诉讼视野中的证据概念新解 [J]. 法律科学（西北政法大学学报）, 2010, 28 (2)：88-100.

基本条件，因而证人陈述的内容就是他亲身感知的内容，在证人陈述的内容前面，不需要加上表达他亲身感知的词语。

其次，不能够忽略证人 A 说的内容，即"证人 A 说他看见……"的部分。严格地讲，证人 A 只能看见被告人买刀、持刀、持刀捅人、持刀捅人后逃离现场等事实性的行为，这种事实性行为的性质究竟是防卫、是伤人、是杀人，还是意外事故，证人 A 无法看见。因而法官能够直接观察认识的事实，不仅包括"证人 A 说……"这样一种单纯作为证据方法的外在事实，也包括"证人 A 说"的内容这种作为证据资料的内在事实。换言之，证人 A 说的内容，可以作为客观世界的存在物，它无论真假，仍然是证据的有机构成部分，而不是证人 A 的中间事实主张。否则，我们就只能观察证人而不能理解证言了。

最后，按照"亲知/述知"的分类方式①，由于证据审断主体（法官）与制作主体（证人、证物证书提供者）的分离，证据方法与证据资料都属于"述知"，不属于"亲知"。② 这样，即便肯定证据方法的"可直接观察性"，它同证据资料一样，也存在审查判断问题。在上述的被告人杀人案中，证人 A 可供法官直接观察，但他是否真的就是这个案件的证人，是否具有证人资格，同证人陈述的内容一样，仍然需要法官查证和辨明。只不过，证据方法与证据资料需要辨明的内容不同而已，前者要保证可靠，与待证事实具有真实联系；后者要保证可信，与待证事实具有充分联系。

这样，周洪波仅根据（1）的情况——证据方法来区分直接证明与间接证明的理论分析，值得商榷。区分直接证明与间接证明的标准不是（1）所指的证据方法，而是（2）所指的证据资料。不过，即便从复合实在论的立场，周洪波提出的"修正事实说"也可以成立。他提出了一个重要的理论命题，证据指称的事实性存在与待证事实的事实性存在，是可以分离的，将证据定义

---

① 罗素严格区分了经验实在与语言实在的知识，他将前者称为个物之知，后者称为命题之知。个物之知分为亲知与述知，亲知的与亲身感觉有关，罗素将其分为"共性与感觉与料"，即既可以亲知个体，也可以亲知个体的事物，述知的则不是亲身感觉的东西，而是通过确定描述词（他所谓摹状词）所描述的个体。彭孟尧 . 知识论［M］. 台北：三民书局，2009：20.

② 除了法官直判案件（如藐视法庭罪）这种特例，法官在法庭上可以直接观察到犯罪事实。如果法官"亲知"，也就不需要证据方法与证据资料的说明了。

为一种存在的事实，理论上可以讲得通。① 这表明证据的指称是证据方法和证据资料。

再来看（3）的情况。（3）提出证据的指称是查证属实的证据资料。这似乎是比（朴素、复合）实在论更为实在的证据指称理论，但实际上它坚持的是反实在的立场。这是因为，"查证属实的证据资料"中的"查证属实"，表面上看（语义上），是对证据资料的真假要求，但实际上是对案件事实的认识（证明）要求。证据资料可以作为一种绝对的客观存在而存在，与现实世界客观存在物形成一一对应关系，如对证人调查形成证言、对证物调查形成物证、对文书调查形成书证，朴素实在论指称的证人、证物与文书，以及复合实在论指称的证言、物证与书证，在现实世界的实际案件中都找得到相应的对应物。但是，属实的证言、证物、书证，由于案件已经发生，在现实世界中不存在，它的真相成为需要认识和发现的对象，因而属实与不属实的问题，实际上是公安司法人员对证据资料与案件事实关系的一种带有经验性质的认识与判断。这是"证人说谎亦证据"的主要原因。在现实世界中，我们只能把握证人、证人陈述的内容这两种客观存在，证人是否在说谎，那就需要法官的经验判断了，这已经转化为法官对证据方法和证据资料的认识。主张证据的指称只能是查证属实的证据资料，实际就是主张证据的指称是一种观念而非客观的存在。与此类似，坚持"根据说""方法说""心证原因说"，实际上都是坚持证据指称的反实在立场。

（四）本章对证据客观属性的哲学分析结论

证据指称的"实在/反实在"理论，可以对"事实说""材料说""根据说"等证据概念做出清楚的理论判断。站在实在的立场上，"事实说"成立，"根据说"不成立，站在反实在的立场上，"事实说"不成立，"根据说"成立。"方法说""心证原因说"可视为"根据说"的变化形式，"材料说"是一种温和的"事实说"。"命题说"似乎应视为反实在论。

如果要坚持证据是一种客观存在，那么只能坚持证据指称的实在论立场。

---

① 宋振武博士对"事实说"的解读是有问题的。事实的语义用法，在存在论中，诚如罗素所讲，只有存在与不存在的区别，但是在认识论中，"事实"的语义可以与"经验真"相同。例如，"他说的是事实"这个语句中，可以用"真的"来替换"事实"。宋振武似乎只注意到事实语义的存在论用法，而否认事实的认识论用法。宋振武. 传统证据概念的拓展性分析［J］. 中国社会科学，2009（5）：141-153，207.

也就是说，证据指称的证据方法与证据资料都是摆在事实审理者面前的超越人们主观认识的客观存在，它们的意义以及与待证事实之间的关系，需要事实审理者去辨明。事实审理者对证据方法与证据资料的辨明过程，实际也是当事人就负有证明责任及对待证事实的证明过程，这两者是同时进行的。因而，证据的客观性，只是证据指称的证据方法与证据资料的客观存在性。它们与待证事实之间是否具有真实和充分的联系，需要事实审理者去辨明，本身不具有客观真实的属性。

本章坚持一种温和的证据实在论，这有两层意思，一是坚持证据实在论，二是不以实在论否认反实在论。证据的反实在论理论上也讲得通。前文已述，证据的实在论与反实在论的区别，是证据指称的不同，实在论看到的是证据方法与证据资料，反实在论看到的是证明根据与证明原因，前者的路径是从证据出发去认识证明，后者的路径是通过证明来把握证据。

我们还需要特别重视反实在论所提出的证据法问题。证据指称在现实世界的客观存在性，与现实世界的客观存在物所形成的一一对应关系，并不能解决证据审查判断的认识不确定性问题，也不能解决对案件事实认识的不确定性问题。证据的反实在立场，要求学者把注视的目光，从证据（方法、资料）这种带有法学实用主义色彩的证据规则处移开，而投向研究领域更为广阔的证明理论，努力构建科学的证明理论。因而，证据法学者似乎不应单纯地去研究证据及其运用规则，而应当把证明与证据的关系作为证据法学研究的基本课题，从而对"通过证据认定案件事实"的理性主义思想进行更加清晰和深刻的理论解释。这是他们的学术责任和使命。

三、证据概念分析的科学路径

（一）从科学角度分析证据概念的必要性

在科学与哲学的比较上，刘大椿教授做了这样的总结，"当我们说科学时，我们所想说的是实证科学，特别是自然科学；当我们说哲学时，或多或少与思辨哲学（广义的）脱不了干系"，"实证科学在认识论和方法论方面的特点是（1）具体性。科学研究的对象是具体的、特殊的物质运动。（2）经验性。科学以经验作为出发点和归宿。（3）精确性。科学要求得到的结论是具体而明晰的，一般能用公式、数据、图形来表示。（4）可检验性。科学的最终结果是个别、具体的命题，他们在可控条件下可以重复接受实验的检验"。① 可以认为，科学最基本的方法是设计具有可检验性的观察实验，最显著的功能是对事物内在性质与相互联系的解释力量，最主要的目的是获取关于现实世界发展变化的规律知识，最重要的表现是"按照一定原则建立起来的一个完整的知识系统"②。

科学从三个不同的层面体现出对证据的意义。在证据思想上，通过证据认识案件事实的理性思想，说到底就是科学的思想。科学所用的方法、所具有的功能、所能达到的目的，与通过证据认识案件事实所要求的方法、功能和目的，具有惊人的内在契合性。可以想见，科学在通过证据追求案件确定性认识的过程中，扮演了何等重要的角色。在证据方法上，科学技术极大地拓展了人们认识案件事实的手段，涉及的知识几乎涵盖所有的专业领域，以至于需要在证据法上建立一种新的学理分类"经验证据与科学证据"，建立一门新的学科"法庭科学"，来专门处理科学证据的认识和运用问题。③ 在证据资料上，科学技术深化了人们认识案件事实的能力，人们不再像传统那样只能把握过去发生的一些片段或者零碎的经验现象，他们不仅能够通过音像手段在"现在"完整地看到"过去"，而且能够深入这些经验现象的背后，探索其内在联系、本质规律和发生原因。科学证据的定义就反映了这一点。④ 在科学面前，似乎没有什么做不到的。科学家甚至想通过技术手段来计量证人作证时的心绪反应，以此作为判断证人是否说谎的客观依据。

但是需指出，运用科学技术已解决的证据法问题与运用这些技术所带来的新问题，似乎不相上下，在证据思想上，就在法律人欢欣和瞩目科学知识发挥的那种强大的案件事实认知力量的时候，突然发现他们奉为圭臬的自由心证原则表达的经验理性思想，在科学证据这样的实验理性问题面前，处于十分尴尬的境遇，他们是科学的外行，却被迫要像科学的内行一样理解科学实验报告，判断这些报告的正误，对他们而言这是"力所不能及"的任务，容易发生错误。在证据方法上，除那些法律界早有定论的科学技术能够成为案件认知手段外，如法庭科学经常用到法医学、身份识别技术和物证技术手

① 刘大椿. 科学哲学 [M]. 北京：人民出版社，1998：7.
② 波塞尔. 科学：什么是科学 [M]. 李文潮，译. 上海：上海三联书店，2002：11.
③ 张斌. 科学证据采信基本原理研究 [M]. 北京：中国政法大学出版社，2012：26.
④ 张斌. 论科学证据的概念 [J]. 中国刑事法杂志，2006（6）：48-52.

段，很多领域中的科学原理能否作为解释特定现象的科学依据，仍然存在着极大的争议，最有代表性的领域是有关对人类健康的环境、食品、药物所做的风险评估以及因果关系的研究。如心理分析和精神病诊断这种明显带有主观经验性质的科学报告，即便是科学同行也争论不休。这就是所谓科学证据采信中的知识分界与确证问题。① 在证据资料上，科学技术那种无所不能的证据认知功能的发挥，是需要相应条件的。科学实证主义的思维方式、建立在数据基础之上的科学假说和实验方案、用准确方式（置信度或错误率）表达的不确定结果（结果在一个区间范围内），同法律实用主义的思维方式、建立在证据基础之上的证据裁判和经验判断、用不准确方式（存在其他可能性的"是与非"表达）表达的确定结果（结果要么是要么非）比较起来，折射出两种不同的认知逻辑和智慧。② 这是科学证据审查判断存在疑难的根本原因。这样，从科学角度分析证据概念，尤其是证据相关性问题，不仅是证据理论的需要，也是实践的要求。

（二）科学视野之下的证据可靠与可信问题

相关性是证据必不可少的构成要件。在证据法理论中，证据的相关性有两层意思：一是证据指向的相关③，即证据指向的待证事实要具有法律意义，英美学者称其为证据的"实质性"。④ 二是证据功能的相关，即证据对指向的待证事实要具有证明作用，这可称作证据的"证明性"。前者容易通过法律规定把握，后者却是证据相关性要件把握的难点。

证据的证明性需解决证据与待证事实之间的关系。证据之所以具有证明性，从证据指称来看，同样有两层意思：一是指证据指称的证据方法与待证事实之间具有真实的联系，即证据方法的可靠性。拿上文所说的"证人 A 说：'我看见被告人杀人了。'"那个例子来讲，证人 A 的陈述具有证明性的原因，在于证人 A 真正是这个案件的证人。二是指证据指称的证据资料与待证事实之间具有充分的联系，即证据资料的可信性。证人 A 的陈述具有证明性

---

① 张斌. 科学证据采信基本原理研究 [M]. 北京：中国政法大学出版社，2012：210-212.
② 张斌. 科学证据采信的基本原理 [J]. 四川大学学报（哲学社会科学版），2011（4）：131-144.
③ 本章说的证据指向，与证据指称是两个不同的概念。
④ 艾伦，库恩斯，斯威夫特. 证据法：文本、问题和案例 [M]. 张保生，王进喜，赵滢，译. 北京：高等教育出版社，2006：149.

的原因在于，证人所说的具体情况与被告人杀人这个事实具有充分联系，证人陈述的内容能够帮助我们认识被告人是否杀人。证据证明力评估的基本内容，就是证据方法的可靠性和证据资料的可信性。

对于证据方法可靠性与证据资料可信性之间的关系，大陆法证据法学理论着重于前者的查实，而将后者证明力大小的问题委之于法官的经验和理性，让法官对证据资料的可信性进行自由心证，如德国的做法①，不能对两者的关系再做出更进一步的说明。换言之，证据方法只要是可靠的，那么证据资料的可信性就是法官根据经验和理性进行评估和判断的过程了。这样的证据法学理论在我国法官素质需要提高的情况下，似乎会遇到问题。法官的内心确信有可能因人而异，客观评价证据资料可信性变得比较困难，自由心证的合理性无法得到具体体现，很容易走向主观随意，甚至成为法官以个人好恶认定案件事实的借口。这样的例子在我国并不鲜见。因而，对判断证据资料可信性能否确定一些较为客观的原则，是我国证据法学理论需要解决的问题。在科学视野之下，这个问题能够得到部分解决。

假如证人目击了一辆出租车出车祸的过程。证人视力经过严格测试；测试表明证人准确辨认出租车颜色的概率为80%，即证人作为证据方法的可靠性是80%，亦即证人说出租车是黄颜色时，有80%的时候出租车的确是黄颜色而另外20%是其他颜色。此时证人在法庭上作证："出租车是黄颜色的。"那么证人陈述内容的正确性是否就是80%？简言之，80%可靠的证据方法能否得到80%可信的证据资料？

对此，可以做一个计算表格。

	出租车是黄颜色（80辆）	出租车不是黄颜色（20辆）
证人说是黄颜色	80×80%＝64辆（真正肯定）	20×20%＝4辆（错误肯定）
证人说不是黄颜色	80×20%＝16辆（错误否定）	20×80%＝16辆（正确否定）

先看上述表格第二栏。如果城内80%的出租车是黄颜色的，对一辆车是黄颜色的证明将有94%的可能是正确的，80%可靠的方法得到94%可信的资料。根据第二栏，可以设想证人一共提供了68份证言，真正肯定的有64次，

---

① 罗科信. 刑事诉讼法. 第24版［M］. 吴丽琪，译. 北京：法律出版社，2003：207；尧厄尼希. 民事诉讼法：第27版［M］. 周翠，译. 北京：法律出版社，2003：258.

正确率为 94%。因此，证人良好的视力（80%）加上出租车是黄颜色的得到很高的概率（80%），提高了证人作证属实的可能性，甚至高于单独考虑证人证据方法的可靠性。

相反，如上述表格第三栏表明的情况。假设证人的视力有同样 80% 的正确率，但证人说"出租车不是黄颜色"，这个陈述的正确率是多少呢？如果事实上城市内 80% 的出租车是黄颜色的，20% 不是黄颜色，根据第三栏，证人的陈述正好一半是错的，一半是对的，即证人只有 50% 的正确性。单独考虑证据方法，有 80% 的可靠性，但是考虑了城内非黄颜色出租车的比率 20% 以后，我们可以看到证人说"出租车不是黄颜色"的正确率只有 50%。这样，80% 可靠的证据方法只得到 50% 可信的证据资料。

这个例子表明，即便不考虑证据证明力判断中出现的法官主观因素，"案件实际发生的可能性"这种客观因素，在证据方法同样可靠的情况下，也会对证据资料的可信度带来不同的影响。在高概率事件中（城里 80% 的出租车是黄颜色），证据方法可靠与证据资料可信可以画等号，但是在低概率事件中（城里 20% 的出租车不是黄颜色），证据方法可靠与证据资料可信就不是一回事。如果我们假定证人的视力正确率是 20%，在只有 20% 的出租车是黄颜色的城市里，按照上述列表的办法，我们可以计算出来，他说看见一辆黄颜色出租车的错误率高达 94%。还可以考虑一个极端的情况，如果城里每辆出租车都是黄颜色的，即使证人证据方法有 100% 的可靠性，他说"城里出租车不是黄颜色"的正确率也会是 100% 的错误。①

（三）证据证明力评估的贝叶斯方法

上述例子涉及案件事实发生可能性这个概念，这是英美学者在证据相关性表述当中常用的一个概念，也是体现比大陆法国家学者更有办法解决证据证明力判断的一个方面。他们通过比较案件事实在某一材料 A 出示之前与之后的发生可能性，来判断 A 所言是不是这个案件事实的证据以及证明力大小。按照美国《联邦证据规则》第 401 条，"'相关证据'是指使任何事实的存在具有任何趋向性的证据，即对诉讼裁判结果来说，若有此证据将比缺乏此证

---

① 张斌. 科学证据采信基本原理研究［M］. 北京：中国政法大学出版社，2012：229.

据更有可能或更无可能"①。这可以通过数学方法将其写为一个判断公式。②
假定案件事实 C 在没有 E 的条件下发生的可能性用 P（C）来表示，C 在有 E
的条件下发生的可能性用 P（C，E）来表示。当且仅当 P（C，E）>P（C）
时，可认为 E 是 A 的可能证据。这个数学公式表明，证据 E 的作用体现在能
够增加事实审理者对于案件事实认知的可能性。因而随着新证据的不断加入，
事实审理者需要不断调整自己对案件事实发生可能性的认识。

可以用一种更为量化的方式——贝叶斯定理来表达上述问题。贝叶斯
（Bayes）定理是关于随机事件 A 和 B 的条件概率和边缘概率的一则定理，它
的数学表达式是 P（A，B）= P（B，A）P（A）/P（B）。如果以案件事实
C 指代 A，以证据 E 指代 B，那么上述公式变为 P（C，E）= P（E，C）P
（C）/P（E）。它表示在证据 E 发生的情况下，案件事实 C 发生的可能性。
在贝叶斯定理中，每个名词都有约定俗成的名称，P（C）是 C 的先验概率，
之所以称为"先验"，是因为它不考虑任何 E 方面的因素，P（C，E）是已
知 E 发生后 C 的条件概率，也称作 C 的后验概率，P（E，C）是已知 C 发生
后 E 的条件概率，也由于得自 C 的取值而被称作 E 的后验概率或相似度。P
（E）是 E 的先验概率，也称作标准化常量。按照这些术语，贝叶斯定理可以
表述为后验概率=（相似度×先验概率）/标准化常量。也就是说，后验概率
与先验概率和相似度的乘积成正比。

前面所述的证人说出租车是黄色的例子中，P（C，E）指代证人说"出
租车是黄色"而出租车确实是黄色这件事情，它是个后验概率，P（C）是
"出租车实际是黄色"这个先验发生概率，它等于 80%，P（E，C）是已知 C
发生后 E 的条件概率，它就是证据方法的可靠性，等于 80%，P（E）是 E 的
先验概率，它是证人声称出租车是黄色的概率，等于证人声称出租车是黄色
而出租车实际是黄色的概率（80%×80%）与证人声称出租车是黄色而出租车
实际不是黄色的概率（20%×20%）之和，因而 P（C，E）= 80%×80%/
[（80%×80%）+（20%×20%）] =94%，同样的方法，证人说"出租车不是
黄色"而出租车确实不是黄色的概率 P（C，E）= 80%×20%/[（80%×

---

① 艾伦，库恩斯，斯威夫特. 证据法：文本、问题和案例 [M]. 张保生，王进喜，赵滢，
　　译. 北京：高等教育出版社，2006：149.
② 这里，我们只考虑"更有可能"的情况。

20%）＋（20%×80%）]＝50%，这与前面表格计算一致。

科学证据证明力的评估与此类似。例如，醉酒检测中分析测试人员声称检测血液酒精浓度（BAC）的气相色谱法可靠性是99%，假定100个人当中有5个人真正醉酒，那么醉酒检测结果呈阳性而且被试者真正醉酒的可能性，可以通过贝叶斯定理计算出来。这里的P（C）代表醉酒的概率，因为我们预先知道100个人当中有5个人真正醉酒，不考虑其他情况，因而P（C）＝0.05；P（-C）表明没有醉酒的概率，P（-C）＝1-0.05＝0.95，P（E，C）代表检测方法的阳性检出率，即气相色谱法的可靠性等于99%，P（-E，C）代表检测方法的错误率，它等于1-99%＝1%，它的意义是检测结果阳性但被试者并没有醉酒。P（E）代表不考虑其他因素影响的阳性检出率，它应当是醉酒者的阳性检出率（5%×99%＝4.95%）与不醉酒者的阳性检出率（95%×1%＝0.95%）之和，即4.95%＋0.95%＝5.9%，根据贝叶斯公式P（C，E）＝P（E，C）P（C）/P（E），那么P（C，E）＝99%×0.05/5.9%＝83.9%。按照同样办法，如果500人中有5个人真正醉酒，那么P（C，E）＝99%×0.01/（1%×99%＋99%×1%）＝50%。如果把检测基数扩大到1000，假定1000人有5个人真正醉酒，可以计算出来，尽管醉酒检测方法的可靠性99%，但是单次检测结果呈阳性的被试者真正醉酒的可能性只有33.2%。

（四）贝叶斯方法的意义及其局限性

贝叶斯方法对证据证明力判断的意义主要表现在以下四方面。

第一，对证据证明力的正确认识，需要考虑认识主体（事实审理者）和认识对象（证据、证据与待证事实之间的联系、待证事实）两个方面的因素。前者是主观的因素，只能通过判决理由公开、法官选任、上诉等法律制度加以规范，在证据法上没有更好的规制办法。后者是客观的因素，它们的关系可以通过贝叶斯公式进行表达。

第二，在只考虑认识对象客观因素的情况之下，证据的证明力由证据方法的可靠性与证据资料的可信性两部分构成。根据贝叶斯公式，证据资料对待证事实的可信性，不仅与这一证据资料包含的证据方法的可靠性（这是某一证据发生的先验概率）有关，而且还与待证事实的实际发生可能性（这是案件事实发生的先验概率）有关。因而，仅仅根据证据方法的可靠性来评估某一证据对待证事实发生的可信性，是不全面的。

第三，在待证事实是"违反经验常识常理"的低概率事件中，应特别注意这种低概率事件对于证据资料可信性的影响，不能仅仅依靠"单一"的证据材料来认定待证事实。对犯罪嫌疑人在侦查阶段由于不明原因死亡这件事情，我们经常会听到一些看似"违反经验常识常理"的说法，例如，声称犯罪嫌疑人有心脏病，而嫌疑人家属坚称嫌疑人从没有心脏病史。更为离奇的说法也会听到，如"躲猫猫死""喝开水死"等。这些"违反经验常识常理"的说法，实际上是在现实生活中发生可能性很小的低概率事件。通过贝叶斯定理，我们可以看到它们发生的可能性，对于这些事件中出示的证据资料的可信性是有显著影响的。要消除这样的影响，证明这种低概率事件发生属实，那就必须出示更多、更具说服力的证据。

第四，在科学证据审查判断问题上，贝叶斯评估方法具有特别重要的意义。科学证据审查判断的难题，如上文所述，是要求法官做力所不能及的科学判断。科学证据的待证对象事物的内在规律及相互联系，这是凭借感官经验无法把握的知识现象，为此我们只好把这些科学问题交给相应学科领域的专家来处理，请他们来帮助法官做出正确的科学判断。但是，由于主观、客观等各个方面因素的影响，专家所做出的科学结论有可能存在不足、缺陷，甚至错误。贝叶斯评估方法提醒我们：一方面，科学家声称能够通过实验验证的非常可靠的科学方法所得出的科学结论，它的可信程度与证明力大小，并不像科学家声称的那样可靠，科学家声称的可能存在"言过其实"的问题；另一方面，在科学结论显著违反"常识"这个"先验概率"的时候，一定要注意结合其他证据来验证科学结论本身的正确性，不能够只片面相信科学结论的证明力。在科学领域内，越是声称权威、可靠的科学方法，所造成的损失越是难以弥补，因此越应当警惕这些方法可能具有的学科知识不足与缺陷。

从科学证据知识确证的角度，贝叶斯定理揭示出来的证据资料可信性与案件事实发生可能性不同的问题，很容易得到说明。科学证据资料的可信性，表明它所用到的检验方法具有可靠性。但是检验方法的可靠性，仅针对科学结论的可重复性而言，即别人利用和检验者同样的检验方法，能否得出与检验者同样的科学结论。真正能够表明科学结论正确性的是另外一个概念，即科学结论的有效性，它是指科学结论反映客观真实的程度。可靠性与有效性并不是对立的两个概念，它们之间的关系有点类似科学实验中常说的"精密度"与"精确度"的关系，可靠性是有效性的形式保障要件，可靠的结论不一定导致有效的结论，但是有效的结论一定需要可靠性的保障。① 贝叶斯定理表明，案件事实发生可能性不能仅用科学证据可靠性这一个参数来说明。

关于犯罪嫌疑人有罪可能性的证明，英美学者也提出了一个贝叶斯公式。假定 OG 是被告人有罪的概率，OG/E 是已知有新证据（E）的情况下，被告人有罪的概率，PE/G 是假设该人有罪获得有关证据的概率，PE/notG 是假设该人无罪获得有关证据的概率。那么 OG/E = PE/G×PE/notG/OG，它表明："证据被采信之后的有罪概率，是由假设该人有因情况下获得证据概率与假设该人无罪情况下获得证据的概率之间的关系所决定的。""这个公式要求，事实审理者在采纳一项经受贝叶斯分析的证据之前，要对有罪的概率做出初步评估"，罗纳德·艾伦（Ronald Allen）教授对此提出了批评意见："我们并不认为，除了大致解释一些理性之人如何评价证据之外，这种检验相关性的方式有任何价值。但即使作为一种解释尝试，它也存在严重的局限性。"他的反对理由有两条，一是大多数有罪证据的概率于实践中难以计量，二是事实审理者不可能按照贝叶斯定理的要求随证据的不断出示而评估其每个片段，贝叶斯定理"不允许裁决者在听完所有证据并在审判过程结束后再深思熟虑地做出评估"。②

对有罪可能性证明的贝叶斯评估方法，艾伦教授所提出的反对意见是合理的。笔者认为，问题的关键在于这个公式中的新证据（E），在需要评价被告人有罪或者无罪的情况下，是指所有有罪证据与无罪证据组成的类，即 E 在数学上是满足有罪条件指向 $\{E_1，E_2，E_3 \cdots \cdots E_i\}$ 的证据集合。贝叶斯公式可以处理多个证据条件下的案件事实认定的可能性问题，但是它的运用条件是集合 $\{E_1，E_2，E_3 \cdots \cdots E_i\}$ 中的各个（证据）事件应当相互独立，即这一集合中任一事件 E_i 的发生，对于 E_i 以外的其他事件发生概率没有影响。有罪证明的实际情况显然无法做到这一点，有罪证据总是相互依赖，通过证据锁链来形成一个印证体系。这与上文所述的证人作证、醉酒检测等通过"单一"证据认定待证事实的情况明显不同。因而，有罪可能性证明的公式 EOG/E = PE/G×PE/notG/OG，只是提供了一种有罪证据判断的思路，用这个公式

---

① 张斌. 科学证据采信的基本原理 [J]. 四川大学学报（哲学社会科学版），2011（4）：131-144.

② 艾伦，库恩斯，斯威夫特. 证据法：文本、问题和案例 [M]. 张保生，王进喜，赵滢，译. 北京：高等教育出版社，2006：201.

来定量计算特定案件中的有罪可能性，实践指导意义有限。这也是通过贝叶斯方法评估证据证明力的局限性所在。此外，能否仅仅考虑概率理论来规范和认识不确定性问题，也是需要运用贝叶斯方法所考虑的理论课题，在这一点上，测度数学提供了一种理论描述与研究范例。①

四、证据概念的法学属性

（一）三种学科分析工具的相互关系

传统证据法理论认为，证据具有客观性、相关性和法律性三种属性。长期以来，证据法学者为如何理解证据的客观性、相关性和法律性的问题，提出了不同的看法与主张。站在本书学科分析的立场上，证据的客观性、相关性和法律性要件，并非简单表现为三个问题，而是表现为三个问题的领域，反映了我们对证据存在属性、自然属性和法律属性的理解与解释。

法律实用主义的思维模式和规范操作方式能够有效理解和应对的，只是关于证据法律属性的问题领域。在对证据客观性与相关性的理解上，法学这种实用主义的分析工具就显得力不从心，证据概念的哲学提问方式是"证据是什么"，这个问题在法律人那里已经转换成"证据指什么"，法律人不太习惯从哲学或者科学的角度来深入理解证据的存在属性和自然属性，这是在证据概念分析中引入哲学与科学分析工具的主要原因。站在哲学的立场上，很容易辨明证据的存在问题、真假的语义与语用问题，本书提供了一种证据指称分析理论，希望以此来精确把握证据的存在问题。站在科学的立场上，能够深入地描述证据的自然属性，即证据与待证事实之间的关系问题，数学中的概率理论及贝叶斯定理，只是其中一种精确说明证据证明力的理论模式。科学证据的问题，鉴于其认知对象的知识性和认知方法的知识性，也需要在科学的立场上来把握。

（二）证据的"命题说"只具有哲学存在的必要性

虽然我们可以用不同学科知识来认识"通过证据认定案件事实"的现象，用这些学科的知识来研究证据的意义与真假、证据与待证的关系问题，但是应当明确，有关证据的现象以及相关问题只是作为法律现象（问题），而不是

---

①　肖明珠. 基于证据理论的不确定性处理研究及其在测试中的应用 [D]. 成都：电子科技大学，2009.

作为认识现象（问题）、知识现象（问题）、语言现象（问题）、逻辑现象（问题）等哲学现象（问题）和科学现象（问题）来进行分析和研究。换言之，证据概念理解及其运用的法律环境（包括与之存在紧密联系的待证事实、证明和证据的审查判断等法律术语），是研究证据语义的语用环境，它们构成我们理解与把握证据语义的思想限定框架。

在这个意义上，证据的"命题说"只具有哲学存在的必要性，但是没有法学存在的必要性。[①] 张继成教授认为证据的科学定义应当是"从证据载体得出的，用来证明案件真实情况的命题"，暂且不论这个定义有没有问题，[②] 单就命题而言，逻辑学中就有四种不同的用法：（1）语义学用法，命题就是能够为真为假的东西，也就是能够具有一个真值的东西；（2）语言学用法，命题就是一个语句的语言学意义，也就是该句子在该语言中的字面的或规约的意义；（3）语用学用法，命题就是能够被某个语言行为，如断定、命令或威胁所论及或传达的内容；（4）心理学用法，命题是某种心理状态或者命题态度的内容或对象。此外，关于命题的性质，还有三种主要的本体论学说：（1）命题是符号性实体，命题或多于或类似于语言中的句子，它们像句子一样，也是一串具有某种句法结构的符号；（2）命题是抽象性实体，命题是关于语句的内涵性实体，本身不能还原为具有句法结构的句子；（3）命题是存在性实体，命题是在这个世界中存在的对象或属性的集合，如"事实""事态"或"情景"等。[③] 对命题概念与性质的不同看法，是区分不同哲学主张的重要标志。

张继成教授对"命题"的用法与性质的看法，是漂浮不定的。在他的文章中，命题似乎是符号性实体，是"表达判断的语句"；命题似乎也是语句的

---

① 张继成. 事实、命题与证据 [J]. 中国社会科学，2001（5）：136-145，207.

② 本书认为，应当在证据法学领域中取消证据载体这个概念，理由有三点：第一，它是传统证据法理论为了维护证据"事实说"而提出的一个分析概念，即证据必真，而证据载体有真有假，这样所有的证据规则运用问题均转化成了证据认识问题，这是与证据法法律实践情况不符的。第二，证据载体概念将对证据方法概念形成致命的打击，它将混淆证据法学理论建立起来的证据方法的分类。前文已说明，证据法实践与理论的一个支点就是研究不同证据方法的证据调查规则，应注意证据方法与证据载体是完全不同的两个概念。第三，以证据载体截取的案件事实命题来反映证据实质，似乎解决了证据有真有假这个问题，但是"截取"这种说法，从证据资料来讲似乎具有更强的主观随意性，因而对证据资料这个概念也没有帮助。

③ 陈波. 逻辑哲学 [M]. 北京：北京大学出版社，2005：230.

真值承担者，事实是命题所肯定的内容，任何命题都是有真假的语句。一个命题之为真，或是因为它陈述了一个事实，或是因为它陈述了一个道理，否则，命题就无所意味，因而毫无价值；命题似乎同时是内涵性实体，是表达判断语句的内容，"事实是命题所肯定的内容"。这些说法无论站在哲学的立场还是站在法学的立场，都是值得商榷的问题。哲学上容易产生相当大的争议，法学上对于这些争议持有疑虑，法律只会谨慎吸收其他学科取得共识的知识与看法。

如"作为证据概念之争焦点的证据真假问题，必然涉及事实、命题和证据的关系问题"的说法①，既是法律学者不能理解的，也是非常容易引起歧义的。很显然，在法学上我们应当探讨的是"证据与待证事实之间的关系"这样一种具体的事物，而不是"事实、命题与证据的关系"那种抽象的东西，后者可以做太多不同的理解。这样，证据概念的研究实际上也可以与"命题"这个哲学与逻辑学研究的对象脱离。即便"命题说"真的成立，我们也应当将它表达的内容"翻译"成与此同样的道理，在证明标准的法学研究与"重构"过程中，同样不需要出现命题、保真、核真、逻辑真、综合命题、语言、证成等在语言学、逻辑学、知识论等哲学领域当中出现的研究术语。② 即便"真"这个概念，不同学科关注的重心也不一样。③ 戴维森（Donald Davidson）给出的关于命题意义的真值条件论，将塔斯基关于真的语义学概念应用于意义的理解，是一种只考虑语言表达式指称的外延逻辑，证明标准这种法律现象（问题）能否化约为以语言表达式表达的综合命题之真假这种逻辑现象（问题），是需要进行理论论证的。这是证明标准"重构"是否科学的重大理论命题。④ 根据笔者的研究，证明标准问题似乎与逻辑实证主义所竭力避免和反对的认识论、知识论有着更为密切的关系。学术史上的例证是，英美学者公认的证明标准研究之大成者——英国的经验论者约翰·洛克（John Locke）及其观念论，正是逻辑学大家弗雷格猛烈批判的强心理主义倾向。逻辑学上的例证是，自由心证主义原则所强调的良知决疑技术所用到的"知道什么"

---

① 宋振武. 传统证据概念的拓展性分析 [J]. 中国社会科学, 2009 (5): 141-153, 207.
② 张继成. 诉讼证明标准的科学重构 [J]. 中国社会科学, 2005 (5): 108-118, 206-207.
③ 彭孟尧. 知识论 [M]. 台北: 三民书局, 2009: 38.
④ 张继成. 诉讼证明标准的科学重构 [J]. 中国社会科学, 2005 (5): 108-118, 206-207.

"相信什么"的语言表达式,提供了不同于外延透明语境的内涵晦暗语境。①"知道什么""相信什么"的语言表达式,可以分成"知道""相信"(对内容的断定)与"什么"(内容)两个部分,前者与相信主体的主观信度有关②,后者与命题内容的似真程度有关,这两个部分可以通过不确定性处理的证据理论(分析测试中的测度数学理论),通过严格的数学方法来表达和研究。③数学的条件概率理论和贝叶斯公式,一定程度上也揭示出这个问题。因此,证明标准与证据一样,是法学问题,而不是哲学问题。即使是哲学问题,也不是逻辑问题。即使是逻辑问题,能够进行逻辑表达,也不能够用外延逻辑来进行简单的表达。

(三)"实质证据观"容易走向独断

笔者还需要解析一下有学者提出的"实质证据观"。裴苍龄教授认为,"与待证事实相关联的一切事实都是证据"④。其核心思想可表述为应当坚持绝对的主客二分观念来对待证据,证据是一种绝对的客观存在,任何有损证据客观存在性的东西,都不是证据概念所包含的。因而,他在证据概念中去掉了"证明"成分⑤,否认主观性、法律性(法律现象是人活动的社会现象)是证据的固有属性⑥,认为物证的派生证据勘验、检查笔录和鉴定结论都不是独立的证据种类,这些都只是"证据资料"⑦,具有证明力,而没有证据力,证明的本质与核心内容是借助一定形式和方法所进行的认识活动。他认为特定人的陈述,如民事诉讼中当事人陈述、被害人陈述等与意识范畴沾边的东

① 陈波.逻辑哲学[M].北京:北京大学出版社,2005:149.

② 关于主观信度,彼得·阿钦斯坦教授提出了"某人的证据"这个概念,他提供了一个分析实例,医生在周五根据病人皮肤发黄认为病人可能得黄疸病,但是随后周日的诊断表明皮肤发黄的原因不是得黄疸病,而是"病人"在工作中皮肤被染料染黄。当我们说在周五皮肤黄是得黄疸的证据但周日不是的时候,这里的证据意义只与医生相信程度有关,与黄皮肤、黄疸病以及相互有无实质联系无关。参见彼得·阿钦斯坦,黄维智.证据的概念[J].中国刑事法杂志,2005(4):110-121.

③ 肖明珠.基于证据理论的不确定性处理研究及其在测试中的应用[D].成都:电子科技大学,2009.

④ 裴苍龄.新证据学论纲[M].北京:中国法制出版社,2002:11.

⑤ "证据是证明案件真实情况的事实"与"证据是与待证事实相关联的一切事实"两种表述明显不同。

⑥ 裴苍龄.新证据学论纲[M].北京:中国法制出版社,2002:11-19.

⑦ 注意,裴教授对"证据资料"的说法,与本书所说的"证据资料"不同。

西，都不是证据，而是作为一种证明方式表现出来。① 一言以蔽之，裴教授把证据放在何家弘教授所说的"人造的神坛"上供奉。裴教授之所以能够推演出这么多难以理解的证据法学理论见解，笔者认为是坚持证据是绝对客观存在所付出的理论代价。

限于篇幅，笔者不能逐一对"实质证据观"进行分析。尽管在本体论存在论上似乎可以演绎出证据、事实与证明的理论体系，但这些理论对司法实践不具有指导性。单从证据指称的角度来分析，要求证据命题内容是绝对的真实，从认识论的角度来讲，是把理想状态当作现实状态，把查证的目的当作查证的手段。我们可以承认证据是绝对的存在，但它的意义总是需要通过人的认识来把握。离开了人的认识，连证据的概念都不能提出来。裴教授演绎的证据法理论最致命的弱点是他没有辨明"事实"这个概念，他不清楚"事实"在证据、在证据运用、在证明过程中，具有不同含义与指称。朴素实在论中，事实只包含证据指称的证据方法，复合实在论中，事实包含证据指称的证据方法和证据资料，它们都可以作为客观存在，与现实世界形成一一对应关系。而反实在论，尽管存在的事实不容易把握，但仍可以说证据指称了一种确定的东西——对案件事实的认识信念。此外，在证据、证明的语境中，事实总是具体的，要么指个体的存在，要么指对个体存在的属实认识，并不能笼统地、抽象地来研讨事实。说得再明白一些，离开了证据、证明的具体法律环境，说证据是事实、证据是材料、证据是认识、证据是信念，甚至说证据是魔术、证据是政治、证据是制度大写的神话，总可以找到这些语句的意义。只要这些语句有意义，那么就不能说这些语句的说法有问题。离开证据语境、离开事实的辨明来探讨证据语义，对证据司法实践没有指导意义。证明绝不是单纯地发现案件事实（证据）的主观认识活动，也绝不是与证据截然对立、保持主客二分的东西。

"实质证据观"坚持证据与案件事实的客观存在，但无法说明这些客观存在究竟是什么，究竟指什么，也许可以称之为激进的"事实说"，它是一种模糊的证据法理论，也容易走向独断。通过对"实质证据观"的解析，我们能够再一次看到证据运用的法律环境对证据概念分析的重要性，再一次明确证据概念的法学属性。

---

① 裴苍龄. 新证据学论纲［M］. 北京：中国法制出版社，2002：108，214，311.

第二章

论我国刑事证据属性理论的重构
——刑事证据"四性说"的提出与意义

一、证据三性说的理解与操作难题

当前处于证据属性理论通说地位的是传统"三性说"：任何证据必须同时具备客观性、关联性和合法性，这三种属性不可或缺，密不可分。客观性是指作为案件证据的客观物质痕迹和主观知觉痕迹，都是已经发生的案件事实的客观反映，而不是主观想象、猜测和捏造的事物。关联性也称相关性，是指证据必须与案件事实有实质性联系，从而对案件事实有证明作用。合法性是指证据的形式、收集、出示和查证，都由法律予以规范和调整，作为定案根据的证据必须符合法律规定的采证标准，为法律所容许。①

传统三性说自 20 世纪 50 年代，经历过两次比较大的学术争论。第一次主要围绕证据的本质属性是否应当具备合法性而展开。不少学者认为，合法性是有关证据的认识论属性，而不是其本体的客观属性②，它只是对证据收集、制作、出示、查证的"人为"规定③，具有主观的成分。如果与客观性并列，就会动摇，甚至否定证据的客观性，这不符合唯物主义的认识论立场，因此证据只需有客观性和关联性，这称为传统两性说。两性说现在已很少有人坚持，主要原因涉及两点：（1）承认证据具有合法性，并不需要以动摇，甚至否定证据客观性为代价，两者并行不悖；（2）否认证据具有合法性会带来更多问题。这相当于否定讨论证据属性的法律语境，将证据属性的讨论导向纯粹的哲学思辨领域，证据属性问题会因此失去法律操作性，不利于建构

---

① 陈光中，徐静村．刑事诉讼法学［M］．北京：中国政法大学出版社，1999：163-165.
② 陈一云．证据学［M］．北京：中国人民大学出版社，1991：104-110.
③ 毕玉谦．民事证据法及其程序功能［M］．北京：法律出版社，1997：20；宋世杰．诉讼证据学［M］．长沙：湖南人民出版社，1988：73.

相应的证据规则。

　　真正困扰学界、纷争不断的是关于传统三性说的第二次学术论争，争点集中在对证据客观性的理解、证据是否具有主观性的问题上。有学者认为，证据不仅具有客观性，还具有主观性，是主观性与客观性的统一体，这种观点有两种论证思路：一是从证据发挥证明作用的方式存在主观性出发，认为证据要由"自在之物"变成"为我之物"，在其提供和运用的过程中必然包含提供者与运用者的主观意识。证据的主观性并不是指证据存在的虚假，而是指证据运用的有意识状态。① 此处主观性的含义并不是主观随意性、主观恣意性，而是主观能动性。二是从法官认定事实的主观性出发，认为法官依据证据认定案件事实的过程，不仅是一种认识过程，也是一种逻辑证明过程。在这个过程中证据相当于论据，本身具有真假之分。证据并不是客观事实本身，而是客观事实在人的意识中的反映，这体现了证据的主观性。②

　　证据客观性的论争，在 20 世纪 90 年代末达到高峰。随着对两大法系国家证据理论，尤其是英美证据法理论的了解，有学者对证据事实说、客观性是不是证据本质属性进行根本性质疑，如以下三点：（1）既然客观性是证据的本质属性，证据是客观存在的事实，法律为什么还要规定证据必须经过查证属实？这是自相矛盾的。（2）通过证据认识案件事实的过程是逆向过程，案件事实的非存在性和不确定性，决定了证据生成、收集和认识过程具有一定的主观属性，这不是证据运用的主观能动性就能概括解释的。③（3）更为重要的是，针对特定的待证事实，存在假证据的情况。④ 因此，证据的事实说、证据具有客观性的说法，最保守的观点也认为其存在含糊不清的问题。

　　还有学者建议用"真实性"这个概念来替代"客观性"，意图将证据本身存在的客观性与案件事实客观性区别开来。换言之，证据本身（存在）的

---

① 陈光中. 证据法学 [M]. 北京：法律出版社，2012：144.
② 吴家麟. 论证据的主观性与客观性 [J]. 法学研究，1981（6）：11-16.
③ 有学者根据证据具有主观性，将证据划分为三类：一是物证、书证等"实物证据"，它们的客观性较强；二是客观性与主观性混杂的证据，主要体现为人证；三是主观性较强的证据，主要指鉴定意见。这种说法值得商榷。吴家麟. 论证据的主观性与客观性 [J]. 法学研究，1981（6）：11-16.
④ 何家弘. 让证据走下人造的神坛：试析证据概念的误区 [J]. 法学研究，1999（5）：100-109.

真实，并不等于证据意义（内容）的真实。这种看法为一些法律文件所承认。① 这是对传统三性说的改良，可称为改良的三性说。

笔者认为，使用"真实性"来替代"客观性"，改良的三性说与传统三性说一样，在理解与操作层面仍然存在不少难题，这表现在以下三方面。

第一，证据真实性含义多元和分布多态，难以为证据的真假识别提供可操作的标准。证据真实性含义的多元，是指在通过证据认定案件事实的过程中，证据真实性可以有五点：（1）证据来源的真实性；（2）证据存在的真实性；（3）证据指称的真实性；（4）证据内容的真实性；（5）证据与待证事实联系的真实性等多种含义。以证人证言为例，（1）的情况指证人本身来源于案件事实，是证据事实查证问题；（2）的情况指证人的现时存在，是证据方法问题；（3）的情况是证人证言指涉的对象，是待证对象问题；（4）的情况指证人证言，是证据资料问题；（5）的情况指查证属实的证言，是定案依据的问题。我们在说证据本身是真实的时候，在需要通过证人证言逆向认识案件事实的时候，究竟在说哪一种情况呢？证据的真实性是要全部满足上述所指的所有条件，还是只满足其中一个条件，就可以称之为证据真实性，并无清晰的界定。更为重要的是，在上述情况下，有两类真实性的性质具有本质区别，即（2）证据存在的真、（4）证据内容的真，与（5）证据与待证事实联系的真的性质完全不同，尽管我们都是在用真实性表达（2）（4）（5）的情况。（2）（4）的情况是存在的真，属于本体论范畴，它是办案人员可以现时感知的真，约翰·亨利·威格莫尔（John Henry Wigmore）用"实感为真的证据"来指称这两种情况；而（5）的情况是认识的真，属于认识论范畴，它是办案人员运用经验法则、逻辑法则判断证言真实性的过程。这样，证据真实性因可以指称证据不同面向，遂其含义理解很困难。

证据真实性分布的多态，是指同一证据指涉的待证命题存在真假不同的状态，这和认识论上的真假认识有着本质的区别。在认识论上，按照张继成教授的说法，可以把证据看作截取案件事实的命题，② 这种证据命题要么真、

① 例如，2019年最高人民法院《关于民事诉讼证据的若干规定》第八十五条规定，审判人员应当依照法定程序，全面、客观地审核证据，依据法律的规定，遵循法官职业道德，运用逻辑推理和日常生活经验，对证据有无证明力和证明力大小独立进行判断，并公开判断的理由和结果。

② 张继成.事实、命题与证据［J］.中国社会科学，2001（5）：136-145，207.

要么假，不存在中间地带。但是在司法实务中，同一证据，例如，证人证言，指涉的作证对象不可能是逻辑学上所说的单一命题，多数情况下属于复合命题，证人由于感知、记忆、表达、诚信等主观能力的限制，在有些待证命题上可能陈述为真，在另一些待证命题上可能陈述为假或者与实际情况有出入，显然，我们不能因证人陈述内容的部分虚假性或者不一致，而否定证人对其他情况陈述的真实性，因此，证据内容存在真实性分布的问题。

更为重要的是，我们应当怎样把握和确定证据真实性在实践中的审查标准呢？如果我们把证据真实性视为证据本身的内在规定性，认为虚假的东西不能成为证据，那么基于证据真实性含义的多元和分布的多态，我们要从最充分真实的程度来理解和把握证据真实性标准，以此作为证据司法准入的门槛，这种要求未免过高。

以目击证人为例，如果发现一目击证人在特定问题的内容上撒谎，我们究竟是仅仅否定证人撒谎的特定内容，还是以他就特定内容的撒谎来否定他作证的整个证言内容？在实务操作中显然不太可能做到后者。因为目击证人毕竟是案件证据信息的重要来源，即使他撒谎，我们也可以从他撒谎的原因和撒谎的特定内容，来进一步查证案件事实。若单纯否定掉可能撒谎的目击证人证言，则对案件事实的查明不利，即证据部分内容在事后查证的虚假性，并不能否定掉证据其他部分内容经查证以后可能存在的真实性。可见，实务中我们并不能用最充分真实的程度来理解和识别证据真实性，即证据真实性并不是证据内在规定性的必要条件。在司法准入阶段，唯有代之以"最基本的真实程度"这一概念来判断证据的真实性问题，才具有司法操作上的合理性。然而，在当前"真实性"这个含义多元和分布多态的整体性概念中，难以为"最基本的真实程度"剥离出确切的范围。

另外，不可忽略的是，实务当中"假证据"作为定案依据现象的存在，凸显了滥用，甚至故意误用证据真实性概念，给案件事实认定所带来的负面影响。笔者在就上述问题所作学术讲座时，西南政法大学潘金贵教授谈及他办理的案件中发生过如下事情：公安机关根据犯罪嫌疑人"用棕绳将被害人勒毙"的交代，从市场买来一根棕绳，将之与尼龙绳、麻绳、绵线绳等其他材料制作的绳子放在一起，组织嫌疑人辨认后，将其作为定案依据。"市场买来的棕绳"与"现场作案的棕绳"是两个不同的事物，把"市场买来的棕绳"当作"现场作案的棕绳"，显然是一个假证据，但是它完全可能左右法官的判断，形成"犯罪工具系棕绳"的确定性认识。实际上，本案的犯罪工具是不是棕绳，并不能由上述异常显明的特征辨认程序进行确证，公安机关在这里玩了"一个花样"，即将作案工具的个体特征辨认，变成只能得出唯一结论"棕色"的颜色辨认。这样，摆在面前的"假证据"，这种所谓证据存在的真实，在故意误用证据真实性概念的情况下，完全可以变成左右案件事实认定的"真认识"。

证人证言的问题同样如此。证人 A 说："我看见被告人杀人了。"然而证人实际是在撒谎，那此时证人 A 的陈述是不是证据呢？按证据真实性的标准，证人 A 说的与客观实际情况不符，因而不应当存在证据（事实）。但实际上，证据是存在的，即"证人 A 说：'我看见被告人杀人了。'"这种表述中的"证人 A 说：'……'"的部分，它是 A 作证行为的过程与状态，是的的确确存在的，因而是证据。至于 A 说的内容"证人 A 看见被告人杀人了"，有学者认为这是证人 A 对于中间事实的主张，A 说的内容的命题意义，"被告人杀人了"是待证事实。"论者因证人说话的内容不真实而在证据的意义上说伪证不是事实的时候，实际上就是仅仅把证人说话的内容当成了证据，而未把'证人 A 说："……"'当成证据，因而，也就是错误地把中间事实主张或证明对象的性质（非事实性）当成了证据的性质，进而，也错把证据与证明对象之间的关系性质（非事实性）当成了证据本身的性质"①。这个分析表明，即使我们强调证据应当具有真实性的本质属性，也无法有效阻断假证据成为定案依据。

第二，证据合法性无涉理论建构，难以为证据能力规则实施条件和环境的完善提供充分支持。证据是否具有证据能力的实质判断依据，根据两大法系国家有关证据能力（可采性）的相关规定，至少需要具备三个条件：一是严格的证据生成环境，即要有完善而严格的取证方法和程序，尤其是对可能侵犯犯罪嫌疑人人身或者财产权益的强制处分措施，必须按照"程序法定原则"明确授权主体、取证方法与步骤，以及主要的救济措施。二是严重的违法取证后果，即对不符法定标准、程序或者采用法律禁止方法所获证据，明确规定没有证据能力或者排除非法证据，例如，口供如果不符合自愿性标准

---

① 周洪波. 修正的事实说：诉讼视野中的证据概念新解 [J]. 法律科学（西北政法大学学报），2010，28（2）：88-100.

或者没有按照法定程序取证则没有证据能力，此时针对口供本身，如果采用刑讯逼供方式获取则必须排除；此外，它还要包括"口供的射程范围"和衍生证据——通常说的"重复自白"和"毒树之果"。三是严格的程序保障措施，即确保没有证据能力的证据或者不具备可采性的证据不可能出现在审判阶段或者事实审理者面前，有效地实现证据材料的诉审阻断。在英美法这是通过二元审判法庭和控辩对抗来实现的，在大陆法则是通过规定证据取得禁止和使用禁止来实现的。只要"证据一经禁止使用者，即欠缺作为裁判依据的'证据资格'，这称作'无证据能力'"，而有证据能力，当然是指没有违反证据取得禁止和证据使用禁止规定、经过证明调查程序之证据。① 正是因为如此，日本学者田口守一才会说证据能力这个概念体现了证据裁判主义的规范意义，"以前的纠问主义只强调发现真实事实，所以不存在证据资格问题，只存在证据的价值的问题"，而现代证据法不再允许采用残酷的方法收集证据，强调收集证据的方法与程序必须合法。② 只有上述三个条件共同具备，证据能力规则才能得到充分的适用空间。

　　表面上看，我国证据合法性概念与大陆法国家的证据能力、英美法国家的可采性没有区别，都表达了将证据资格与取证的程序联系起来考虑的思想，我国法律强调的取证主体与证据形式问题，可以笼统地看作取证程序中的内容；但问题是，可采性和证据能力这两个概念本身就包含了理论基础和价值判断，并不等同于单纯的合法性。易言之，什么证据可采或什么证据材料具有成为证据的资格，是一种应然层面上的理论探索和评价准据，这套理论为制定和改进证据能力规则服务，同时也在司法实践中获得了鲜活生命。但我国"合法性"这一提法，从字面上看就是一个无涉价值，而只能通过立法内容反向推衍其所含寓意的概念，它无法给程序立法和证据立法的建构提供理论的支点，这也是学界对证据合法性概念在理解时存在一定差异的主要原因。至今，我国对于涉及犯罪嫌疑人人身等重大权益的强制取证行为，既没有按照"程序法定原则"的要求规定严格的取证程序，也没有实质意义上的证据排除规则，更没有有效实现证据材料的诉审阻断，致使大量欠缺证据能力的材料不当进入庭审程序，甚至成为定案依据。

---

① 林钰雄. 干预处分与刑事证据 [M]. 台北：元照出版公司，2007：245.
② 田口守一. 刑事诉讼法 [M]. 刘迪，等译. 北京：法律出版社，2000：218.

第三，证据相关性的认定相对宽泛，难以为建立符合我国司法环境的关联性禁止规则提供必要依据。关联性也称相关性。我国的说法是指证据与案件事实的实质联系，或者称作真实联系。英美法的说法是指证据的存在对案件事实发生可能性的证实或者证否，[①] 大陆法的说法是指法官依法定调查程序调查证据时产生的对所指陈事实的确信度，[②] 它们都表达了关联性是一个表征证据与待证事实之间关系的概念，这具有共同性。但是，我国证据生成的制度和实务环境与英美法、大陆法国家有着本质差异，这决定了证据关联性问题有着自身的特殊性。

我国刑事诉讼结构是一种公检法三家联合办案的平行结构，这种制度环境不仅使大量含有非法性的证据进入诉讼视野，也使得与案件事实不具备基本相关性的材料进入事实认定过程，其中最典型例子是情况说明。以目击证人查找未果的情况说明为例，目击证人在侦查阶段找不到或者原本存在，但联系方式没有留下来，侦查机关为了避免案件在起诉阶段退回补充侦查，就事先写好情况说明，表明目击证人存在，但是没有找到，其实质是用"目击证人没有找到"这种情况说明来"隐性"地表达目击证人存在，以此替代应当出庭的目击证人。这些书面材料之所以能够没有障碍地进入证据卷宗，进入法官最终的事实认定过程，最重要的原因在于，我们对证据关联性的理解是一种概括的理解，缺乏相应的法技术装置对案件的证据材料进行筛选和识别。在我国司法实务中，关联性是指特定证据是不是与"本案"有关，"本案"包括案件的实体法事实、程序法事实和证据事实，只要与案件的这三类事实有关，就能够作为证据存在。这与英美的相关性概念明显不同，英美的相关性概念，并不单单追问证据材料是否与"本案"有关，而是还追问证据材料是否与"本案的构成要件事实"有关。"本案"是一模糊的概念，但"本案的构成要件事实"，是支撑本案能否成立的一个接着一个的待证事实（命题），证实或者证否待证命题的证据才具有相关性，它排除了本案的程序法事实和证据事实的认定对本案实体法事实认定的间接影响，这体现出英美

---

① 艾伦，库恩斯，斯威夫特．证据法：文本、问题和案例［M］．张保生，王进喜，赵滢，译．北京：高等教育出版社，2006：149.
② 罗科信．刑事诉讼法．第24版［M］．吴丽琪，译．北京：法律出版社，2003：205.

法相关性概念的法技术特征，也是英美法相关性的概念富有操作性的重要原因。① 在大陆法国家，尽管立法没有对证据相关性提出具体要求，但由于预审制度和直接言词原则的实施，因而可以对部分无相关性的证据实现诉审阻断，加之法官的高素质和强大的证据调查职权，也可以弥补相关性在技术操作性上的不足。我国证据生成的制度规定与实务环境，既不存在英美法那种相关性要求的技术条件，也不存在大陆法那种相关性所要求的制度环境，因此，需要对证据相关性进行进一步细化，并建立明确的证明方法禁止规则，才能够有效阻断那些看似相关、实际无关的书面材料进入最终的事实认定过程，干扰法官对案件事实的心证过程。

二、改良抑或是改造：对证据三性说的两种理论态度

有鉴于证据三性说在理解与操作层面存在困难，不少学者主张采用大陆法系通行的"证据能力—证明力"体系，对三性说进行理论改良。证据能力指证据适格性，证据资格是指某一材料能够作为严格证据的能力或者资格，即其在法律上允许采用的能力。证明力是指证据对案件事实证明作用的大小。这可称为"两性说"。

"两性说"传入我国后，我国学界仍遵循"三性说"的传统思路，将证据的"三性"对应在两性之中：一是将证据的合法性问题作为证据能力最重要的内容，将证据能力的判断转换为证据制作与收集是否遵守相应法律规定这种更为实用的视角，原则上，凡是符合相关制作与收集证据规则的材料即具有作证资格，就具有证据能力，反之则没有。因此证据能力问题基本可作为法律问题加以处理。二是将证据的关联性问题放入证明力概念之中，证据对案件事实的证明作用大小，反映了证据与待证事实的关系问题，这需要由法官自由裁量。因此，证明力问题均可作为事实问题加以处理。三是关于证据的客观性与"两性"的关系，存在不同意见，有学者基于客观性属于证据的固有属性而将其归入证明力范畴，有学者把基本的可信度剥离出来，视作证据能力范畴，而对证据真实性的最终判断，特别是对事实的证明作用是否属实，置于证明力中处理。

---

① 高忠智．美国证据法新解：相关性证据及其排除规则［M］．北京：法律出版社，2004：40．

　　证据两性说有三个重要特点。第一，它不追问证据是否真实这个问题。证据的真实性由于存在上文所述的"存在论上的真"与"认识论上的真"两种理解，因而对通过证据认定案件事实的重要性并不明显。证据在"存在论上的真"是显明的事实，如物证的存在，证人证言中证人与证言的存在，这并不需要特别加以提醒。①　而证据在"认识论上的真"，是法官在综合判断全案证据的基础上，"事后"所得出的一个评价性结论。证据"认识论上的真"是证据评价的目的，不是证据评价的手段。追问证据的真实性，并不会对最后案件事实认定的确定性具有特别贡献。大陆法证据理论（包括英美法）都没有证据真实性这个概念，但是这并不影响法官认定案件事实所需要考虑的客观影响要素。这说明证据真实性并不是案件事实认定的必要因素。因此，证据两性说的总体进路是正确的，它追求案件事实认定的确定性，但是并没有把案件真实性和证据真实性作为一件事情加以对待，认为两者可以适度分离。在这个意义上，证据两性说对三性说而言，是一种改良的理论态度。

　　第二，两性说中"证据能力—证明力"体系是一种固定搭配，即证据能力问题是法律规定的作证资格，证明力问题是证据对待证事实的证明价值，前者是法律规定问题，后者是自由裁量问题。它表达了大陆法证据理论长期以来所秉持的看待证据、证明的二分立场，只有证据问题才是法律问题，才需要运用法律来进行规制，需要建立各类证据方法的调查规则，而证明问题属于法官自由心证的范围，是事实问题。自由心证不需要也不应当由法律来进行规定，"不需要"是指，只要"法院乃就由全部审判过程所获得之确信决定"案件事实，对于形成案件有罪判决就具有充分性，"不应当"是指"法律禁止强迫法官对特定条件一定要做成某种特定结论或者特定确信"。②

　　第三，两性说对证据与证明的过程，不做层次上的划分，而将两者作为一体系看待。使用证据的过程就是证明，而证明自然会考虑证据有无证据能力，因而大陆证据法理论才会认为，构成严格证明的要件，除证明标准要件外，还要包括"法院在调查证据时必须完全遵守证据调查规则"③，即所谓

---

① 笔者在另一篇论文中详细论证了证据"存在论上的真"只有两种情况，一是作为证据方法的存在，二是作为证据资料的存在。张斌.证据概念的学科分析：法学、哲学、科学的视角 [J]. 四川大学学报（哲学社会科学版），2013（1）：139-154.

② 罗科信.刑事诉讼法.第24版 [M].吴丽琪，译.北京：法律出版社，2003：118.

③ 罗森贝克，施瓦布，戈特瓦尔德.德国民事诉讼法 [M].李大雪，译.北京：中国法制出版社，2007：815.

"以严格的方式提出证据"①。德国法的"证据使用之禁止",通说认为是"禁止法院将取得之特定证据作为判决基础"②,这属于证据评价和证明问题,但在德国学者看来,应属于"证据力禁止"问题。③ 德语"beweisverbote"直译是"证明禁止",但是它的主要内容是关于"beweismittel"(以特定之人或物为证明方法)的,概念上更接近中文用语的"证据方法",为此"beweisverbote"中文才会翻译为"证据禁止"。台湾学者林钰雄认为,当"beweis"与其他字连用时(如 beweissantrg, beweislast),是译为"证据"还是"证明",应当依该文的脉络而定。④ 这亦说明,在大陆法国家的证据理论中,"证据"过程与"证明"过程,没有清楚的层次划分。

笔者认为,在我国法律语境中运用两性说总体方向正确,但是两性说是不彻底的理论。我国法律语境应当明确区分证据过程和证明过程,同时增加"证据力"和"证明能力"两个学术概念,构成"证据能力、证据力—证明能力、证明力"体系,这称为刑事证据四性说。两性说对三性说而言属于理论的改良,但四性说对三性说而言,属于理论的改造。本章第三部分探讨四性说的基本构想,第四部分探讨四性说的比较优势。

三、刑事证据四性说的基本构想

（一）"证据效"与"证明效"的区分

笔者认为,通过证据认定案件事实的过程,在知识论上可以明确地分为两个层次,即证据过程与证明过程。证据过程仅考虑证据本身,不涉及证据对待证对象的证明作用,这种作用笔者用"证据效"这个概念来表达;证明过程是在证据问题解决以后,需要进一步考虑证据对待证对象的证明作用,这种作用笔者用"证明效"这个概念来表达。这种区分之所以能够成立,有以下四个学科的理论依据。

首先是证据学。在证据法理论当中,对于证据与证明的关系问题,尽管存在不同的学术观点,但各方均认为证据与证明是两个不同的事物,它们之

① 罗科信. 刑事诉讼法. 第24版 [M]. 吴丽琪,译. 北京:法律出版社,2003:208.
② 林钰雄. 干预处分与刑事证据 [M]. 台北:元照出版公司,2007:253.
③ 罗科信. 刑事诉讼法. 第24版 [M]. 吴丽琪,译. 北京:法律出版社,2003:208.
④ 林钰雄. 干预处分与刑事证据 [M]. 台北:元照出版公司,2007:253.

间具有明确界限。证据本身的存在、证据的制作收集等均属于证据问题，证据对待证对象的指示、论证、说服属于证明问题。

其次是认识论。"证据效"针对证据本身，"证明效"针对证据与待证事实的关系。按照罗素的指称理论，"证据本身"有着明确的指称对象，即证据作为一种实体的存在。笔者在一篇论文当中，论证了证据作为实体的存在，① 它反映了证据的外在特征。"证据与待证事实的关系"指称的对象是"关系"，它不是实体的存在，在现实世界找不到"关系"这样一种事物，"证据与待证事实的关系"是一种观念的存在，它反映了人们对证明作用的认识。实体的存在与观念的存在，在认识论上是两个不同的事物。因此，认识论可以将"证据效"与"证明效"区分开来。

再次是逻辑学。在逻辑上，可以说"证据效"不涉及待证对象，不考虑证明问题，"证明效"要涉及待证对象，要考虑证明问题。不涉及待证对象与要涉及待证对象，不考虑证明问题与要考虑证明问题，在逻辑上是互斥的，两者具有不相容性，因此可以对"证据效"与"证明效"做出明确的逻辑区分。

最后是经验论。通过证据认定案件事实，经验论上分成以下步骤：（1）看到证据；（2）看到当事人主张的待证事实；（3）利用经验法则判断证据与待证事实的关系。这种经验判断包括根据双方当事人诉讼主张中有关待证对象的指引，把握证据是否与待证对象有关系，具有什么性质的关系，具有多大程度的关系。（1）的过程，是当事人的举证过程，是证据过程；（3）的过程，是根据证据评价能否证明待证对象的过程，是证明过程。将（1）与（3）做出明确区分，即将通过证据认定案件事实在经验论上分为证据过程与证明过程，符合经验常识。

需要注意的是，把通过证据认定案件事实的过程，截然分为证据过程与证明过程，会存在一个难解的理论问题，即如何理解在证据过程中有关证据相关性的评价与判断。相关性涉及待证对象、涉及证明作用，因而具有证明性质。而按照英美证据法理论，证据的可采也要求证据具有最低限度的相关

---

① 张斌. 证据概念的学科分析：法学、哲学、科学的视角 [J]. 四川大学学报（哲学社会科学版），2013（1）：139-154.

性,这是对证据与待证事实的关系的基本要求。如果将涉及待证对象、涉及证明作用等问题,均视为证明应当包含的范畴,那么法官在看到证据、在评价证据的同时,似乎需要考虑具有证明性质的问题,这就对上述证据过程与证明过程的划分提出了反例与反证。对此笔者做如下解释。

笔者认为,在证据采纳即证据资格认定过程中考虑相关性,并不意味着证明过程的实质展开。这是因为以下三点:(1)从两者性质来看,证明的过程是证实的过程,是积极过程,是要法官相信证据对待证事实能够实现确实与充分的证明。而相关性判断的过程,尽管涉及待证对象、涉及证明作用,但是它是个消极过程,是要将没有相关性的证据排除,为其后的通过证据证明案件事实(证明过程)做准备。因此,证据相关性判断在性质上是证明的准备,不是真正的证明。(2)从两者适用来看,相关性判断的主体是法官,接受指引的对象是当事人主张的待证事实,因此法官运用经验法则判断相关性,具有被动性。而证明过程的主体是当事人,此时经验法则的运用具有主动性。(3)从两者规制来看,证明过程是在证明对象、证明责任和证明标准等方面存在规制,而相关性判断除证明对象和证明作用有底限要求外,不问证明责任、证明标准、免证等问题。上述三点说明证据相关性判断不是证明过程的实质展开,它对证据过程与证明过程的明确划分,不构成反例与反证。

(二)"证据效"的表达与提出意义

证据效,指证据本身的法律效力,它针对的中心问题,是某一材料之所以能够成为证据的依据或者说原因。笔者用两个参数来表达证据效问题,即证据能力和证据力。证据法律效力的有无,称为证据能力;证据法律效力的大小,称为证据力。证据能力由一国证据法律制度加以规定,证据力由事实认定者根据案件的具体情况加以权衡和判断。对于这两个表达参数,说明如下。

首先,证据力评价的目的和结果是要确定某一材料"有证据能力"还是"没有证据能力"。"没有证据能力"属于证据效的特殊情况,需要排除。"有证据能力"则表明某一材料具有证据资格。证据法律效力的大小,具体由证据力来表达。

其次,证据力是个程度概念,它由某一材料"来源的真实程度"和"取证的合法程度"两方面构成。"来源的真实程度"仅指证据事实本身的可靠程度。例如,侦查人员在犯罪现场收集到书证、物证、视听资料,从犯罪嫌疑人的手机、电脑中收集电子数据，这些书证、物证、视听资料、电子数据的真实程度，是通过该证据的证据保管记录来反映的，表明这些证据确实来自犯罪现场或者犯罪嫌疑人处。又如，侦查人员讯问犯罪嫌疑人，询问证人、被害人制作了讯问、询问笔录，所收集的口供与证人证言的真实程度，是指这些笔录所表明的讯问与询问的时间、地点、主体、对象和过程等信息，都是对讯问与询问过程的客观记载。"取证的合法程度"是指收集证据是否遵守了相关的程序规定，是否存在运用法律禁止性方法收集证据的情形。例如，我国刑诉法规定讯问犯罪嫌疑人，具有相应的程序规定，同时禁止采取刑讯逼供、威胁、引诱、欺骗或者其他非法方法讯问犯罪嫌疑人，询问证人和被害人。如果没有遵守相应的讯问、询问程序规定，或者采取刑讯逼供、威胁、引诱、欺骗等非法方法取得串供或者证言，那么就属于"取证的合法程度"应当考虑的问题范围。

最后，证据力概念的提出，在我国具有理论的必要性和实践的重要性。理论的必要性是指，无法通过扩充解释证据能力这个概念，来替代证据力概念的提出。这主要表现在两方面：（1）从性质上看，在大陆法理论中，证据能力问题总体上属于法律问题，判断某一材料是否具有证据能力，主要依靠法律的严格规定。但是证据力问题总体上属于裁量问题，判断某一材料的真实程度和合法程度，主要依靠法官的自由裁量。（2）尽管可以认为评价某一材料是否具有证据能力，仍然需要自由裁量，即似乎可以通过"证据能力待定"这种扩充解释，来替代证据力概念的提出，但是从范围上看，这注定是不成功的。逻辑上，"证据能力待定"是一种不确定的悬置状态，而在实务中存在大量的我们能够确定把握某一材料的真实程度或者合法程度，但是仍然无法确定它是否具有证据能力的情形。例如，违反 2018 修正的刑诉法第一百一十九条规定，以连续传唤拘传形式或者不给犯罪嫌疑人饮食或必要休息时间，获取的犯罪嫌疑人口供有无证据资格，违反刑诉法第一百二十三条不全程对讯问过程进行录音或者录像，相应音像资料有无证据资格等。诸如此类的问题在询问、勘验检查、搜查、查封扣押物证书证、鉴定、技术侦查措施等方面都有可能存在。同样地，立法无法对证据材料的真实程度和合法程度做出全面细致地预见和规定，总会存在法律无法预见和无法规定的中间地带，这就是证据力概念的理论生存空间。

如果从我国司法实践来看，证据力概念的提出，其意义更加明显，表现在：（1）我国证据法理论中理解某一材料"有无证据能力"，本身就具有多义性。在我国，证据有"诉讼证据"和"定案证据"的区分。按照刑诉法第五十条第一款和第三款的规定，前者指进入刑事诉讼程序中用于证明案件事实的材料，后者指"经过查证属实"能够作为定案根据的材料。我们在评价某一材料是否具有证据能力，是在诉讼证据意义上，还是在定案根据意义上，无法得到准确的说明。因此，排除证据力概念、单独运用证据能力这个概念，在法律上存在困难。同时，按照刑诉法第五十二条"审判人员、检察人员、侦查人员必须依照法定程序，收集能够证实犯罪嫌疑人、被告人有罪或者无罪、犯罪情节轻重的各种证据……"的规定，查证一项材料能否成为"定案证据"，公、检、法三机关都具有决定权，要准确说明某一材料是否成为"定案证据"，显然需要准确描述证据事实本身的真实程度和取证的合法程度。
（2）我国法律严格限制证据资格的法律规则相对有限，这使得证据力概念具有相应的生存空间。非法证据的排除范围，我国只有刑诉法第五十六条进行了规定，即"采用刑讯逼供等非法方法收集的犯罪嫌疑人、被告人供述和采用暴力、威胁等非法方法收集的证人证言、被害人陈述"。而且即便是这种法定的非法证据，也没有实现严格意义上的排除。需注意，大陆法系国家将证据能力概念区分为没有能力的证据和应当排除其能力的证据。违反法定取证程序或者方法所获的材料，系没有证据能力。采用法律明令禁止的非法方法所获的材料，应排除其证据能力。没有证据能力仅针对证据本身，而排除证据还包括所获证据材料的衍生证据，它们都不能随案移送进入最终的审判程序，而这一点在我国是没有规定的，例如，我国2019年颁布的《人民检察院刑事诉讼规则》第七十三条第一款明确规定，"被排除的非法证据应当随案移送"。正是由于立法对证据资格规定多义，严格意义的证据能力规则又较少，在司法实务中存在大量证据材料介于证据效力有无的中间地带。在我国的法律语境里，这些证据虽存在违法性，立法却没有强行排除其证据效力，而是允许法官自行决定证据是否可采，究其本质，是因为我国对该类证据效力判断的重点，不在于以法律强制规定为依据来评判证据效力的有无，而在于对证据效力大小的判定，这与严格意义上的证据能力问题存在差异。本书将此称为证据力问题。其中最为典型的就是我国有关瑕疵证据的立法规定。

瑕疵证据可界定为，基于制作或者收集证据的方式程序存在不足、需要法官就其真实程度和合法程度加以权衡并判定是否需要补正或者合理解释的证据。笔者认为，从《死刑规定》来看，瑕疵证据中的"证据"判断时点应当是定案根据，按照大陆法国家的证据法理论，瑕疵证据应当认为是"证据能力待定的证据"。① 有学者将其证据性质称作"可补正的排除"，② 亦有学者按照证据"三性说"来理解瑕疵证据。③ 这些学术观点都体现了从证据能力层面来把握瑕疵证据的理论企图，与此同时，存在如下相应问题。

第一，不符合常识与我国实际。常识上，证据能力的有无是从"诉讼证据"而非"定案证据"的时点来把握的，即一项材料有无证据能力，是看它能否进入诉讼程序而非最终能否写进法官的判决书。我国实践中也是如此，公检法三机关都具有证据收集、审核和认定的职权，侦查证据、公诉证据、审判证据在三机关联合办案模式之下都是证据，相互并没有优位顺序，证据能否在审判阶段作为定案依据，是三机关协商补查的结果。因此，仅仅从"定案证据"或者"审判证据"来把握"瑕疵证据"中"证据"的判断时点，不符合常识和实际。

第二，不符合证据能力的范围。证据能力是大陆法概念，尽管很多学者注意到证据能力与证据资格同义，但他们都是从"合法性"角度来理解证据能力的。④ 很少有人将这个概念直接拿到我国语境下来用，尤其是处理瑕疵证据问题时会存在问题。瑕疵证据中的"瑕疵"，在笔者看来，有两大证据法属性：（1）瑕疵具有技术性而非权益性，它主要解决"证据事实"本身的真实性问题，而非解决是否侵犯取证对象权益的合法性问题。因此，不能仅仅从合法性的角度来理解瑕疵证据，它还包括真实性问题。即使退一步，笼统地认为不符证据制作与收集规范的瑕疵证据属于合法性范畴，也需要注意瑕疵证据中的"合法性"与非法证据中的"合法性"含义具有本质差异。瑕疵证据概念的提出，尤其是其可补正或者解释规则，立法目的并不在于权力是否要受到限制，而是看证据本身是否属实。而非法证据概念的提出，是要限制取证权力滥用，即使证据真实也会根据"人权保障"或者"程序公正"的法

---

① 万毅. 论瑕疵证据：以"两个《证据规定》"为分析对象 [J]. 法商研究，2011，28（5）：118-125.

② 陈瑞华. 论瑕疵证据补正规则 [J]. 法学家，2012（2）：66-84，178.

③ 周欣，马英川. 论刑事诉讼中瑕疵证据的概念与特征 [J]. 法学杂志，2012，33（11）：21-26.

④ 卞建林. 证据法学 [M]. 北京：中国政法大学出版社，1999：73；陈光中. 证据法学 [M]. 北京：法律出版社，2012：142.

理而被排除，因此两者解决问题的性质并不在一个层次上。完全以"合法性"的概念来理解瑕疵证据，容易引起混淆。（2）瑕疵具有程度性而非资格性，即瑕疵主要针对证据法律效力的大小而非证据法律资格的有无，补正和合理解释均表明瑕疵证据需要法官自由裁量证据效力，这显然有别于大陆法理解的证据能力规则。

第三，与证明力的判断明显不同。虽然瑕疵证据的证据效力与证明力问题一样，同样需要自由裁量，但证明力针对的是证据与待证事实之间的关系，而瑕疵证据针对的是证据来源、证据法定要件等有关证据存在本身，两者问题范围并不一样。

上述三点表明，我国瑕疵证据问题，应当归结为证据效力大小有待法官自由裁量并判定是否能够作为证据使用的问题，这属于证据力范畴。

（三）"证明效"的表达与提出意义

证明效，是指证据证明的法律效力，它针对的中心问题，是某一材料对待证事实证明作用的有无与大小。与证据效问题一样，笔者用两个参数来表达证明效问题，即证明能力和证明力。证明法律效力的有无，称为证明能力；证明法律效力的大小，称为证明力。证明能力由一国法律制度加以规定，证明力由法官根据案件具体情况加以权衡和判断。

同证据效问题中证据力与证据能力关系类似，证明力评价的目的和结果是要确定某一材料"有证明能力"还是"没有证明能力"。"没有证明能力"属于证明效的特殊情况。"有证明能力"则表明某一材料具有证明资格。某一材料证明法律效力的大小，具体由证明力来表达。

提出证明能力概念的意义，可以讯问笔录中有关讯问合法性证明为例来进行解释。目前我国证明侦查阶段讯问合法性的常用方式，是在讯问笔录中记载犯罪嫌疑人对整个讯问过程合法性的评价。侦查人员在讯问完犯罪嫌疑人案件实体问题以后，会提出"我们有没有打你?""我们在讯问过程中有没有侵犯你合法权益的行为?"诸如此类的问题，犯罪嫌疑人通常都会回答"没有打我""没有侵犯我的合法权益"，然后写上"以上所记与我交代无误"。如果犯罪嫌疑人在审判阶段提出侦查阶段的讯问存在刑讯逼供，那么公诉人就会拿出原始讯问笔录，找出其中有关讯问合法性的问题及嫌疑人的回答，以此证明审前讯问合法性。

从证据效来看，讯问笔录的提取符合法律的规定，上面有侦查人员的签字，有犯罪嫌疑人的签字和手印，不存在任何法律手续上的瑕疵或者问题，因此，讯问笔录具有证据能力，可以作为证明审前讯问合法性的有效证据。但是笔者认为，从证明效来看，这是一种应当由法律明令禁止的证明方式。主要原因在于讯问环境的封闭性，侦讯人员与犯罪嫌疑人"一对一"，整个讯问过程缺乏辩护律师在场或者录音录像等电子设备的有效监控，犯罪嫌疑人很容易在刑讯逼供、暴力、威胁等手段的逼迫下，违心地回答整个讯问过程是合法的。尽管新刑诉法规定拘留或者逮捕犯罪嫌疑人以后，应当送交看守所讯问，但是我国有关讯问的法律规定过于宽松是不争的事实，尤其是在拘留甚至立案以前，侦查机关以"协助调查"的名义对犯罪嫌疑人的强制盘问，这基本上不受到法律的规制。在无法"看到"整个讯问过程的情况下，仅仅依靠犯罪嫌疑人在讯问时点的"当事人陈述"来证明审前讯问的合法性，应属于无效的证明方式。

通过上例可得出如下结论：第一，证明能力和证据能力的属性有类似之处，均属于法律规定问题。第二，证明能力是对证据能否证明待证事实的第二次法律筛选。某一材料没有证据能力，就没有证据资格，也就无法实现对待证事实的证明，这是对某一材料能否证明待证事实的第一次法律筛选。但是，即使某一材料具有证据能力，如果它没有证明能力，仍然无法实现对待证事实的证明，因此证明能力是第二次法律筛选。第三，证明能力是将证明方式"知识无效"的部分通过法律方式固定下来。证明方式知识无效，从三性说来看，相当于说证据没有相关性，从两性说来看，相当于说证据没有证明力，但是三性说和两性说均把证据没有相关性和没有证明力的问题，交由法官自由裁量和评价。四性说认为，这个问题不应当由法官自由裁量，应当由法律明令禁止。

同样地，我国侦查机关出具情况说明来证明审前讯问合法，也应是无效的证明方式，应当禁止使用。情况说明是指在刑事诉讼中"侦查机关以单位名义就刑事案件中存在或者需要解决的问题提供的工作说明、工作情况、说明等的总称"[①]。根据黄维智博士的实证研究，情况说明在刑事诉讼中的使用有三个特点：一是使用广泛，几乎每一刑事案件中都有情况说明。二是内容多元，包括"未刑讯逼供的、查找未果的、案件来源的、抓获经过的、不能

---

① 黄维智.刑事案件中"情况说明"的适当定位 [J].法学，2007 (7)：153-159.

鉴定比对指认辨认原因的、案件管辖的、证明主体身份的、通话记录的、自首立功的"等。三是功能特殊，情况说明的实质是侦查机关客观上不能、主观上不愿，甚至主观上故意不补充证据的工作说明，它的扩大使用具有替代原应出示证据种类的功能。可以说，实务中大量关于否定事实的情况说明，如未刑讯逼供的、不能鉴定比对指认辨认原因的等，都具有或者部分具有替代原应出示证据种类的功能。

至于其他类型的情况说明，有些实务部门的同志认为应当在总体上肯定情况说明的证明能力，因为它可以"填充"案件法律事实与客观事实之间的差距，保持整个案件事实的确定性，是审判阶段证明标准提高的必然要求。①笔者认为不宜一概而论，而是应当区分所出具情况说明对象的性质做出具体分析。既然情况说明是对侦查机关办案工作情况的记载说明，那么情况说明的证明对象，原则上只能是"侦查机关办案工作情况"等程序性事实。其构成要件：（1）属于侦查机关职权范围内的工作说明。例如，所谓被害方所写的情况说明，实际上是被害人陈述，它是侦查机关询问被害人的结果，与情况说明没有关系。（2）不涉及案件的实体事实。例如，关于案件来源、管辖、挡获经过的情况说明，只是表明侦查机关所办理案件真实存在，侦查机关对案件具有管辖权。不能鉴定比对指认辨认原因的情况说明，只是对鉴定比对指认辨认过程的"证据事实"说明。情况说明证明对象的限定性，决定了它对犯罪嫌疑人定罪量刑事实的证明功能，只具有补充性或者间接性，原则上对犯罪嫌疑人的实体利益不会产生影响。犯罪嫌疑人实体利益来源于案件事实，包括有罪无罪、罪重罪轻的事实，都是发生在诉讼程序以前，因而侦查机关在诉讼程序中不能"自行"制作或者增加证据材料，来证明犯罪嫌疑人的犯罪事实。②

例如，如果法院对侦查机关的勘验笔录存疑，侦查机关应当根据法院提出异议的事项种类分情况对待，不能一概以情况说明来回复解释法院的异议。这里能够用情况说明回复的，只能是侦查机关勘验检查中的记录性笔误，即

---

① 李春刚，王凯．办案情况说明的证据学思考［J］．证据科学，2009，17（2）：192-199.

② 当然，犯罪嫌疑人在诉讼程序中的表现，例如，悔罪态度、是否自首立功对其量刑具有实质影响。但是笔者坚持认为，关于犯罪嫌疑人定罪的事实需要严格证明方式，因此应当禁止采用情况说明证明犯罪嫌疑人有罪的事实。即使在悔罪态度问题上，也要严格情况说明制作程序，不能将其作为讯问的威胁手段。

单纯的形式错误，而不能是侦查机关勘验检查的过程失误，更不能用情况说明去掩盖勘验检查过程中存在的失误。又如，侦查机关所做的鉴定结论中伤情描述与被害人描述不符、存在遗漏时，即使不影响对被害人伤情鉴定的定性结论，也不宜用情况说明去代替补充鉴定或者重新鉴定。这是因为影响或者不影响被害人的伤情鉴定这种定性结论，属于法院权限范围内判断的实体法事实，侦查机关所做鉴定有遗漏，足以让法院认定伤情鉴定存在不足甚至缺陷，这种不足或者缺陷究竟达到什么样的程度，需要法院而不是公安机关来评估。易言之，公安机关的情况说明，只能针对伤情鉴定本身的"证据事实"，而不能是伤情鉴定结论这种"案件事实"。再如，赃物去向问题，如果认为它不属于案件证明对象，自然不需要出具情况说明来进行说明或者证明；如果认为它属于案件证明对象，那么就不能仅仅用"去向不明""查找未果"这种情况说明来证明赃物的存在，而需要用其他证据予以证明。

因此，在案件实体法事实的证明问题上，笔者认为应原则上否认情况说明的证明能力，建立明确的证明能力禁止规则。

（四）证据四属性之间的逻辑关系

证据的"证据能力、证据力、证明能力、证明力"四属性，是一组彼此独立、相互依存，共同服务于通过证据认定案件事实任务的完整体系。

首先，证据四属性彼此独立，不能相互替代。证据四属性可以分拆成"证据—证明""能力—力"两对基本概念。"证据"与"证明"的层次区分，前文已经从证据学、认识论、逻辑学和经验论方面做出明确的原因解释。这里解释一下"能力"与"力"的关系。"能力"意味着"法律的规定"，"力"意味着"自由裁量"。权衡和判断"力"的目的和结果，是要确定"能力"的有无。其中最重要的是要把"没有能力"的部分，通过法律明确加以规定。因此，这表明在证据问题和证明问题上，同时需要法律的刚性规定和法官的自由裁量，这四者是完全可以区分开来的。证据能力反映了证据过程中的法律规定，证据力反映了证据过程中的自由裁量；证明能力反映了证明过程中的法律规定，证明力反映了证明过程中的自由裁量。

其次，证据力和证明能力概念存在的合理性和必要性，前文有关中国法语境中的瑕疵证据和情况说明性质的讨论，已对此进行了初步说明。总体上看瑕疵证据不宜由法律做出效力"有无"的刚性规定，因为它与非法证据、与证据证明力问题存在本质的区别，其效力"大小"只能交由法官进行自由裁量，这应是本书定义的证据力问题。而情况说明这样一种证据形式，从证据制作主体和程序来看是合法的，但是在证明案件实体法事实问题上会发生证明效力"有无"的问题，如果不对这样一种证明方式做出法律禁止性规定，其效果与证据能力规则一样，不能有效吓阻和遏制侦查机关滥用取证权力，这应是本书定义的证明能力问题，由法律来规定而不是交给法官自由裁量。

再次，证据四属性具有相互依存不可或缺的紧密关系。在通过证据认定案件事实的庭审机制当中，证据与证明是不可分的，使用证据的目的是证明待证事实的成立，证明待证事实成立的手段是证据。在大陆证据法理论中，可以同时从证据的视角——"证据方法""证据资料"和从证明的视角——"证明根据""证明手段""心证原因"来定义证据，它只是反映我们在理解证据指称上面存在视角上的差异，并不意味着证据与证明之间没有紧密联系。① 因此，德国的证据法理论才会讲，举证的过程就是证明的过程，以严格方式举证是严格证明，以一般方式举证是自由证明，证明实际上是使用证据的"动态"过程。② 笔者将通过证据认定案件事实的过程，通过四属性的层次表达，目的在于准确刻画这一过程中可以由法律规定和法官裁量的成分，找到其中的认识规律，从而为建立相应的证据规则和证明规则提供智识支持。

最后，证据四属性共同服务于通过证据认定案件事实的任务。证据四性说将通过证据认定案件事实的任务分解为"证据"与"证明"两个层次，明确了"应当排除"和"可以认定"两种范围。详言之，法官在认定案件事实的过程中，应当首先查明证据的来源、证据的收集与制作过程等所谓与证据存在有关的"真实性"和"合法性"问题，这是证据的层次；然后再根据举证主体提出的待证对象，运用逻辑法则和经验法则对所提出的证据能否针对待证对象进行认定，这是"证明"的层次。在此过程中，法官应当严格按照法律的规定明确可以由自己认定的"证据"范围和"证明"方法，将法律禁止使用的证据方法和证明方法排除在自由裁量范围之外，以此完成通过证据认定案件事实的任务。

---

① 张斌. 证据概念的学科分析：法学、哲学、科学的视角［J］. 四川大学学报（哲学社会科学版），2013（1）：139-154.

② 罗科信. 刑事诉讼法. 第 24 版［M］. 吴丽琪，译. 北京：法律出版社，2003：208.

四、刑事证据四性说的比较优势

(一) 四性说比三性说更具有知识性和实用性

三性说中最关键的概念是证据客观性或真实性。我们现在已经清楚，对过去案件事实的认定过程，实际上是对现在证据的解释过程，这具有逆向性特点。这种通过证据认定案件事实的逆向，包括时间的逆向和因果的逆向两层含义。时间的逆向是指由现在来认识过去，因果的逆向是指由结果（证据）来解释原因（案件事实）。过去无法回复，法官由此无法亲身感知和认识案件事实，只能够根据双方当事人对证据生成原因的解释，通过经验法则和逻辑法则来判断案件事实的发生过程，从而形成对过去案件事实的内心确信。在这一过程中，认识过程"知"与"信"的天然鸿沟、认识主体的心理注意资源分配和对特定事实愿意相信与否的态度、认识依据中经验的盖然性和逻辑的有效性、认识要求与司法成本之间的张力等诸多因素，都会对最终的案件事实认知的确定性产生影响。

对通过证据认定案件事实的过程，传统的证据法理论强调了一种机械、僵化的"唯物"立场，笔者将这种理论称为机械唯物论。强调证据的客观立场、强调通过证据对案件事实认识的客观化态度，这是正确的，但是机械唯物论认为通过证据这种板上钉钉的事实（不少学者称之为证据事实）能够实现对过去案件事实的完全回复，证据的主客观属性与待证事实的真假属性之间存在着一种决定论的关系，这是错误的看法。

证据的主客观属性只会对证据调查方法和规则具有决定性的影响，但是与待证事实的真假是可以分开的。例如，证人证言的主观形式和属性，只是影响证人证言真实性的调查方法和规则，即我们需要通过一种"面对面"的盘问，通过观察证人的身体姿态、神态、语速等所谓情态信息，结合证人陈述的逻辑特征和经验内容进行综合判断，以此查明证人对过去案件事实的感知、记忆和表达是否准确，是否有意说谎。即使一个案件中只存在证人证言，也完全有可能实现对案件事实的准确认定，这样，证人证言的主观形式和属性与案件事实的真假不存在决定论的关系。同样地，不少学者推崇物证的客观属性，认为它们都是不依赖于人的意识的客观存在，似乎物证就能够实现对过去案件事实的准确认定；但是需要注意到，对物证的发现、收集、鉴别同样掺杂着办案人员的主观因素。物证的存在是一回事，能否收集特定物证、能否正确鉴别相应物证、能否正确解释这种物证的存在，是另外一回事，这同样需要发挥人的主观能动性。通过物证回复案件事实的不确定性，并不比通过证人证言回复案件事实的不确定性少多少。你问我，"现在几点了"，我抬腕看了一下表说，"现在下午三点五十一分"。在这里"表"即是一种广义的物证，它指示的时间真的就是准确的吗？显然不能这样看。在实务中搞错各类生物样本的 DNA 鉴定，进而造成冤假错案的例子并不少见。

实际上，证据法上通过证据认定案件事实的过程具有更为强烈的"反实在"立场，① 这主要体现在：（1）通过证据认定案件事实的过程，都是通过双方当事人对"待证事实"的证明完成的，而当事人要证明待证事实的成立，最先存在的是证明主张，以及当事人为了证明事实主张成立而拟定的证明策略和证明方法，这些都具有强烈的当事人色彩和主观意味。（2）证据的组织和选择同样服务于当事人的证明策略和证明方法，尤其是对同一证明对象上，往往同时存在分别支持双方当事人待证主张的证据材料，它们充满着对立和矛盾，这仍然具有主观意味。（3）法官对双方证据材料的认定，就自身而言，依靠的是法官自身的经验和逻辑，它具有盖然性。就制度而言，它要受到"主观信度"——证明标准的规制，它具有规定性。就认识而言，它要受到"案件事实不存在"的影响，具有不确定性。

与三性说比较起来，四性说更加注重通过证据认定案件事实的层次结构，它主张将案件事实的认定过程统一在"证据—证明"两个基本层次，这更加符合通过证据认定案件事实的知识过程，更有利于描述双方当事人使用证据证明待证事实过程可能存在的不确定因素，这与三性说的"平面结构"具有本质区别。三性说中真实性、相关性和合法性并没有一个层次优位关系，也看不到证据的证明功能要素。实际上，四性说和新两性说一样，并没有否认证据应当具有客观属性，而是主张将证据的客观属性科学地融合到证据调查的过程之中，并不是像机械唯物论那样，片面强调证据的客观属性对案件事实的决定性影响。此外，站在操作的立场上，四性说比三性说更加容易建立相应的证据规则。四性说更有利于细化证据的采纳与采信问题，使证据的采纳和采信能够遵循更加清晰的思维脉络，由此对证据资格的判断能在恰当的

---

① 张斌. 证据概念的学科分析：法学、哲学、科学的视角 [J]. 四川大学学报（哲学社会科学版），2013（1）：139-154.

范围内摆脱法定的禁锢，同时对证明程度的判断又能适当地获得法律的限制。这样做的根本目的，是有利于证据法学摆脱固有的教条观念，得到科学、平衡的发展。这是一种更加实用的学术立场。

（二）四性说比两性说更具有准确性和适用性

表面上看，四性说只是在两性说上面增加了证据力和证明能力两个概念，但是四性说表达的认定案件事实的基本逻辑与思想，与两性说完全不同。

一方面，四性说严格区分了证据过程与证明过程，这种做法与两性说正好相反。在两性说中，证据与证明过程混同，证据是证明的根据，证明是证据的运用，两者是合二为一的。它所带来的理论困惑，是无法实现对通过证据认定案件事实的过程的准确描述和分析。其中最典型的表现，是认为证据力与证明力两个概念是一回事，提出证据力这个概念没有任何意义，完全可以通过证明力概念来替代证据力概念。这是一种可供商榷的学术观点。

要在理论上实现对证据事实可靠程度的描述，同时又不涉及与待证事实的关系，只能用证据力这个概念，证明力不具有这样的概念描述功能。这是我国无法真正适用两性说的第一个重要原因。我国证据理论与实务习惯讲证据真实性。因此，在理论上，需要用证据力这个学术概念将三性说中讲证据真实性的那部分内容承继下来，同时又要避免前文所阐述的三性说真实性理解与操作的难题，即有效区分证据"存在论上的真实性"与"认识论上的真实性"。证据力概念正是因应这样的理论与实务要求而产生的。

另一方面，四性说认为，证据过程与证明过程，同时存在需要法律规制的成分和需要法官自由裁量的成分，这与两性说认为只有证据能力问题才是法律问题、证明力问题是事实问题的理论逻辑完全不同。这是我国无法适用两性说的第二个重要原因。

前文已经说明，证据与证明问题的"法律—事实"属性，并不是一个固定搭配，证据与证明同时存在法律问题与事实问题。证据问题，是从证据生成环境来讲，判断一项证据是否具有证据能力，只能从取证的视角来看，通过对取证主体是否具有取证资格、取证程序是否符合法律规定、取证方法是否违反法律禁止性规定、取证形式是否符合法律要求等方面来进行判断。而证明问题，是从证据与待证事实的关系而言，即证据与待证事实之间的逻辑联系和该证据具有何种程度的证据可信性。① 因此，证据的收集（前文所说的取证）属于典型的证据问题，但是证据的使用一定会指向待证事实，涉及证据与待证事实之间的关系，证据的使用不是典型意义上的证据问题，应当属于证明的范畴。在此意义上，德国法当中所说的证据使用之禁止，从取证角度来看是合法的，但是禁止法官在判决书中引用，这实际上属于证明方法的禁止，而不是证据能力的禁止。② 英美国家把最低限度的相关性要求，规定在"可采性"规则之中，仍然是证明方法的禁止。因此，认为只有证据问题才具有法律问题，是对"证据能力"概念进行扩充解释的结果。与此类似的，将证据本身的真实程度和来源可靠等所谓证据客观性问题，看作证明力的构成要件，③ 同样是对"证明力"进行扩充解释的结果。

"扩充解释"的理论预设，在德国法那种证据生成环境比较严格、制作与收集证据规范比较完备，同时规定了违规和非法收集证据法律后果的情况下也许能够成立，但是本书对我国瑕疵证据和情况说明两种证据形式的分析，表明新两性说的固定搭配和"扩充解释"，在我国适用既不全面也不准确。我国证据能力理解的多义性、有关证据能力规则规定的粗略性和实务操作的非规范性，导致瑕疵证据的产生，它表明证据问题仅仅依靠法律规定的证据资格并不全面。瑕疵证据补正和解释规则的合理建构，最为重要的是对瑕疵证据正确的法律定位，瑕疵证据是融合了合法程度和真实程度的证据效力大小判断问题，它有证据效力，不属于证据能力范畴，它属于证据本身问题，与证明没有关系。如果按照证据客观性属于证明力前提要件的"扩充解释"，很容易将瑕疵证据补正规则与证明力补强规则混淆起来，或者将瑕疵证据完全看作法律规定问题。前文已经说明，瑕疵证据主要依靠法官自由裁量。

同样的道理，我国证明方式的非法律限制性和自由裁量的随意性，导致情况说明在实务中适用的泛滥。在不清楚案件事实构成要件、不清楚情况说明能够证明的待证对象的情况下，案卷中充斥的情况说明只能造成案件事实得到"严格证明"的假象。因此，仅仅依靠修补新两性说，扩充解释证据能

---

① 松尾浩也. 日本刑事诉讼法：下卷 [M]. 张凌，译. 北京：中国人民大学出版社，2005：10.

② 德国刑诉法证据使用之禁止的规范对象是法院的审判行为，即禁止法院在审判程序中使用已取得之特定证据。林钰雄. 干预处分与刑事证据 [M]. 台北：元照出版公司，2007：262.

③ 陈光中. 证据法学 [M]. 北京：法律出版社，2012：143.

力和证明力概念，在我国证据制度语境之下无法解决根本问题。

（三）四性说的理论拓展性和承继性

证据四性说是开放的证据属性知识体系，可以与证据、证明的其他基本理论问题相包容。证据四性说强调了"效力"问题，它包括"证据效力"与"证明效力"。证据效力与证据的概念、证据的分类种类问题有关，证明效力与待证对象、证明标准等问题有关。"效力"的有无需要法律的刚性规定，它包括证据能力规则和禁止性证明方法的规定，"效力"大小需要交由法官自由裁量，它包括证据效力和证明效力大小。因此，四性说具有一定的理论拓展性。

更为重要的是，四性说当中的证明能力概念，表达了需要对证明方法进行法律规制的基本思想。对"法定证据"制度的心悸和批判，导致大陆法证据理论将证明力问题完全委之于法官判断的自由心证制度，随之带来法官认定案件事实主观恣意、自由心证有可能演变为不受限制的随意心证等问题，正如日本学者田口守一所说，自由心证成为现代证据法研究的时代课题。中国证据制度在发展过程中出现的情况说明等证据形式表明，不仅需要通过法律来规定证据资格，同时也需要根据本国情况规定证明方法禁止使用，将那些对待证对象缺乏证明效力、一旦准入将侵蚀被告人合法权益的证明方法强制排除，使自由心证成为合理的、有节制的心证。如果说大陆法传统的法定证据制度过于落后，是对证明力呆板的理解，那么大陆法当代的自由心证制度则有矫枉过正的意味，完全放任证明力自由判断。证明能力的概念可以适当调整自由心证制度在证明力问题上完全放任的态度，这具有承继性。

需要说明，证明能力与法定证据制度具有本质区别。法定证据制度是对证明力的积极规定，它认为只有口供或者两个证人对案件主要事实的证言，才能对嫌疑人定罪，这显然忽视了证据表现形式的多样性和复杂性，是与证据法中的经验法则相背的。而证明能力是对证明力的消极排除，它表达了这样一种思想，那些与经验法则相背的、不符合现代法治理念的证明方法，尽管从证据角度来讲没有违法，具有证据资格，但是对待证事实仍然没有证明效力。这是符合经验法则的。

第三章

我国非法证据排除规则运用的十大技术难题

——兼评《关于办理刑事案件排除非法证据若干问题的规定》

一、非法证据排除规则的证据法属性

非法证据排除规则的基本含义，是侦讯主体通过非法程序或者非法方法获取的证据，无论表现为言词形式还是实物形式，基于程序正义或者人权保障的价值选择，在法律层面做出禁止使用的规定（德国的说法）或排除它的证据能力（美国的说法），或不能作为定案的依据（我国的说法）。对其可做如下三方面的理解。

1. 在规则定位上，非法证据排除规则是反映"程序理性"而非"实体理性"的证据规则。如果把证据法规则按照"程序—实体"模式来进行类型化分析，非法证据排除规则的要旨在于用一种"刚性"的办法，强制排除滥用或者误用侦查取证权力所获取的证据，以此来规范侦讯主体的取证程序和取证方法。这类规则针对的问题，是刑事案件的程序问题；透射的理性，是依据人权保障和程序公正观念的程序理性，与证据方法、证明责任、证明标准等规范案件实体问题的证据规则有着明显不同。从这个角度来讲，也可认为非法证据排除规则反映的是"价值理性"而非"技术理性"。

2. 在法律效果上，非法证据排除规则是对辩方有利而非对控方有利的证据规则，在英美被称作"警察的手铐"。这就意味着，非法证据排除规则是一类限权规则或者控权规则，它要限制的是取证主体的取证权力，控制取证主体取证权力的不当运用和违法运用，因而在最终效果上对辩方有利，而对控方不利。

3. 在事实认知上，非法证据排除主要是妨碍事实查证而非促进事实查证的证据规则。非法证据规则要排除取证主体通过非法程序或者非法方法获取的证据，这些证据从国外有关非法证据排除的司法实务上来看，不少是具有事实证明作用和价值的，只不过基于取证程序或者方法的不法性而要做法定排除，其中最典型

的是"辛普森"案。这个在我国可能半小时就可以判定嫌疑人有罪的案件，在美国却用了半年，而且因取证程序的缺陷而使定罪的关键证据不能使用。

对于非法证据排除规则上述的证据法属性，德国学者克劳思·罗科信（Claus Roxin）有一个形象的比喻：如果说包括刑事证据制度在内的整个刑诉法是一个国家宪法和法治化程度的测震器，那么非法证据排除规则就是刑诉法这部测震器上最为重要的装置，或者说，非法证据排除规则是刑诉法的测震器。非法证据排除规则的重心在于，以一种真正带有法治信念的程序做法严格规制侦查人员的取证手段，为他们的取证设置一个很高的技术标准。这种反映程序理性、对辩方有利、妨碍事实查证的非法证据排除规则能够在多大程度上实现，体现了一国刑事司法的法治水平。

二、我国运用非法证据排除规则的十大技术难题

从刑事诉讼实务的"工作逻辑"上讲，① 对公权力机关而言（尤其是具有刑事证据调查权力的侦诉机关），非法证据排除规则应当属于"不受欢迎"的一类证据规则。这是因为在总体上，非法证据排除规则的运用构成了刑事诉讼工作顺利进行的阻力。它所宣示的带有"精密司法"技术特征的办案方式对实务部门而言显得陌生。它不仅不符合办案人员"宁枉不纵"的日常办案思维，② 让他们有了额外的案件压力，而且要求巨额的司法成本投入和极高

---

① 刑事诉讼实务的"工作"逻辑是笔者设想的对我国刑事诉讼结构与实践运用的解释理论，它包括目标、计划、责任、激励四大工作运行机制，以此可以来解释原有的"横—纵向结构""显—潜"规则等理论所不能描述、解释的所谓"中国特色"问题。

② "宁枉不纵"是笔者就无罪推定原则在我国刑事司法中的运用而"杜撰"的一个说法。对此解释如下：刑事诉讼中无罪推定原则，在证据法层面的要求是对犯罪嫌疑人的定罪设置一个很高的法技术标准，要求追诉机关在犯罪嫌疑人的罪责问题上承担单方的、完全的证明责任。如果追诉机关在犯罪嫌疑人的罪责问题上有着法技术层面的不足或者问题，即便在单个案件中被追诉人真正实施了犯罪，也必须对被追诉人做无罪处理。因而，无罪推定在证据法层面的要求是要做到"不枉"，不能够冤枉一个好人，追诉机关不能完成单方完全的证明责任就必须以放掉一个可能犯罪的坏人为代价。易言之，要杜绝"枉"的可能性，由于案件的客观条件和证明标准的技术要求，就得容忍"纵"的可能性。无罪推定要求做到"宁纵不枉"，重心在于"不枉"。但是我国刑事司法的情形似乎正好相反，重心在于"不纵"。这是因为，如果"放纵"一个"坏人"，将应当诉判"有罪"的当作"无罪"、诉判"重罪"的当作"轻罪"，显然会让同行、案件当事人或者社会公众怀疑具体办案人员的司法诚信，是否存在权钱交易等见不得人的勾当。这样，"重处""重判"是具体办案人员在刑事诉讼工作中撇清干系、树立公正清廉形象的最佳办法，但是由于办案人员的工作能力、案件客观条件的限制，"重处""重判"有可能冤枉无罪的人，这是具体办案人员要做到"不纵"的代价。

的讯问技巧。因而，在我国现有法治化状态还不是很高、有关非法证据排除规则运用的主客观条件还有所欠缺的情况下，实务当中要严格实施非法证据排除规则会遇到较多的技术难题，这表现为如下十个方面。

（一）定义难

定义非法证据的难点并不在于"非法证据"所指示的字面意思，即通常所说的"非法取证程序和取证手段所获取的证据"。定义非法证据的重心应当不是"非法"而是"合法"，应当不是"证据"本身而是"证据"的生成程序与方法。换言之，定义非法证据的前提，是要定义什么是合法的取证程序与方法。对言词证据而言最重要者是讯问与询问，这是对人的强制取证；对实物证据而言最重要者是搜查，这是对物的强制取证。这两种取证程序与方法都需要有完善的制度规定，以此才能定义什么是违背这两种程序规定的结果——非法证据。而讯问程序与搜查程序在我国刑诉法规定中的问题是有目共睹的。

（二）辨别难

辨别非法证据的关键，在于明确"非法"的程度。"非法"的程度决定了"非法证据"应当或者可以"排除"的程度。换言之，"非法"的程度决定了法官在排除"非法证据"中能否享有自由裁量权。[①] 美国用"违宪"与"违法"、日本用"重大违法"和"一般违法"这样笼统的字眼来表明"非法"的程度，美国"违宪"的非法证据与日本"重大违法"的非法证据，法官对此没有自由裁量权，属于法定排除；而"违法"和"一般违法"的情况，法官享有自由裁量权，属于裁量排除。在我国有关非法证据的学术论述中，是用"可以补正的违法"与"不能补正的违法"这样的字眼来表示违法的程度的，但什么是"可以补正的违法"，什么是"不能补正的违法"，很难找到比较清晰的辨别标准，尤其是现在司法实务部门所倡导的证据"转化"的做法，似乎消除了"合法"与"非法"，"严重违法"与"一般违法"之间

---

① 韩旭博士认为对非法言词证据的排除法官一般无自由裁量权，并无程度区分，笔者不赞同这种观点，理由在于"非法证据"中对"非法"的理解在刑事诉讼语境中有两种情况，第一种是"违反"禁止性规定，如刑讯逼供；第二种是不遵守法定侦查取证程序，侦查措施法制化原则要求侦查取证措施要有法定程序，以此限制侦查取证权力的不当运用，因而"不遵守"也是"非法"的一种情况，这和民事诉讼中的情况不太一样。因而，"违反"与"不遵守"之间很明显具有程度问题，这对言词证据和实物证据均成立。

的界限，万毅博士认为侦查谋略与违法取证程序之间需要有法秩序、道德成本和社会伦理三个判定标准，其要旨在于用一种具有"底线正义"性质的公理来弥补刑诉法法条所不能处理的案件情况，但这种带有自然法理性精神的弹性"规则"对实务部门而言比较陌生。

（三）提出难

在我国，非法证据的生成是在侦查阶段，尤其是在犯罪嫌疑人被采取强制措施以后的第一次讯问时段。在这个时段，由于犯罪嫌疑人的身份骤变（从没有犯罪嫌疑到有犯罪嫌疑）、环境骤变（从有自由的环境到没有自由的环境）、地位骤变（从没有被强制到被强制），其面对案侦人员的讯问，抵触与抗拒的心理态度最强。从审讯实践规律来看，这个时候的犯罪嫌疑人还没有有效组织起反侦查的对策和"说法"。一般有审讯经验的侦查人员都非常重视对犯罪嫌疑人的第一次讯问，都会有"一定要拿下嫌疑人的口供"，与犯罪嫌疑人做好打"硬仗"、打"持久战"的心理准备。因而在犯罪嫌疑人被采取强制措施的这一时段，双方的心理对抗最强，这个时候也最易发生刑讯逼供。此时的犯罪嫌疑人因"侦查之窗关闭"所以是最无助的。这就意味着，犯罪嫌疑人要有效地对第一次讯问可能存在的刑讯逼供提出控告，需要等到审查起诉阶段或者庭审阶段，而他向侦查机关反映这些问题一般不会有什么效果。非法搜查所得到的实物证据道理与此类似。我国非法证据的生成与提出之间存在"时间差"，这与国外控诉方或者法院可以介入侦查程序，实现检警一体或者审判中心的制度设计有着明显不同。可以想见，有了非法证据的生成与提出之间的"时间差"，足以把非法言词或实物证据"修正"或"转化"为合法证据，对犯罪嫌疑人而言，他要提出"非法证据"之控诉比较困难。

（四）举证难

刑事诉讼中的证据调查在我国的基本定位是侦查措施，它强调刑事诉讼中取证主体应当是有侦、诉、审等国家公权力的公安司法机关。尽管有学者认为不能将刑诉法第五十二条中"审判人员、检察人员、侦查人员必须依照法定程序，收集能够证实犯罪嫌疑人、被告人有罪或者无罪、犯罪情节轻重的各种证据"这一表述解释为刑事诉讼中的取证主体只有公安司法机关，辩方律师也应当具有调查取证的权利;① 但是辩方调查取证的范围、对象和能力比较有限是不争的事实。② 此外更为重要的是，非法证据能够成立的关键证据表现在犯罪嫌疑人被"屈打成招"所留下的伤情，包括致命伤和非致命伤，这需要医学专家对被告人伤情的"即时"检查、固定和鉴定。但是在立法上，犯罪嫌疑人和辩护人没有直接委托法医等医学专家进行伤情检查或者鉴定的权限，只有有限的"申请补充鉴定或者重新鉴定权"，在司法实务中，犯罪嫌疑人在看守或者羁押场所"意外"受伤或者死亡，有关机关都不允许犯罪嫌疑人亲友家属"拍照"，对可能属于刑讯逼供的伤情证据进行固定。加之前面所说的非法证据生成与控告之间的"时间差"，犯罪嫌疑人及其辩护律师欲成功地对"非法证据"的生成原因进行举证比较困难。

（五）调查难

由于在口供、证人证言、被害人陈述等言词证据和书证、物证等实物证据的生成过程中缺乏有效的监督机制，庭审法官要调查各类证据生成的"合法"与"非法"也比较困难。这主要表现在，讯问程序当中缺乏同步录音录像制度和律师在场制度，尽管在实务上针对职务犯罪的犯罪嫌疑人在讯问过程中检察机关要求进行同步录音录像，但在一些地方流于形式。这种难题在实物证据合法性调查过程中同样存在。现在的搜查程序中的见证人制度似乎没有什么实质性意义。在实务中，搜查程序中的见证人既不懂得有证搜查遵循"令状主义"，需要用搜查证上的"搜查范围和理由"来限制搜查权力行使范围，也不懂得无证搜查需要紧急情况、被搜查人同意等种种前提才能进行，因而这种见证人制度的意义十分有限。因此，庭审法官调查证据生成合

---

① 万毅博士持此观点。

② 如果稍稍辨析一下刑诉法第四十三条"辩护律师经证人或者其他有关单位和个人同意，可以向他们收集与本案有关的材料，也可以申请人民检察院、人民法院收集、调取证据，或者申请人民法院通知证人出庭作证。辩护律师经人民检察院或者人民法院许可，并且经被害人或者其近亲属、被害人提供的证人同意，可以向他们收集与本案有关的材料"的规定，我们会发现，辩护律师能够直接调取的是"材料"，而不是"证据"，这些"材料"需要经过检、法机关的"同意"才能变成"证据"，此其一；其二，辩护律师即便调取有可能成为"证据"的"材料"，也要经过调取对象的"同意"，对辩方不利的"控方材料"的直接调取，不仅要调取对象"同意"，还要征得控诉方或者审判方的"同意"；其三，要直接获取证据，需要向人民检察院、人民法院"申请"，因而辩护律师有限的证据调查能力表现为他具有申请证据调查权。至于犯罪嫌疑人和被告人，依据我国刑诉法，并没有调查证据的权限和能力。

法性的办法比较少，既看不到可能存在的伤情鉴定材料，也无法辨明被告人说自己被打事实的真伪，更不可能像某些法治发达国家那样，通过同步录音、录像证据或者在场律师、证人的见证，调查证据生成是合法的还是非法的。

（六）对质难

在我国现有的庭审制度条件下，"最有效"的证据调查方法也许是直接要求讯问人员出庭，让被告人与讯问人员当面对质了。但这种犯罪嫌疑人和侦讯人员"一对一"的对质证据的查证，与贿赂犯罪当中行贿人与受贿人之间"一对一"对质证据的查证相比，还要困难一些。原因在于，在大多数案件中作为可能遭受刑讯的被告人大多没有法律知识与技巧，更为重要的，他面对的是有可能与控方结成"同盟关系"的特殊证人——警察。非法刑讯的存在，对控方意味着案件无法顺利地"诉出去"，这是他出庭支持公诉工作的"意外"情况，因此在嫌疑人与讯问人员双方对质过程中，容易发生控方"帮衬讯问人员说两句"的情况，再加上辩护人"独立"的诉讼地位，其对被告人帮助有限。反观行贿人与受贿人之间"一对一"对质证据的查证，控方与行贿人之间没有结成"同盟关系"的任何可能，这样的查证难度会小一些。此外，讯问笔录还常常存在讯问人员问"在本次讯问过程中你有没有被打"、犯罪嫌疑人答"没有被打"的记录，以证明本次讯问的合法性。其实，犯罪嫌疑人有可能在"被打"的情况下做出上述有违事实和本人意愿的供述。

（七）认定难

即便有非常"明显"的证据表明被告人真的被打，被告人口供生成非法，庭审法官认定非法证据也有较多的顾虑。这是因为，由于我国侦、诉、审三机关"配合"关系远远大于"制约"关系，这种体制格局决定了审判阶段只是三机关配合作业的一道工序，并没有形成西方法治国家那种"庭审中心主义"。在这样的体制格局之下，庭审法官当庭或庭下认定非法证据，会遇到来自同级侦诉机关的阻力。再加上我国"事实审理权"与"事实认定权"的实质分离，庭审法官认定非法证据，还会遇到来自领导（庭一级）、领导的领导（院一级）、领导的领导的领导（地方分管政法工作的政法委）的"督促""过问"和"关心"。如果法官要认定一个案件当中存在非法证据，就意味着法官以及他所在的法院认为同级侦诉机关的工作有不足、缺陷，甚至错误，这当然是侦诉机关所不能接受的，侦诉机关会想尽办法加强与法院的"沟通"与"协调"。这样，法官认定非法证据就很难成为现实。

（八）排除难

即便法官认定了非法证据，要排除非法证据对于案件的实质影响也同样比较困难。其中有两个问题：一是对排除主体——法官而言，如果没有建立"预备法官"制度，实现预备法官与庭审法官的职能分离，庭审法官很难不受那些具有实际证明价值的非法证据的影响；二是对排除对象——非法证据而言，即便能够认定一份口供是通过刑讯逼供方式获取的，究竟是排除这份口供本身，还是排除这份口供所承载的案件事实内容以及以这份口供为线索所获取的其他证据，仍存在疑问。从非法证据排除的学理来看，按照日本学者田口守一的说法，非法证据排除的精髓，是要排除"根据违法侦查发现的证据而再次发现的证据（派生证据）"①，按照德国学者罗科信的说法，"一证据使用（证据力）禁止之效力亦深达间接取得之证据上"②。这两位学者的说法均表明，非法证据的排除在英美法与大陆法的实践中都有一个非法证据"波及效"问题，需要运用"毒树之果"理论排除非法证据及其派生证据。在我国，暂且不论通过非法口供所获得的实物证据这种类型的"毒树之果"，非法口供所承载的案件事实内容能否排除仍旧是一个问题。犯罪嫌疑人被打以后可能会变得很"老实"，在本次交代和以后的交代当中都会保持供述内容的稳定性，甚至案件由侦查阶段转到审查起诉阶段，情况同样如此。如果我们只排除"打"了那一次的口供，而对于与被打这一次口供相同内容的其他多次口供"无动于衷"，那么非法证据排除规则规制取证权力滥用或者误用的立法目标就根本难以实现。

（九）协调难

非法证据排除规则的"严格"适用，即庭审法官认定了非法证据，并且保证不再受非法证据"波及"的案件事实范围的影响，从国外司法实践来看，易引发取证主体及其所在机关的抵触情绪，从而形成检警关系、检法关系的紧张局面。这在我国表现得更为明显。我国的侦、诉、审办案人员，在侦、诉、审工作当中都有很强烈的"口供情结"，一旦排除非法证据，尤其是排除非法口供，那么同一案件的退侦、退查现象会大量出现，必然会影响案件的办案质量，在侦、诉、审工作的"配合"当中可能会形成较多的工作隔阂。

---

① 田口守一．刑事诉讼法［M］．刘迪，等译．北京：法律出版社，2001：245.
② 罗科信．刑事诉讼法．第24版［M］．吴丽琪，译．北京：法律出版社，2003：223.

（十）配套难

这里所说的配套，包括原则的配套、制度的配套和成本的配套三个方面。（1）原则的配套。对于非法证据排除起支撑作用的原则主要有两个，一个是无罪推定原则，另一个是司法独立原则，这两个原则能够保证非法证据得到"实质"排除，并且在实质排除以后，罪疑获得从轻或者从无处理。[①]（2）制度的配套，包括同步录音、录像制度，律师在场制度，律师证据调查权限的扩大，讯问程序和搜查程序的进一步完善，等等。（3）成本的配套，包括讯问人员法律法规、讯问技法的学习培训，各种高技术含量检验方法对于口供调查办案模式的替代性运用，如DNA分析仪、测谎分析仪、带计算机程序识别和数据库的指纹比对仪、现场勘验所需的证据发现固定提取设备、各类先进的能谱仪光谱仪色谱仪质谱仪，即通常所说的"科技强警""科技强检"。只有当这些配套的原则、制度与成本得到明显完善和提升，非法证据排除规则才具有比较广阔的适用空间。

上述的十大疑难问题都属于法律技术层面的。在价值理性层面，我们还会遇到社会公众的"认同难"。[②] 这里所说的认同，是指社会公众法律文化心理对非法证据排除规则的认同。社会公众对于一些严重刑事犯罪的犯罪嫌疑人，由于受"报复"性思想的法律文化传统影响，很难理解那些对于刑事犯罪嫌疑人有利的制度性规定，非法证据排除的制度规定即是如此，这在一些涉黑犯罪和严重刑事暴力犯罪案件、有被害人的案件当中表现得更为明显。在这些案件中，"收拾"犯罪嫌疑人是社会公众的普遍心理，对此会产生广泛的文化认同。因而，如果因为非法证据的排除而形成刑事案件的"合理怀疑"，放掉犯罪嫌疑人，只要被害人振臂一呼，就会引起社会公众的广泛同情与关注，再加之媒体的"推波助澜"，很难想象侦诉审机关能够置这种可能破坏社会安定的舆论压力于不顾。

三、《关于办理刑事案件排除非法证据若干问题的规定》评析

在我国运用非法证据排除规则存在上述十大技术难题和一大价值难题的

---

① 我国刑事诉讼如果基于非法证据这种程序性"疑点"，在现阶段做到"罪疑从轻"已经相当不错，罪疑从无是今后的奋斗目标。

② 本章将"认同"问题作为技术问题来对待，万毅博士表示了不同意见，认为它是一价值问题，笔者采纳了这种观点。

情况下，最高人民法院、最高人民检察院、公安部、国家安全部和司法部于2010年联合出台了《关于办理刑事案件排除非法证据若干问题的规定》（以下简称《排除规定》），这可谓刑诉法领域的一件大事。对此《排除规定》可以从以下两个层面来进行评析。

第一，在价值理性层面，《排除规定》第一次明确了刑诉法有关非法证据排除的规定，必须有可操作性的程序来进行配套，使得刑诉法有关非法证据排除规定不再成为一句口号。由此可以认为，《排除规定》是非法证据排除规则在我国实质确立的标志性事件。因而在价值理性层面，再怎么肯定《排除规定》的积极意义都不为过。可以这样认为，《排除规定》的出台能够与美国联邦最高法院宣示的"米兰达"规则相媲美，在我国刑诉法制史上具有里程碑意义，是刑事诉讼制度改革的重大成果。它表明，刑事诉讼程序法治化问题，日益受到立法者的关注，也已成为刑事司法机关和学界的广泛共识。

第二，具体在技术理性层面，《排除规定》是否解决或者部分解决了上述十大技术难题了呢？要回答这个问题，需要将《排除规定》的15条规定，逐条与上述十大技术难题进行对照分析。对于这种对照分析的最终答案，笔者交由读者来判断。对《排除规定》规定的内容，本章分析如下。

1. 在定义上，《排除规定》缩小了应当依法排除的非法证据范围。刑诉法第五十二条规定"严禁刑讯逼供和以威胁、引诱、欺骗以及其他非法方法收集"的对象是"证据"，这包括言词证据与实物证据。但是《排除规定》把这个范围规定得更为狭窄，只有"刑讯逼供的供述"和采用"暴力、威胁等非法手段"取得的证人证言、被害人陈述，是非法证据（第一条）。这条规定有两点要注意：一是回避了"引诱、欺骗等非法方法"获取言词证据的排除问题，二是口供的排除只针对"刑讯逼供"这一种情况，没有"威胁"这个种类。不仅如此，《排除规定》第二条到第十二条均是针对"口供"的程序规定，只有在第十三条捎带提出要对未出庭证人书面证言、未出庭被害人书面陈述的取证合法性进行证明，第十四条用"明显违反法律规定，可能影响公正审判的"这样的说法表明，实物证据排除是一种裁量排除。这在某种意义上可以说，《排除规定》所确立的非法证据排除法则只占我们通常所认为的非法证据排除法则的特例——自白法则的很小一部分，这使得排除规定的适用明显受限。其中原因可能是，立法者认为"刑讯逼供"的口供和"暴力、威胁"取得的证人证言和被害人陈述，是现时司法实践中的众矢之的，便于执法人员掌握与理解它们的操作性，应当首先加以规定。至于"胁"供、"诱"供、"骗"供的问题，以及非法实物证据的排除问题比较复杂，需要进一步立法论证。

2. 在辨别上，《排除规定》采用的是列举式。非法口供只有"刑讯逼供"一种，非法证人证言和被害人陈述只有"暴力"和"威胁"方法两种。值得注意的是，与"刑讯逼供"这种"直接肉刑"效果相当的"变相肉刑"或者其他精神强制方法，以及一些重大违法的刑讯方法（例如，车轮战），《排除规定》没有涉及。至于判定实物证据非法与合法的"明显违反法律规定，可能影响公正审判"（第十四条）的标准，几乎没有明确的认定标准。因而在总体上《排除规定》有关"非法证据"和"非法"程度标准的辨别问题，规定比较简单。这样做的好处在于，便于公安司法人员直接识别"屈打成招"的证供和采用"威胁"方法获取的言词证据，并予以法定排除，公安司法人员在非法证据辨别问题上没有自由裁量权，从而遏制那种带有直接肉刑特征的"刑讯逼供"，同时为以后进一步规定非法实物证据的排除问题留下伏笔。但是它的问题似乎也同样明显，单就非法口供的问题而言，"明里"刑讯犯罪嫌疑人的情况可能会因此而明显减少，但是"暗中"算计的情况会越来越多。现在很多侦讯过程中，侦讯人员实际上也不用直接对犯罪嫌疑人"动粗"，各种"变通"的方法，例如，利用亲情伦理威胁犯罪嫌疑人，迫使他就范，都已经足够了。

3. 在提出上，非法证据提出的最佳时机是在侦查阶段，而不是现在规定的"起诉书副本送达后开庭审判前"（第四条）和庭审中的"法庭辩论结束前"（第五条）。实际上依据刑诉法第三十四条规定"犯罪嫌疑人自被侦查机关第一次讯问或者采取强制措施之日起，有权委托辩护人；在侦查期间，只能委托律师作为辩护人。被告人有权随时委托辩护人"，现在完全有条件做到在侦查阶段由律师代为提起非法证据之"控告"，只需要向检察院批捕部门提起，或者"预先"向移送审查起诉部门进行备案。这样做即便在我国同步录音、录像制度以及律师在场见证制度还没有建立的情况下，也让侦查人员感到在侦查阶段存在着"监督的眼睛"，在讯问过程中就会有较多的顾忌。因而最佳的提出非法证据时间，笔者认为应当在被告人被采取强制措施或者进行第一次讯问以后。《排除规定》第四条和第五条的规定相当于允许"提出"问题上的"时间差"存在，这也许是一种不得已的折中选择。

4. 在举证上，《排除规定》明确辩方对于"非法证据"具有初步的"疑点提出责任"（第六条），而将供述合法性的证明责任交给控方，并且确定了控方证明供述合法取得的基本方法，即"经审查，法庭对被告人审判前供述取得的合法性有疑问的，公诉人应当向法庭提供讯问笔录、原始的讯问过程录音录像或者其他证据，提请法庭通知讯问时其他在场人员或者其他证人出庭作证，仍不能排除刑讯逼供嫌疑的，提请法庭通知讯问人员出庭作证，对该供述取得的合法性予以证明"（第七条）。这是《排除规定》最具特色、最具操作性的内容。但是疑点提出责任的履行程度、供述合法性的证明方法、证明程序和证明效能有待详细论证和分析。由于对供证生成过程缺乏有效的程序规制，辩方的"疑点提出责任"和控方的"合法性证明责任"易流于形式。

5. 在调查上，《排除规定》第五条在庭审中构建了一个"相对独立"口供合法性的调查程序，即"被告人及其辩护人在开庭审理前或者庭审中，提出被告人审判前供述是非法取得的，法庭在公诉人宣读起诉书以后，应当先行当庭调查"，并且在第十条规定辩方未履行"疑点提出责任"的口供，自动获得口供合法性。这里值得探讨的问题大致有三：一是庭审调查与庭前调查口供合法性存在竞合关系，为了避免庭审法官受到那些具有实质证明力的"非法证据"的影响，也许应当在庭审前建立一种类似德国"中间程序"的"预备法官"制度，这需要对现在的"立案庭"职能进行改造。不过这样做又会额外增加立案庭法官的工作负担，在当前立案庭信访工作需要大量人力和物力的情况下似乎又不太合适。这是一个两难选择。二是判断口供合法性这种"相对独立"的先行调查程序与其他证据合法性的一般法庭调查程序也存在竞合关系，例如，辩方提出控告，要求排除符合"明显违反法律规定，可能影响公正审判"（第十四条）标准的非法实物证据，对实物证据的合法性是否也需要先行调查，值得进一步探讨。三是未出庭证人证言、未出庭书面陈述的合法性究竟是用"先行调查"那种相对独立的程序还是在一般法庭程序中来进行，《排除规定》没有相应的条款规定。

6. 在对质上，《排除规定》第七条确立了三种对质方法。在辩方履行了口供系刑讯逼供取得的"初步疑点形成责任"以后，公诉方首先"应当向法庭提供讯问笔录、原始的讯问过程录音录像或者其他证据，提请法庭通知讯问时其他在场人员或者其他证人出庭作证"，这是第一种对质方法；如果"不能排除刑讯逼供嫌疑",则采用第二种对质办法,"提请法庭通知讯问人员出庭作证,对该供述取得的合法性予以证明";如果"公诉人当庭不能举证的",则采用第三种对质办法,"现在不对质,以后再对质",即公诉方"可以根据刑诉法第一百六十五条的规定,建议法庭延期审理"。① 这样的对质方法可能存在的问题,前文已涉及,在此不再赘述。

笔者认为《排除规定》还有一个明显的"令人遗憾"的地方,那就是没有规定非法证据排除的"波及效",即本章前述第八大技术疑难"排除难"当中的第二方面问题。在现阶段,我们可以不规定以"非法口供"为线索获取的实物证据这个带有技术复杂性的排除问题,但是一定要规定"非法口供"的"射程"能够达到本次口供所涉及的案件事实内容。换言之,既要排除本次非法口供的证明效力,又要排除本次以后各次讯问就同一内容所作供述的证明效力,只有这样才能真正给办案机关一些压力,促使他们树立程序法治理念。这个问题不解决,《排除规定》只不过是另外一种口号而已,不会达到立法者预期的遏制刑讯逼供的法律效果。

在我国现阶段侦、诉、审三机关讲求"配合"、远未形成"庭审中心"的体制格局之下,在相关的刑事诉讼制度需要进一步完善的情况之下,《排除规定》所彰显的价值理性无疑非常重要,它对于我国刑事程序法治化水平有着拉升和促进作用。但是,由于我国现有制度和体制的不完善,以及《排除规定》所折射出的技术理性方面的局限性,它的整体运行效果还有待观察。也许目前我们只能就证据排除问题做这样的规定,其他有关证据排除的技术难题只能有待将来在程序法治理念真正确立、反映现代刑事诉讼基本规律的原则和制度真正确立的情况下,才能得到更加全面的解决。

---

① 韩旭博士认为这些不应当算是对质方法,因为我国刑诉法中并没有关于对质制度的明确规定。笔者部分认同这种说法,但是从侦讯人员出庭、需要与被告人面对面进行证据调查这个角度来看,可以在较为宽泛的意义上将之理解为刑事诉讼中的对质问题。

第四章

非法证据证明责任及标准的实践把握

一、非法证据证明责任分配及标准问题的复杂性

（一）刑事诉讼证明责任分配的复杂性

刑事诉讼证明责任问题，历来众说纷纭，具有一定的复杂性，其原因在于：在理论上，证明责任本身是反映当事人主体性程度、具有程序自由主义理念的概念，它的有效运作需要具备一些基本前提，即当事人的主体性能够被一国法律制度较为充分地承认，这包括赋予当事人充分的证据调查能力、自由在法庭上举证与质证、具有推动庭审程序进行的义务、自我举证与自我负责能够联动的制度安排等。这是证明责任制度适应英美对抗式事实调查环境、而与大陆职权式事实调查存在抵牾的主要原因。日本学者松尾浩认为"举证责任这个词在刑事诉讼中不像在民事诉讼中那样具有实际的重要意义"①，也是基于同样的原因。有的德国学者甚至认为，德国刑诉法中没有证明责任的生存空间。② 在制度上，证明责任的要旨在明确当事人对待证命题的客观证明责任，即在证据调查结束之后法官对待证命题没有达到确信程度，负有证明义务的当事人所处于的不利地位。法官对于待证命题是否形成确信，从案件事实角度看是一待证命题表达的事实是否处于"真伪不明"状态的问题，这又有赖于证明标准制度的设定。换言之，只有对于那些没有证明标准的案件事实，法官对待证命题没有形成内心确信，案件事实处于"真伪不明"，这样才具有证明责任的适用空间——"谁举证不力，谁承担败诉责任"。

---

① 松尾浩也．日本刑事诉讼法：下卷［M］．张凌，译．北京：中国人民大学出版社，2005：8．

② 魏根特．德国刑事诉讼程序［M］．岳礼玲，温小洁，译．北京：中国政法大学出版社，2004：导言．

这是英美法将证明责任与证明标准"联用"、共同确定当事人举证活动性质的重要原因。在操作中,当事人是否对待证命题承担证明责任,在法律没有规定或者规定不太明确的时候,需要庭审法官的裁断或者司法解释的明确,法官这些裁断或者司法解释活动所具有的主观性,在法官误用或者滥用审判权力的情况下,很容易变成主观随意性,从而违背证明责任制度的立法意旨。

(二)非法证据证明责任分配的特殊复杂性

严格地讲,"非法证据"的证明,实质是刑事诉讼中取证程序、取证方法合法性的证明,有多少种证据,就有多少种非法证据,同时也就有多少种非法取证程序与取证方法。尽管刑事诉讼中被告人受到"无罪推定原则"的保护,举证责任原则上均由控方承担,但是非法取证程序与方法的多样性、差别性,决定了控方承担证明责任的原则仍然具有例外和特例。美国学者就非法搜查及其扣押之实物证据应否排除的问题,认为在有证搜查的情况下,应由辩方就有证搜查不合法履行证明责任即为一例。在有证搜查的情况下,司法机关在签发搜查证时已经审查过搜查是否具有"相当理由",其合法性因搜查证而得到推定,因而,应由主张系争有证搜查之违法的被告承担举证责任。而无证搜查的情况正好相反。①

口供合法性的证明责任分配,同样存在上述问题。尽管控方在使用口供证明相关案件事实时,应当首先说明口供的真实性、相关性与合法性,这既是无罪推定原则的要求,也符合证据法的基本法理——使用证据必先保证其具有证据能力,但如果要求控方在每一个案件当中都要就口供合法性承担证明责任,无论口供合法性争点形成与否,显然会显著增大控方的诉累。即便"程序自由主义"理念发展较为充分、对双方当事人"平等武装"、实施对抗式调查的英美国家,也要在对方当事人提出异议的情况下,由本方当事人就证据合法性进行证明。因此,先由辩方就口供合法性提出异议,以形成口供合法性的相关争点,再由控方就口供合法性问题进行证明,是比较合理的做法。在口供合法性证明问题上,辩方有初步证明责任。接下来的问题是辩方履行初步证明责任的标准应当如何来设定。按照证明责任分配的"密切联系者应负证明责任"的法理以及"主张情状改变者应负证明责任"的法理,由

---

① 林辉煌. 论证据排除:美国法之理论与实务 [M]. 台北:元照出版社,2004:204-205.

辩方承担初步证明责任似乎不应当设定在确保"争点建立"的标准上（英美法证明责任的"提出责任"层次），而应当是"较大可能"，甚至是"优势证据"责任，但是在特定制度语境下，上述一般原理的适用也要具体问题具体分析。比如，在我国，一般刑事案件（除了职务犯罪案件与死刑案件）的讯问程序完全封闭，没有第三人在场，被告人获取其他证据的权限与能力都处于弱势，辩方履行初步证明责任的标准不应定得过高。这样，在辩方履行初步证明责任的问题上，需要有"相对合理"的制定标准，不能过高，也不能过低。

二、《排除规定》有关"非法证据"证明责任分配和证明标准的规定

《排除规定》有关"非法证据"证明责任分配和证明标准的规定，主要有以下四方面：第一，将非法口供与非法证言、非法被害人陈述的证明责任及标准问题混合在一起加以规定，非法口供问题主要见《排除规定》第六条、第七、第十一条，非法证言和非法被害人陈述依据《排除规定》第十三条，"应当参照本规定有关规定进行调查"，这应当包括证明责任分配和证明标准问题。第二，非法口供证明责任的分配原则是"辩方建立争点（第六条）、控方证明争点不存在（第七条）"。辩方建立争点的责任的内容，依据《排除规定》第六条，是应当提供涉嫌非法取证的人员、时间、地点、方式、内容等相关线索或者证据，控方证明争点不存在的责任内容，依据《排除规定》第七条、第十一条，是要"确实、充分"地证明审前供述的合法性。就非法口供而言，辩方的提出责任，相当于英美法证明责任中"提出证据的责任"，控方的证明责任，相当于英美法证明责任中的"说服责任"。第三，辩方履行提出责任的标志，是应当提供涉嫌非法取证的人员、时间、地点、方式、内容等相关线索或者证据（第六条），使"法庭对被告人审判前供述取得的合法性有疑问"（第七条）；控方完成证明责任的标准，是就审判前供述合法性问题提供的证据达到"确实、充分"的程度（第十一条）。从"怀疑"的信度来讲，辩方履行提出责任的标志，相当于让法庭对审前供述的合法性存在"合理怀疑"，控方完成证明责任的标志，相当于让法庭对审前供述的合法性"排除合理怀疑"。控方这种证明标准的规定，不同于日本、美国等国家常用的"优势证据"标准。第四，没有规定非法实物证据的证明责任分配和证明标准问题。

三、《排除规定》相关规定评析及问题

(一) 总体上具有相对合理性

《排除规定》规定的审前口供非法性的证明责任分配原则,总体上是合理的,要求辩方提供相关线索与证据以建立非法证据之争点,可以有效地防止非法调查程序无事实条件启动损耗司法资源,减轻控方和判方的诉累以及保证庭审案件事实调查顺畅。要求控方承担审前口供合法性的证明责任,是无罪推定原则的基本要求。在审前口供非法性的证明标准问题上,辩方提供相关线索与证据,表明审前口供非法要有基本可信度,控方证明审前供述合法,表明相关刑讯事实不存在,这种规定也是可行的,具有相对合理性。需明确的是,我们通常理解的非法证据不仅包括非法口供,还包括非法证言和非法被害人陈述;不仅包括非法言词证据,还包括非法实物证据,《排除规定》着重规定的是审前口供的证明责任及标准问题,对于其他非法言词证据和非法物证,规定得比较概括和粗略。因此,笔者认为《排除规定》就相关问题的规定,有一些是需要明确的,这主要是辩方履行非法口供争点建立责任的限度,以及控方完成审前口供合法性的证明标准。

(二) 辩方履行非法口供争点建立责任的限度

有论者认为,总体上可以把提出程序当中的事实条件要求,按照《排除规定》第六条的立法意旨,看作被告人履行初步提出责任的一种方式。换句话说,被告人在非法证据调查程序的启动上具有"争点建立义务",应当提供相关的线索与证据,这是保证启动程序能够有效发挥门槛功能的前提条件。对此需要特别关注以下四方面。

第一,非法证据调查程序应当依被告人的申请而启动,这是刚性的规定,法庭在这个问题上没有自由裁量权。如果被告人没有提供相关线索或者证据,没有履行争点建立义务的,法庭在庭审中不应当启动非法证据调查程序,而应当直接进行案件实体事实的调查,这一点实际上在《排除规定》第十条第一款当中也做了规定。

第二,被告人提供相关线索或者证据,客观上应当具有一定的可信度,使法庭对被告人审判前供述取得的合法性存在疑问(第七条、第十条第二款)。对相关线索或者证据的可信度的把握,需要参考两个因素,即规范因素与事实因素。规范因素即《排除规定》希望解决的非法证据的范围。目前应当严格限制在刑讯逼供以及与刑讯逼供效果相当的其他非法手段两个方面

（第一条），应当把规范因素看作被告人提供相关线索或者证据的法定标准。法庭对被告人审判前供述有无疑问的判断方法，应当是法庭将被告人提供的相关线索证据与法定标准权衡的结果。事实因素即被告人提供的相关线索或者证据。鉴于被告人在侦查阶段取证权限受到较大限制，取证能力比较弱小，相关线索或者证据只要基本达到《排除规定》第一条设定的法定标准，法庭就应当启动非法证据调查程序。

第三，被告人提供相关线索或者证据的可信度，应当从以下四方面来把握：首先，有无刑讯逼供的可能性。如果被告人提供的线索或者证据内容是臆造的，例如，杜撰非法取证人员名字，虚构根本不可能发生刑讯逼供的时间、地点、方式和相关情节等。其次，被告人表述内容是否一致。这里需注意区分被告人提供线索与被告人提供证据两种情况。被告人提供线索，即被告人就刑讯逼供情况的表述内容，法庭需要查明被告人的这些表述内容是否一致。对表述是否一致的判断，一是就被告人表述内容本身，前后有无矛盾的地方，尤其是要注意被告人在刑讯的主要方式和情节上的表述是否连贯；二是注意被告人在审前侦查阶段是否有过类似的表述，如果被告人在侦查阶段、审查起诉阶段均有刑讯逼供情节的相关表述，在审判阶段坚持类似的说法，那么有可能存在刑讯逼供。再次，被告人表述内容是否具体和详细，尤其需要注意被告人表述内容的细节。法庭在判断有无刑讯逼供可能时，应当尽量要求被告人使用描述性语言，让他尽量回忆和描述涉嫌非法取证的具体情节和当时的细节情况。例如，被告人声称自己被打，可以要求被告人说明打他的工具是什么，具体打在身体的哪个部位，形成了什么样的伤口，持续了多长时间，当时有没有其他人在场，讯问人员是怎样打他的，等等。细节越具体、越充分的相关表述，其内容的可信度越高。最后，被告人表述内容是否有其他种类的证据印证。例如，被告人表述自己肋骨被打断，医院的伤情检查结果表明被告人的肋骨确实断裂，那么被告人表述的内容就有较大的可信度。除此之外，关在同一看守所的室友的证言、特定的物证（如血衣）、被告人身上的伤痕等证据，也具有一定的印证价值。如果被告人能够提供较多的其他证据与他自己所表述的内容相印证，那么客观上具有较大的刑讯的可能性。

第四，需注意理解《排除规定》第十条第一款第二项规定的"被告人及其辩护人已提供非法取证的相关线索或者证据，法庭对被告人审判前供述取得的合法性没有疑问"，直接对被告人审判前供述进行调查的情况。"法庭对被告人审判前供述没有疑问的情况"只能是两种：一是被告人提供的线索或者证据不具有可信性，二是被告人提供的线索或者证据可信，但是其"刑讯程度"达不到《排除规定》第一条所设定的法定范围标准。这里需要防止法庭主观压制被告人提供的比较可信的刑讯线索或者证据的情况。有论者认为，《排除规定》第十条第二款赋予法庭审查判断被告人提供的相关线索或证据、是否启动调查程序的自由裁量权过大。如果法庭滥用或者误用这种自由裁量权，即在法庭主观压制被告人提供的比较可信的刑讯线索或者证据的情况之下，《排除规定》似乎没有相应的救济措施。

（三）控方完成非法口供证明责任的标准

控方完成审前非法口供证明责任的标准，依据《排除规定》第十条、第十一条，是要达到"确实、充分"的程度。但是在实务当中如何来把握《排除规定》规定的"确实、充分"标准，联系《排除规定》的第七条，笔者认为有两种竞合的理解方式。

第一种是完全依据辩方履行提出责任时提供的证据与线索，要求控方有针对性地逐一说明辩方提供的非法刑讯事实情节不存在，以此消除法庭对审前供述合法性的疑问。如果控方不能做到这一点，那么可以认为控方就审前供述合法性的证明没有达到"确实、充分"的程度。辩方没有提供相关证据与线索的其他讯问情节，控方不必进行证明。例如，辩方声称自己在某时、某地被某讯问人员体罚，有血衣、有伤痕、有看守所室友当时的陈述，控方必须说明在该时、该地该讯问人员没有体罚被告人，其血衣与伤痕的生成，不是由于刑讯而是因室友的殴打，看守所的室友陈述是在撒谎，等等。至于辩方没有提及的其他时间、地点的讯问是否涉嫌刑讯问题，控方可以不去管它，法庭也不必去查明。这种证明标准的理解，是对辩方建立的争点内容与情节的完全回应，可称为"回应型"标准。

第二种是不完全依据辩方履行提出责任时提供的证据与线索，只是要求控方概括性地拿出相关讯问资料与提供相关证人，包括笔录、音像、在场见证人和讯问人员，以此说明审前讯问过程不可能对犯罪嫌疑人进行刑讯或者体罚。辩方提供的具体线索与证据是怎么来的，控方不必去说明，只是把这些问题交由法官进行自由裁量。在上述辩方被打的案例中，控方只需要拿出所有涉及讯问场合的留存音像、笔录资料，申请见证人和讯问人员出庭，表明没有刑讯可能，以此履行完毕证明责任。至于血衣、伤痕和室友陈述的问题，控方不必去回应，完全交由法官查证和裁量。这种证明标准的理解，没有完全回应辩方建立的争点内容与情节，因此可称为"非回应型"标准。

"回应型"和"非回应型"标准在实践当中都会遇到相应的操作难题，这种难题生成的主要原因在于刑诉法规定的讯问程序规定本身。我国刑诉法规定了三种法定讯问方式。一是"到案讯问"。如果把警方传唤、拘传、拘留、留置盘问犯罪嫌疑人，都视为针对犯罪嫌疑人的一种到案措施，那么在犯罪嫌疑人到案以后，原则上都要对犯罪嫌疑人进行第一次讯问。相关规定可以参见《中华人民共和国刑事诉讼法》第一百一十九条（对不需要逮捕、拘留的犯罪嫌疑人，可以传唤到犯罪嫌疑人所在市、县内的指定地点或者他的住处进行讯问）、《中华人民共和国刑事诉讼法》第八十六条（公安机关对被拘留的人，应当在拘留后的二十四小时以内进行讯问）、《中华人民共和国人民警察法》第九条（公安机关的人民警察对有违法犯罪嫌疑的人员，经出示相应证件，可以当场盘问、检查：经盘问、检查，有法定情形的，可以带至公安机关，经该公安机关批准，对其继续盘问）。二是"逮捕讯问"。依据《中华人民共和国刑事诉讼法》第九十四条"人民法院、人民检察院对于各自决定逮捕的人，公安机关对于经人民检察院批准逮捕的人，都必须在逮捕后的二十四小时以内进行讯问"。三是"审查起诉讯问"。在刑事案件侦查终结、移送审查起诉以后，公诉人员"必须查明"案件的实体法事实与程序法事实（《中华人民共和国刑事诉讼法》第一百七十一条）。公诉人员所用的查明方法，依据《中华人民共和国刑事诉讼法》第一百七十三条"人民检察院审查案件，应当讯问犯罪嫌疑人，听取辩护人或者值班律师、被害人及其诉讼代理人的意见，并记录在案"。其中，最容易出现问题的是"到案讯问"。在"到案讯问"阶段，由于犯罪嫌疑人的身份骤变（从没有犯罪嫌疑到有犯罪嫌疑）、环境骤变（从有自由的环境到没有自由的环境）、地位骤变（从没有被强制到被强制），面对案侦人员的讯问，其抵触与抗拒的心理态度最强。另外，从审讯实践规律来看，这个时候的犯罪嫌疑人还没有有效地组织起反侦查的对策和"说法"，最容易获取犯罪嫌疑人的有罪供述。一般有审讯经验的侦查人员都非常重视对犯罪嫌疑人的第一次讯问，都会有"一定要拿下嫌疑人的口供"，与犯罪嫌疑人做好打"硬仗"、打"持久战"的心理准备，而且来自上级领导和社会的办案压力，也会迫使案侦人员不得不想尽各种办法

"拿下"犯罪嫌疑人的口供。因而在"到案讯问"时段,双方的心理对抗最强,这很容易发展成对犯罪嫌疑人的身体和精神上的暴力——刑讯逼供。由于讯问程序本身缺乏全程监控,"侦查之窗"关闭,因而讯问的全部情节难以从讯问笔录以及有限案件范围内的讯问录音、录像证据上准确反映出来。例如,在嫌疑人坚持不开口的情况下,到案讯问的天数也许是5天、10天,甚至更长,次数也许是5次、10次,甚至更多次,地点和主讯问人员也许在变化,但是最终形成的讯问笔录可能就只有一份,讯问人员在笔录中记录的重点当然是嫌疑人的有罪供述,其他讯问细节,尤其是"对讯问人员不利"的内容,他既不会关注也不能记录。讯问录音、录像的问题同样如此,即便规定在所有刑事案件中都需录音、录像,如果不强调录音、录像的全程监控的制度设计,"对讯问人员不利"的内容不大可能通过录音、录像证据反映出来。

在目前这种审前口供证据生成缺乏全程监控的制度环境之下,笔者认为"回应型"标准对控方要求过高——控方不太可能拿出犯罪嫌疑人提到的某次讯问时段能够表明监控案侦人员讯问合法或者违法的讯问笔录和音像证据,因为不会有这样的笔录和音像存在,同样控方也不太可能查清楚被告人的血衣、伤痕证据生成的真正原因,因为控方不是案件侦查的亲历者,看见的只是"案卷中的事实"而非"生活中的事实"。反过来讲"非回应型"标准对控方要求过低——控方为了完成"诉出去"的工作任务,不得不以犯罪嫌疑人没有提到的某次时段合法讯问资料(例如,有嫌疑人签名或者承认合法的笔录、音像,让见证人或者讯问人员出庭接受调查),充作全部时段的讯问资料,以此证明犯罪嫌疑人提出的另外一次讯问时段不存在非法讯问。这种非回应型的证明方式,显然是"牛头不对马嘴"式的证明。

解决上述问题的关键,仍然在于侦查讯问制度的完善,即要求所有讯问在具有全程监控功能的音像室中进行。这样公诉人在庭审中才能真正说清楚讯问的合法与非法,在这种理想状态之下,"回应型"标准的把握是合理的、可行的。在这种制度完善以前,实践当中把握口供合法性证明标准的权宜之计,应当是回应程度的设定,对此可从三个方面来考虑:首先,绝对不能不回应辩方提到的某个特定时段的讯问情节及其相关证据,即不能用"非回应型"的证明标准。"非回应型"标准视为控方没有完成审前供述合法性的证明。其次,就公诉人而言,尽可能收集辩方提到的某个涉嫌非法讯问时段的讯问资料（如果存在的话），包括笔录、音像、见证人和讯问人员证言，以表明控方对辩方指控非法讯问情节的回应。最后，就庭审法官而言，可将《排除规定》第七条"法庭对被告人审判前供述取得的合法性有疑问"中的"有疑问"做一扩充解释，分为两个部分：一是对辩方提到的某次讯问时段是否违反刑诉法第五十二条"严禁刑讯逼供和以威胁、引诱、欺骗以及其他非法方法"的"非法性"疑问，二是对该次讯问时段的"非法性"是否达到《排除规定》所要求的"非法程度"（酷刑标准：对嫌疑人的肉体和精神造成巨大痛苦）疑问。庭审法官仅有"非法性"疑问不能排除审前口供，此外还应当权衡《排除规定》要求的"非法程度"问题。

这样，当前实务中把握控方完成非法口供证明责任的标准，应当是"控方的主要回应＋排除判方对非法程度的疑问"，这是对《排除规定》第七条"法庭对被告人审判前供述取得的合法性有疑问"和第十二条公诉人已提供的证据不够确实、充分，不能作为定案根据所确定的证明标准，一种较为合理的协调与解释。笔者认为，在这个问题上，不能抽象地理解《排除规定》第七条的"有疑问"以及第十二条的"确实、充分"，更不能抽象地用"排除疑问"标准来反对"确实、充分"标准，或者用"确实、充分"标准来反对"排除疑问"，而应当将这两者协调起来，赋予它们更为具体的操作内容。

第五章

论英国法刑事证明责任的实质内涵

——兼评"阶段说"与"分层说"

　　尽管英美法系国家的刑事诉讼具有共同特征，如普通法传统、法官与陪审团职能的两分、双方当事人的对抗等，但是在对待具体法律问题上，不同国家的学术研究和司法处理有不小的差异。刑事证明责任情况也即如此。例如，美国学者在研究"证明责任"时，经常用到的一对分析概念是"举证责任"（Burden of Production）和"证明责任"（Burden of Proof），英国学者则用"说服责任"（Persuasive Burden）和"证据责任"（Evidential Burden）。美国著名的证据法学家威格莫尔在口供自愿性的证明责任问题上（Burden of Establishing the Admissibility of Confession），主张由被告承担其口供不是"自愿的"的证明责任，其主要理由是由控方承担口供自愿性证明责任很困难。但是在英国法中不存在这样的问题。他们认为这只不过是"第二类事实"（Secondary Fact）①，被告口供自愿性的证明责任由控方承担。② 因而，在刑事证明责任概念多义的情况下，最好将英美法系不同国家的研究和司法处理情况分开，这样也许更能够看清楚英美法系国家处理刑事诉讼中证明责任的疑难问题和办法。③

一、英国法中"说服责任"的意义及特征

　　英国法的刑事证明责任（Burden of Proof），通常所用的分析概念是"Persuasive Burden"（字面意思是"说服责任"）和"Evidential Burden"（字面

---

① MURPHY P. Murphy on Evidence [M]. 6th ed. London：Blackstone Press Limited，1997：107.

② MIRFIELD P. Confessions [M]. London：Sweet&Maxwell，1985：101.

③ 实际上我国学者在对证明责任问题的研究中很早就注意到这种区分。李浩. 英国证据法中的证明责任 [J]. 比较法研究，1992（4）：36—41.

意思是"证据责任"），这在一般英国刑事证据的论著中都会提到。①

"Persuasive Burden"，可以译作说服责任。它的基本意思是，只针对被告定罪所需要素性事实的证明责任。② 被告定罪所需的要素性事实，由实体法规定。③ 此证明责任有三个特点。

第一，具有法定性。在英国法中，说服责任基本分配原则是"无罪推定"，这由判例法和欧洲人权公约共同确定。④ 以"无罪推定"原则确立的说服责任由控方承担。⑤ 但在英国法中至少存在三种由被告承担说服责任的情况，这也是相关的成文法和判例法规定的。⑥ 正是因为存在判例法和成文法的

① MURPHY P. Murphy on Evidence ［M］. 6th ed. London：Blackstone Press Limited，1997：107；MAY R，POWLES S. Criminal Evidence ［M］. 5th ed. London：Sweet & Maxwell，2004；ROBERT P，ZUCKERMAN A. Criminal Evidence ［M］. Oxford：Oxford University Press，2004；ZUCKERMAN A. The Principles of Criminal Evidence ［M］. Oxford：Clarendon Press，1989.

② MAY R，POWLES S. Criminal Evidence ［M］. 5th de. London：Sweet & Maxwell，2004：55；HIRST M. Andrews & Hirst on Criminal Evidence ［M］. 4th ed. London：Jordans Pub，2001：53.

③ ROBERTS P，ZUCKERMAN A. Criminal Evidence ［M］. London：Oxford University Press，2004：332.

④ 英国上院在 1935 年的 Woolmington v DPP ［1935］AC462 判决中确立了"无罪推定"原则。

⑤ MURPHY P. Murphy on Evidence ［M］. 6th ed. London：Blackstone Press Limited，1997：100，107；MAY R，POWLES S. Criminal Evidence ［M］. 5th ed. London：Sweet & Maxwell，2004：56；HIRST M. Andrews & Hirst on Criminal Evidence ［M］. 4th ed. London：Jordans Pub，2001：53；ROBERTS P，ZUCKERMAN A. Criminal Evidence ［M］. London：Oxford University Press，2004：328.

⑥ 对于 Woolmington 案确立的"无罪推定"原则英国法中有三项重要的法定例外，（1）"精神错乱的抗辩包括精神错乱的非意识行为"（Defence of Insanity Including Insane Automatism）见 ROBERTS P，ZUCKERMAN A. Criminal Evidence ［M］. London：Oxford University Press，2004：334.（2）成文法规定的所谓"反向证明责任条款"问题（Reverse Onus Clauses）见 ROBERTS P，ZUCKERMAN A. Criminal Evidence ［M］. London：Oxford University Press，2004：335. 有些英国学者用"成文法规定的应由被告人承担的法定责任"（Legal Burden of Proof in the Statute Expressly Imposes the Burden of Proof on the Accused）或简称"成文法规定条款"（Express Statutory Provisions）这样的术语来表达，意思一样。见 ROBERTS P，ZUCKERMAN A. Criminal Evidence ［M］. London：Oxford University Press，2004：102.（3）法律推定确定的情况主要有两种。见 ROBERTS P，ZUCKERMAN A. Criminal Evidence ［M］. London：Oxford University Press，2004：336. 此三种情况由被告人对特定争点事实承担说服责任，这在英国司法实践中没有异议。此外还存在（4）"成文法规定的被告引用例外、免除责任、但书时需承担的证明责任"（Statutes Imposing the Burden of Proof by Necessary Implication）情况（可以简称为"但书证明责任条款"）。这涉及 1974 年的 R. v. Edwards 案和 1987 年的 R. v . Hunt 案两个案件的讨论，在英国司法实践中对此有较大争议。见 ROBERTS P，ZUCKERMAN A. Criminal Evidence ［M］. London：Oxford University Press，2004：24. 在前三种情况下，英国学者主要探讨它们与无罪推定原则的关系问题，总体意见是尽管相悖但是合法。很多学者谈到，在控方和辩方都承担说服责任的情况下怎样给陪审团发出定罪指示，这涉及的一系列情况比较复杂。对于"但书证明责任"问题，英国学者的观点不太一致。卞建林教授在《论刑事证明责任的分配与转移》（载《证据法论文选萃》，中国法制出版社 2004 年版）一文中列举了英国法被告人承担刑事证明责任的这四种情况。不过该文所列举的被告人这四种"在例外情形下所负有的一定证明义务"是"说服责任"还是"证据责任"，似乎不太清楚。

规定，英国学者认为控方和辩方承担的说服责任是"法定"的（Legal）。由此英国法的"说服责任"和"法定责任"（Legal Burden）这两个概念可以互换。

第二，具有范围和程度的要求。控方承担说服责任的范围可以理解为"刨开法定例外情况的整个案件"，即对被告人指控罪行所需的全部犯罪构成要素事实；它的程度按照无罪推定原则需要达到"排除合理怀疑"的证明标准（Burden of Beyond Reasonable Doubt）。辩方承担说服责任的范围可以简单地理解为"案件的特定事实"，它的程度只要求达到"优势证据"标准（Burden on the Balance of Probabilities）。有学者用"盖然性责任"（Probative Burden）这个概念来统称上述情况。① 此外需注意英国学者所说的"最终责任"（Ultimate Burden）专指控方承担说服责任达到"排除合理怀疑"标准的情况。②

第三，控方所承担的说服责任范围根据辩方承担的"Evidential Burden"情况可能产生变化。要理解这种变化需要研究"Evidential Burden"（证据责任）③ 这个概念。

二、英国法对刑事庭审进程中"证据责任"的描述

"证据责任"的意义要在英国刑事庭审进程中来解读。回顾一下英国法刑事诉讼的基本情况，即通常所说的陪审制和对抗制。同其他英美法系国家一样，案件事实的"举证"范围、方法、策略，审判主体无权干涉，由双方当事人来进行。在刑事案件中，首先需要控方向法官"举证"，如果法官认为控方所提交的证据具有证据能力和基本的证明力，他将把这些证据提交给陪审团，在辩方通过交叉询问方式"质证"以后，由陪审团判定根据控方的"举证"是否能够对被告定罪。在陪审团做出评议以前，法官会根据控辩双方的举证，通过解释法定的"证明责任和标准"，"指示"陪审团应怎样判定案件。

---

① MAY R, POWLES S. Criminal Evidence［M］. 5th ed. London: Sweet & Maxwell, 2004: 55; ROBERTS P, ZUCKERMAN A. Criminal Evidence［M］. London: Oxford University Press, 2004: 324.

② 如果将"说服责任"都看作"Ultimate Burden"，很显然忽略了辩方承担说服责任的情况。这是对英国法中"说服责任"或"法定责任"的误解。本章在这里暂用英文。

③ 我国学者对"Evidential Burden"的翻译主要有"举证责任"和"提供证据的责任"两种。沈达明教授在《英美证据法》中将其翻译为"证据负担"，李浩教授翻译为"证据责任"，孙长永教授直接翻译为"举证"具有深意。本书按字面意思译为"证据责任"。

与"证据责任"有关的刑事庭审要素有法官审核、陪审团听审和法官的最后指示。

第一,法官审核阶段。对控方来说,他首先要让法官相信有关被告定罪所需的全部要素性事实都有证据证明。换言之,根据现有证据让法官相信有关被告定罪的"争点"都存在。控方所提出的指控只有在这种情况下才是"完整的"指控,这在英国法中叫作"Prima Faice Case",直译为"初步显现的案件",对此我国有学者称之为"表面充分"①。也只有在"表面充分"的条件下,法官才会将案件交由陪审团来听审。如果控方的指控不完整,如漏掉了其中一个"争点",那辩方可向法官提出"无案可答"的辩护申请(No Case to Answer)。在此,被告不需提交任何证据,只需挑出对方指控中的"争点漏洞"就行。因而,控方在庭审开始时所承担的"证据责任",是根据他的"说服责任"而确定的"通过法官的责任"(Pass the Judge)。② 这里,在"Prima Faice Case"形成以前,控方的"证据责任"和"说服责任"是重合的。此时控方"证据责任"的主要功能是让辩方没有机会提出"无辩可答"的辩护,这是英国学者的共识。③

第二,对辩方来说,一旦控方的指控完整,成为"Prima Faice Case",他可以选择三种辩护策略。首先是放任不管,任由陪审团来裁判此案有无"合理怀疑"。可以理解,这在实际案件中较少发生。其次是通过交叉询问控方证人寻找控方对案件争点事实的证明漏洞,形成案件的"合理怀疑"。这种没有任何举证的情况,对被告也有败诉的风险。因而最常见的是第三种情况,即被告提交证据,确立一个"争点",即他开始承担"证据责任"的状态。

如果辩方选择第三种辩护策略——承担"证据责任",根据"争点"性质,可以有下述两种情况。

1. 针对控方证明体系中已经存在的"争点"提供证据。这种情况下,辩方是想通过证据来寻找控方证明体系中的证明缺陷,其目的是要使案件形成

---

① 卞建林. 论刑事证明责任的分配与转移 [M] // 证据法论义选萃. 北京:中国法制出版社,2004:173.

② MURPHY P. Murphy on Evidence [M]. 6th ed. London:Blackstone Press Limited, 1997:93,107.

③ MURPHY P. Murphy on Evidence [M]. 6th ed. London:Blackstone Press Limited, 1997:93,107;PROBERTS P, ZUCKERMAN A. Criminal Evidence [M]. London:Oxford University Press, 2004:328.

"合理怀疑"。对这种情况,很清楚,控方要对这些争点事实承担说服责任。

2. 针对控方证明体系不存在的"争点"——所谓提出"新争点"的情况,① 对于这种情况,又得细分为二。(1) 法官认为存在"新争点"的情况。在英国法中,辩方需要提供"充分"证据来表明"新争点"存在。如果法官认为"新争点"存在,他会将辩方提供的"新争点"证据,连同控方的"完整"指控,一并交由陪审团审理。(2) 法官认为不存在"新争点"的情况。如果辩方没有提供证据表明这些"新争点"有基本的可信度,如只主张"新争点"而没有证据说明,即我国学者所说的"幽灵抗辩"②,法官不会让陪审团成员审理"新争点"是否存在的问题,就像它们从来没有发生一样。③ 英国学者一般用"adducing"(引证)这个词,来表示"新争点"证据的性质。

在上述 (1) (2) 两种情况下,严格地讲,辩方此时向法官"举证"表明"新争点"存在,不会涉及"新争点"证据的证明力问题。此时法官思考问题的重心是,根据辩方的"举证",是否值得将辩方意图表明的"新争点",作为事实问题交由陪审团审理。④ 从这里可以看出,辩方提出什么样的

---

① 根据 Murphy 的归纳,在英国法中,被告所提出的"新争点"一般包括但是不限于以下八种:(1)"不在场"(alibi)。(2)"非精神错乱型的无意识行为"(Non-insane Automatism),有些学者直接简称为"无意识行为"。需要注意,被告提出"Insane Automatism"辩护,在英国法中属于被告人要承担说服责任的法律问题。(3)"寻衅"(provocation)。(4)"自卫或制止犯罪"(Self-defence or Prevention of Crime)。(5)"醉酒"(drunkenness)。(6)"胁迫"(duress)。(7)"机械事故"(Mechanical Defect)。(8)"在醉酒检测中有理由相信提供检测样品错误"(Reasonable Excuse for Failing to Supply a Specimen for a Laboratory Test in Excess Alcohol Cases)。见 MAY R, POWLES S. Criminal Evidence [M]. 5th ed. London: Sweet & Maxwell, 2004: 55; ROBERTS P, ZUCKERMAN A. Criminal Evidence [M]. London: Oxford University Press, 2004: 107. 在 May 和 Powles 的专著中,少了 (8) 的情况,他认为这些都是对被告有利的"争点"(In the Defendant's Favour)。Andrews 和 Hirst 把 Murphy 所称的"寻衅"(provocation)限定在谋杀案中,见 MURPHY P. Murphy on Evidence [M]. 6th ed. London: Blackstone Press Limited, 1997: 107; MAY R, POWLES S. Criminal Evidence [M]. 5th ed. London: Sweet & Maxwell, 2004; ROBERT P. ZUCKERMAN A. Criminal Evidence [M]. Oxford: Oxford University Press, 2004; ZUCKERMAN A. The Principles of Criminal Evidence [M]. Oxford: Clarendon Press, 1989: 71.
② 万毅. "幽灵抗辩"与刑事被告人举证责任研究 [M] //龙宗智. 刑事证明责任与推定. 北京: 中国检察出版社, 2009: 208.
③ MURPHY P. Murphy on Evidence [M]. 6th ed. London: Blackstone Press Limited, 1997: 107.
④ ROBERTS P, ZUCKERMAN A. Criminal Evidence [M]. London: Oxford University Press, 2004.

"新争点"，那是他辩护策略的选择，而不是他的义务。换言之，即便他就"新争点"提供证据，"通过法官"，后经陪审团审理后，并没有构成案件的"合理怀疑"，在理论上，他还有可能通过其他辩护手段，如前文所述的被告第一、二种辩护策略和第三种辩护策略的第1种，来发现控方证明体系的漏洞。只不过陪审团在辩方举证"新争点"失败的情况下，对辩方可能会产生"你为什么不一开始就亮出最重要的底牌，而现在又要在其他问题上'纠缠不休'"这样的印象，从而辩方在举证"新争点"失败后，具有更大的输掉整个案件的风险。如果此时辩方再来选择其他的辩护策略"补救"，想打赢官司，只有理论上的可能。这就意味着，辩方在考虑辩护策略时，一开始就必须有针对性，需要选择最有力的辩护策略，就好像有一种无形的逻辑力量在强迫他一样，但是在此时并没有任何规定，强迫他应当选择什么样的辩护策略，因为这是他自己分内的事情。综上所述，辩方就"新争点"提交证据，只是他辩护策略的一个可能选项。因而 Murphy 认为辩方所承担的"证据责任"不是"被强迫的"（notcompel）。① 有学者认为这是被告的诉讼权益所在。② 也有学者详细地解释了这一问题。③

第三，一旦辩方提交"新争点"，通过法官由陪审团审查，那么控方对于"新争点"的不存在，要承担"排除合理怀疑"的说服责任。这是因为，辩方所提交的"新争点"，根据英国犯罪构成要件理论，是控方所提交的被告定罪所需要素性事实的"相反"论点，换言之，"新争点"所涉及的事实要素包含在"定罪所需的要素性事实"之内。例如，假设辩方提出"不在场"（abili）的辩护，控方提供有关对被告定罪的要素性事实，显然应当包含被告"在场"这一基本的争点事实要素，他需要对被告"在场"这一事实争点承担说服责任。如果控方连被告"在场"还是"不在场"都无法说清楚，那么

---

① MURPHY P. Murphy on Evidence ［M］. 6th ed. London：Blackstone Press Limited，1997：101，107.

② MAY R，POWLES S. Criminal Evidence ［M］. 5th ed. London：Sweet & Maxwell，2004：71.

③ Robert 和 Zuckerman 认为，"Evidential Burden"文理不通（solecism），应当把它作为动词而非名词来使用。这是因为被告此时的行为只是"提交证据"建立"争点"（Establishing Particular Fact in Issue），其目的是"通过法官"让陪审团去审理。具体见 ROBERTS P，ZUCKERMAN A. Criminal Evidence ［M］. London：Oxford University Press，2004：333.

他对被告的定罪指控明显存在"合理怀疑",按照"无罪推定"有利于被告的证明标准,他最终会输掉这个案件(lose the case)。

英国学者经常提到的"正当防卫",① 道理与此一样,英国刑法中"正当防卫"这样的违法阻却事由,只不过是控方意欲证明的被告行为"违法性"要素事实的"相反"论点。在这种情况下,应当由控方来说服陪审团"防卫事由"的不存在,而不是由辩方来说服陪审团"防卫事由"的存在。前述的其他六种"新争点"情况,与此类似,都需要根据英国刑法的犯罪构成要件理论来解释。② 从这里可以看出,辩方就"新争点"承担"证据责任",作用是对控方的指控产生"合理怀疑"。这是对辩方"证据责任"证明标准的要求。③ 被告就"新争点"履行证据责任,如果通过法官,会产生复杂问题。④

---

① MURPHY P. Murphy on Evidence [M]. 6th ed. London: Blackstone Press Limited, 1997: 106-107;MAY R, POWLES S. Criminal Evidence [M]. 5th ed. London: Sweet & Maxwell, 2004: 72;ROBERTS P, ZUCKERMAN A. Criminal Evidence [M]. London: Oxford University Press, 2004: 334.

② 怎样理解上述八种情况包含在控方承担说服责任的范围之内,这属于英国刑法犯罪构成要件的研究问题。笔者对此没有做过思考,"反对论点"只是一种比拟的说法。不过需要注意的是,英国犯罪构成要件理论的研究,应为上述八种情况与本章所述实体法规定情况的区分,提供了理论理解工具和划分依据,这样才能准确判断被告人承担刑事证明责任的性质问题。

③ 为什么会要求被告要对控方承担说服责任的"要素性事实"举证,英国学者认为,这是权衡诉讼经济和诉讼公平两方面要素的结果。见 ROBERTS P, ZUCKERMAN A. Criminal Evidence [M]. London: Oxford University Press, 2004: 348-350。

④ 被告人针对"新争点"提供证据"通过法官"的时候,很显然他的"新争点"证据具有最基本的可信度,如果由控方来承担"新争点"不存在的说服责任,那么陪审团应当依据什么标准认为被告的"新争点证据"构成整个案件的"合理怀疑"?May 和 Powles 认为这要根据个案来分析。他们注意到应当按照形成"合理怀疑"的来源,把被告单纯否认和被告提出"新争点"这两种情况分开。见 ROBERTS P, ZUCKERMAN A. Criminal Evidence [M]. London: Oxford University Press, 2004: 72。Robert 和 Zuckerman 认为要考虑两个因素,一个是针对"新争点"提供证据所具有的基本说服要素,另一个是辩方承担这种责任时的证明标准。最关键的一点是,法官在陪审团听审结束以后,必须就控方所应承担的"证明责任和标准",连同被告提出的"新争点"情况的总结,用清楚明白的语言指示陪审团应当怎样做。见 ROBERTS P, ZUCKERMAN A. Criminal Evidence [M]. London: Oxford University Press, 2004: 335。对此比较成熟的学术认识是,只要被告就"新争点"提供证据构成"合理怀疑",那么控方对该争点的说服责任就没有完成。

三、英国法中"说服责任"与"证据责任"的关系

从上述有关"证据责任"在刑事庭审进程中的承担，可以看出英国法中的"说服责任"与"证据责任"的关系。对此，笔者想出一个简单的理解办法。可以把针对被告定罪所需的要素性事实，按照控方对刑法犯罪构成要件的证明，分为"显性构成要件"和"隐性构成要件"。"隐性构成要件"，即辩方举证"新争点"的情形。只要不存在特定"争点事实"应由被告人承担"说服责任"的情况，在其他大多数的案件中，控方按照"无罪推定"原则，要对特定个罪的"显性构成要件"承担说服责任。而他对"隐性构成要件"说服责任的承担，需要被告通过证据向法官表明具有基本的可信度。如果被告没有表明这种可信度，控方可以置之不理，法官不会把"新争点"交由陪审团审理。换言之，在一般案件中，控方对"显性构成要件"承担说服责任是无条件的，对"隐性构成要件"承担说服责任是有条件的。因而，对控方的说服责任，存在本章所述的第三个特征：控方承担说服责任的范围，根据辩方提出的"证据责任"的情况，可能产生变化。

就控辩双方承担的"证据责任"来看，尽管英国学者于相关证明责任研究中也经常提到"证据责任"概念，但似乎可以认为，把"证据责任"看作证明责任有一定疑问。有英国学者认为，"证据责任"是一种"举证必要"（Evidential Necessity）①，我国有学者持类似观点。②

个中原因是对控方而言，在"Prima Faice Case"以前，由于辩方存在"无案可答"以及根据控方"举证"情况选择辩护策略等种种灵活机动的办法，为了卸除说服责任，控方的"举证"首先要求完整，这样辩方没有机会选择"无案可答"的辩护策略，其次要求充分，这样辩方不可能找到控方的证明漏洞，因而"被迫"选择提出"新争点"这种辩护策略。在"Prima Faice Case"以后，控方的"举证"则是针对辩方提供的"新争点"证明"新争点"的不存在。所以，控方的"证据责任"应当来源于他的说服责任，是说服责任的"反映"。

---

① ROBERTS P，ZUCKERMAN A. Criminal Evidence ［M］. London：Oxford University Press，2004：335.

② 孙长永教授分析过英国法中"提供证据的责任"，他也指出这是"举证必要"。

对辩方而言，在"Prima Faice Case"以前他的"证据责任"不存在，在"Prima Faice Case"以后他的"证据责任"只是辩护策略的选择。他如果不选择通过这种方式来辩护，那是他的权利和自由。如果说此时辩方的"证据责任"有"责任或者义务"的含义，那也是逻辑上的强迫力量使然，即为了让陪审团相信"新争点"存在——对定罪必需的要素性事实存在"合理怀疑"，他提供的"新争点"证据应当有基本的可信度。所以，他的"证据责任"是对控方说服责任的"反对"。

在严格的意义上认为控方和辩方的"证据责任"的性质是"举证必要"，仍然有疑问。因为举证是否有"必要"这是举证主体的自我判断，它着重于证据与证明对象之间的证明关系属于"举证"行为的内部逻辑特征。这种内部特征并没有充分表征出"证据责任"的外部性质——它的法律特征。笔者认为英国法中的"证据责任"似乎类似于笔者原来讨论被告人的"客观证明责任"时用过的"主观证明责任1"和"主观证明责任2"那对分析概念。①承担"说服责任"的本方"举证"具有义务性质而对方"举证"具有权利性质。所以尽管"举证必要"反映了"证据责任"的重要特征，但是它没有清楚地说明"举证必要"的来源究竟是法定的还是逻辑的。要全面描述出"证据责任"的特征，"权利义务"性质这一指标也许更有说服力。

此时我们引用英国学者如 Murphy、Robert、Zuckerman、May、Powles、Andrews、Hirst 等对"证据责任"所进行的界定，根据上文解析能准确地了解他们欲表达的意思。（见图 5-1）

首先，Murphy 认为"控辩双方的每个主张都有确定的核心要素，核心要素的证明是持主张一方的当事人打赢官司所必需的……这些核心要素并不是源自证据法而是由实体法当中有关诉因的规定。……它们被称作'争点事实'或者'最终事实'。不过这些事实的证明取决于个案的具体事实情况，它们被当作'证据事实'……术语'证明责任'单独来看是模棱两可的。它也许指

---

① 笔者曾经将被告的"主观证明责任"按照其来源分为两种，一种是来源于"客观证明责任"的主观证明责任，另一种是来源于抵消法官"临时心证"的主观证明责任。"主观证明责任"只是一种比拟的说法，大陆法中主观证明责任与英国法中"Evidential Burden"最为本质的不同在于，大陆法中"法官临时心证的点"与英国法中"法律规定表面充分的点"的区别。笔者在此借用主观证明责任的概念强调英国法中控辩双方的"evidential burden"也具有不同性质。详见张斌. 论被告人承担客观证明责任［J］. 中国刑事法杂志，2007（5）：65-71.

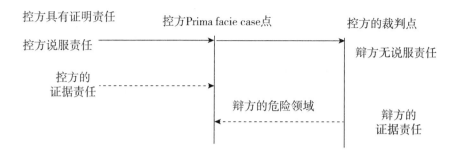

图 5-1 一般案件中控方与辩方承担的说服责任与证据责任示意图

资料来源：此图来源于 Murphy on Evidence（6th edition）［M］. Blackstone Press Limited, 1997：107. 在本书中略有修改。

注：实线及箭头代表说服责任领域及方向，虚线及箭头代表"证据责任"领域及方向。

证明一争点事实达到所要求证明标准的义务或者指在争点上援引足够证据以获得有利结果的义务"①，而刑事诉讼中的"证据责任"指"为获取裁判中的有利结果针对特定争点事实合法援引证据的一种非强迫性义务"②。这里面的关键词是"adduce""not compel"和"a favourable find"。他用上图清楚地表示出"说服责任"与"证据责任"之间的关系。

May 和 Powles 认为，"'证据责任'这一术语，也许可定义为提供一争点事实援引充分证据的义务……这个术语在某种意义上是一不当的称谓，因为它不是证明责任。然而没有异议的是，如果相关争点事实的证据责任没有履行，那么证明责任问题也就不会产生"③。在这里强调了"证据责任"的作用

---

① 原文"Every claim charge or defence has certain essential elements the proof of which is necessary to the success of the party asserting it. …These elements derive not from the law of evidence but from the substantive law applicable to the cause of action. …They are known as 'facts in issue' or 'ultimate fact'. The proof of these facts in issue depends however on the detailed facts of the individual case which are referred to as 'evidential facts' …the term 'burden of proof' standing alone is ambiguous. It may refer to the obligation to prove a fact in issue to the required standard of proof or to the obligation to adduce enough evidence to support a favourable finding in issue"。

② 原文"the obligation to adduce evidence legally sufficient to justify but not compel a favourable finding as to a given fact in issue"。

③ 原文"The expression 'evidential burden' maybe defined as the burden of adducing sufficient evidence to put a matter in issue … The expression is in one sense a misnomer since it is not a burden of proof. It is not, however, a misnomer in the sense that if the evidential burden is not satisfied, a burden of proof in relation to the matter in question does not arise"。

是用"adducing evidence"来建立案件"争点",这是对控辩双方的"证据责任"所给出的一个综合定义。他们甚至认为"证据责任"不是证明责任。①接着在后文中他们说明控方与辩方分别承担"证据责任"的情况。②

Robert 和 Zuckerman 认为,"在审判中为使任一主张成为争点,证据责任施加了一较轻的援引充分证据的义务。与盖然性责任比较起来,证据责任并不要求提供方(援引证据)在审理者的头脑中产生特定程度的确信,只需简单地说服审理者,这个争点是审判值得考虑的问题。因而,这个术语具有'通过法官'的意味"③。他们强调了"证据责任"的功能和作用机制。④

Andrews 和 Hirst 认为,"证据责任有时指'援引证据的义务'或者'通过法官的义务'。这种义务在审判中让法庭或者法官确定,有法庭或者陪审团需要合理考虑的案件事实或者争点事实的存在"⑤。这同样是把控辩双方的"证据责任"合在一起定义的情况。⑥

通过引用上面英国学者的带有"共识"性质的理解,我们可以确定,英国的"证据责任"这个术语的重心在于"adduce"(用证据援引,用证据建立),而不是"prove"(用证据证明),"证据责任"是强烈依赖于"说服责任"的一个概念。如果不存在说服责任,单单提及"证据责任"没有什么意义。换言之,"证据责任"不是实质意义上的证明责任,它只是说服责任在英国刑事程序中的展开,是一种"争点建立责任",是无法与说服责任分开的、

---

① MAY R, POWLES S. Criminal Evidence [M]. 5th ed. London: Sweet & Maxwell, 2004: 70.

② MAY R, POWLES S. Criminal Evidence [M]. 5th ed. London: Sweet & Maxwell, 2004: 72.

③ 原文 "The evidential burden imposes a lesser obligation, to adduce the sufficient evidence to make any contention a live issue in the trial. In contrast to the probative burden, the evidential burden does not require the proponent to produce any particular degree of confidence in the adjudicators mind. The proponents imply has to persuade the adjudicat or that the issue is worth considering in arriving at judgment; hence the notion of 'passing the judge'".

④ ROBERTS P, ZUCKERMAN A. Criminal Evidence [M]. London: Oxford University Press, 2004: 333.

⑤ 原文 "evidential burden sometimes referred to as the 'burden of adducing evidence' or the 'duty of passing the judge'. This is the obligation to produce sufficient during the trial to satisfy the court or judge that there is a case or issue which the court or jury can properly be asked to consider".

⑥ HIRST M. Andrews & Hirst on Criminal Evidence [M]. 4th ed. London: Jordans Pub, 2001: 54.

对说服责任的"反映"责任（对控方而言）或者"反对"责任（对辩方而言）。它的基本意思是，援引证据建立特定争点事实的义务，用英文表达是"burden of establishing particular fact in issue with adducing evidence"。因而"证据责任"的实质意义是"争点建立责任"，它是名副其实的只涉及证据而不涉及证明的"证据性责任"。在英国法中，真正具有证明责任意义的是说服责任。换句话说，英国法中当事人的证明，只会发生在事实审理者的面前，不会发生在法官的面前。法官面前发生的，只是对当事人证明必需条件的审查，法官在此所做的"是否值得作为一争点事实由陪审团加以考虑"的判断，仍然属于相关性审查的法律范畴。这和我们通常关于英国法"法官作法律审、陪审团作事实审"职能划分的理解一致。

四、我国关于英国法刑事证明责任的"阶段说"和"分层说"

由上可知，那种割裂"说服责任"与"证据责任"内在关系的观点，在英国法中不成立。我国就如何看待"说服责任"与"证据责任"之间的关系，主要有两种"描述性"理论，即"阶段说"和"分层说"。它们的共同特征，是把英国法中的"证据责任"，当作与"说服责任"相对立的一种证明责任类型。按照这些理论，英国法似乎有两种刑事证明责任，即"提供证据的责任"（按照这些学者对"Evidential Burden"的翻译）和"说服责任"。

有学者认为，英国法中"提供证据的责任"与"说服责任"的关系是"两种不同层次、内部互动且有机结合的统一体，……提供证据的责任是证明责任承担者初级、起码的责任，如果未能担负这一责任或责任划分不明，审判程序将无从开启和延续，从而证明责任承担者所应承担的证明法定责任也就无以产生"①。这可以看作"阶段说"的一种表现形式。上述理论的要点在于，"提供证据的责任"与"说服责任"之间的作用是"双向的"，在因果关系上"提供证据的责任"是原因，"说服责任"是结果，当事人如果没有"提供证据的责任"，那么"说服责任"就无从产生。"说服责任"只不过是"提供证据责任"的保障和证明标准而已。按照这种观点，一个合理的推论是，控方在案件开始或者在进行中，似乎可以任意选择或者控制需要承担说服责任的案件事实范围。从前面我们分析的"提供证据的责任"在刑事庭审

---

① 牟军. 论英国刑事证明责任 [J]. 现代法学，2000（1）：129-133.

进程中承担的情况来看，没有这回事。"提供证据的责任"与"说服责任"之间的关系不是"两个层次或内部互动的"，它们的关系一定是"单向的"。"说服责任"是"提供证据责任"的原因和动力，换言之，在"提供证据的责任"没有产生之前，"说服责任"就已经产生了，那就是法律的规定。在具体个案中，控方正是因为"头上高悬的说服责任"（这是比拟的说法），严格限定了"提供证据的责任"的证明对象和证明标准，因而控方是不可能任意地提出案件事实争点的。① 他需要按照说服责任规定的范围和标准，根据辩方可能出现的种种辩护策略，全面、充分、谨慎地来履行他的"证据责任"。

还有一种"阶段说"，这种观点认为"证据负担（Evidential Burden）是说服法律审理者的责任，表明存在足够的证据，使事实的审理者有可能做出裁决；法定负担说服事实的审理者需要达到的证明标准……通常情况下，对于所有争议事实的证据负担和法定负担都由控方承担。……通常情况下，对某一事实承担法定负担的当事人也同时承担证据负担；但是，例外的情况是，对于某些类型的辩护，被告人只承担证据负担。这种辩护理由的特点是，并不是对实施某种行为进行否定，而是提出此本应构成犯罪的行为具有某种正当理由"②。这又是一种"阶段说"，其核心观点有两个，一是认为"法定负担"是"证据负担"的证明标准，二是在一般情况下控方既有证据负担也有法定负担。将被告人的证据负担和法定负担都作为"例外情况"来处理。换言之，被告既存在承担证据负担的例外，也存在承担法定负担的例外。对上述有关"法定负担"与"证据负担"关系的说法，可能有三点疑问：（1）如果将法定负担作为证据负担的证明标准，那么对法定负担"控制案件事实争点范围"的功能可能有所忽视。法定负担对证据负担的控制作用，不仅表现在证明标准的要求上，同时也表现在对证据负担的事实争点范围控制的要求上。此外，如果将法定负担作为证据负担的证明标准，那么怎样将英国法中的证明标准问题与证明责任中的法定负担问题区分开来，这也很难理解。笔者认为，实际上英国法中法定负担的重心，尽管有英国学者提到要按照证明标准的要求来履行，但并不在证明标准之上，而在证明范围的规定之上。（2）把

① 该文所画的英国法控方与辩方承担阶段性证明责任的分析图例，即使不考虑被告人承担"说服责任"的情况，似乎也有问题。如果把作者所画的第 82 页的图与 Murphy 的分析图例做比较，会发现作者也许没有注意到"Prima Facie Case"这个点的重要意义。

② 宋英辉，孙长永，刘新魁. 外国刑事诉讼法 [M]. 北京：法律出版社，2006.

被告承担证据负担看作控方"全程"承担证据负担和法定负担的例外，理由似乎比较牵强。这是因为，被告承担的证据负担，既有针对控方"显性构成要件"的"旧争点"问题，也有针对控方"隐性构成要件"的"新争点"问题。在这两种情况下辩方承担证据负担的目的是相同的，只需要构成案件的"合理怀疑"。因而，被告对"新争点"承担证据负担不是例外，而是被告所选择的一种辩护策略。只有法律规定的被告承担法定负担，才能算作证明责任的"例外"情况。（3）尽管作者认为控方在案件"表面充分"以前，既有法定负担也有证据负担，这似乎解释了控方"举证"的法律义务性质，但是对于辩方"举证"的两种情况，即提供"新争点"和承担法定负担的性质的问题，按照这种阶段说，很难进行理论解释。上述三点疑问存在的原因，似乎与上述观点将"证据负担"看作与"法定负担"不同的一种独立的证明责任有关，对法定负担是实质意义的证明责任，以及法定负担对证据负担的控制作用，没有引起足够的重视。

有学者认为，英美刑事证明责任是"分层的"，这种看法也有一定的模糊性。① "分层"的观点，从"通过法官"这一点来说好像没有异议，我国也有部分学者坚持这种"分层说"；但是需注意，"分层"只针对"证据责任"才成立，"说服责任"应当是由法律来进行"分配"，而不是"分层"。而"证据责任"，我们已经看到，并不能代表英国法刑事证明责任的全部内容，② 甚至不能代表英国法刑事证明责任的实质内容，因为它不是实质意义的证明责任，只是说服责任在刑事庭审程序中的展开而已。如果按"分层"理解，有可能造成前面所说的"阶段说"。③ 这也是该文对被告人承担证明责任的性质

---

① 叶自强. 英美证明责任分层理论与我国证明责任概念［J］. 环球法律评论，2001（3）：343-354.

② 在英国法中，被告人承担说服责任的情况，以"反向证明责任条款"和"法律推定确定的例外"为例，包含了很多我们感兴趣的刑事证明责任疑难问题。如国家公职人员收受物品的"贿赂"推定；毒品持有犯罪中的"主观明知"；在公共场所携带犯罪凶器的"非法性"刑事推定；谋杀罪中"减轻责任"的证明；等等。按照 Robert 和 Zuckerman 两位学者的评估，在英格兰和威尔士两地区起诉的刑事案件中，有大约 40% 的指控涉及被告人承担说服责任的问题。ROBERTS P, ZUCKERMAN A. Criminal Evidence［M］. London：Oxford University Press，2004：374.

③ 上述英国学者在论及"减轻责任"或者"说服责任"时，似乎也没有用过"分层"或者类似的说法来概括和分析刑事责任问题。他们说得最多的，是"分配"（allocate）和"转移"（shift），而且对"分配"和"转移"这两个概念，都有一些确定性的认识，如对"争点建立责任"不存在"分配"的问题。

认识较为含糊的根本原因。

还有的观点更加让人费解。有学者认为英国法中的"说服责任",可以称为"说不服责任"①,也许作者想强调控方说服责任的"风险负担"性质。该文引用了很多英文资料,因而对于英国法证明责任的理论描述和学术理解,按理讲应具有更大的可信性。但是从整个文章看,作者既不理解控方"说服责任"在整个庭审过程中的"全程负担"性质,也不理解控方在"Prima Facie Case"以前的"充分负担性质"。在"Prima Facie Case"以前,由于辩方存在种种灵活的辩护策略,控方基于他所承担的说服责任,需要竭尽全力地举证以建立争点,这是充分履行"Evidential Burden"的状态。在"Prima Facie Case"以后,在辩方提供证据表明基本的可信度以后,控方承担的说服责任,不是作者所谓"说不服责任"。如果一定要用中文来表示这种情况,尽管听起来有些别扭,那也应当叫作"说服不责任",这是对被告可能提出的反对观点的"说服责任"。英国学者一般用 disprove 来表示这种情况。因而控方的说服,包括"prove"和"disprove"。我们已经清楚,控方承担的"说服责任"与"说服不责任",根据控方提供"旧争点"或者"新争点"的情况不同,在证明责任范围上并不一样。因而该文作者把"说服责任"与"说服不责任"等同看待,认为两者是一回事,这是一种明显错误的理解。

对于英国法中的刑事证明责任,我国学界之所以有上面种种存在不同程度疑问的学术观点,笔者认为可能有三个原因。

第一,没有注意到控方在"Prima Facie Case"的前后承担说服责任的情况是不同的,前者无条件,后者有条件。

第二,对辩方的"隐性构成要件"的"举证"这种"证据责任"理解不准确,仅仅根据辩方提出了一个"新争点",或者具有"通过"法官的基本外观,就认为它是一种实质意义的证明责任。笔者已反复强调,在英国法中如果没有控方的说服责任存在,控方的"证据责任"不会存在,从而辩方的"证据责任"也不会存在。

第三,也许最重要的,是把被告人对特定争点所承担的说服责任和他所承担的"证据责任"相混淆。我们已经清楚,英国法中被告人承担说服责任

---

① 张斌,王小林. 论我国证明责任理论与制度之重构:评英美证明责任的理论和制度的借鉴价值 [J]. 现代法学,2005 (2):63-71.

与其承担的证据责任，在法律性质上完全不同。这主要体现在，尽管其"证明"对象都是针对案件的个别"争点"，但是被告人承担说服责任所针对的"争点"，是在控方承担的说服责任争点事实范围之外，它既是由成文法直接规定的，同时也有证明标准的要求，因而与被告人的"证据责任"相比，被告对特定争点的说服责任才是"实质意义"的刑事证明责任。只有从这种角度讲，即说服责任的角度，英国法刑事证明责任才能说是"分配"的（Allocating）。也只有从这个角度我们才能判断出，如"被告人承担刑事证明责任的性质是诉讼权利"之类的看法，在英国法中，是不准确或者说是模糊的。

五、结论和意义

笔者认为，可以把英国法中刑事证明责任的基本意义以及英国法中"说服责任"与"证据责任"的关系表述为"实质说"。

"实质说"强调两方面的问题。一是强调在实体法中应当用英国法的犯罪构成要件理论准确地说明控方或者辩方承担具有实质意义的说服责任有什么刑法根据，应怎样来理解被告人承担说服责任的范围这种例外情况，这种情况与无罪推定原则的关系是什么。由此需要确定一个有说服力的判断标准来判断被告在具体案件中"举证"的责任属性究竟应属于"证据责任"还是"说服责任"。

二是在控辩双方举证的程序过程中强调"说服责任"对"证据责任"的控制作用。如果没有说服责任单单分析"证据责任"的承担情况，没有实质意义。这一点在如存在"反向证明责任条款"的案件中作用更加明显。在这些案件中被告人既可能存在"证据责任"，也可能存在"说服责任"，因而在最终判断案件是否存在"合理怀疑"、被告人能否通过证明责任的履行来赢得官司的时候，需要针对被告人承担"证据责任"和"说服责任"的不同情况建立两个"平行的能否卸除（Discharge）证明责任"的评价标准。在这个时候明确"证据责任"对于说服责任的依附性质也许更为重要。只有在这种情况下才能把英国刑法的相关反向证明责任条款准确地适用到具体案例中，从而产生刑法规定"反向证明责任条款"的预期法律效果。

因而英国刑事诉讼中的证明责任似乎只有一种而非两种，即具有实质意义的"说服责任"，或称作"法定责任"。英国法的刑事证明责任的整体理解用一种拟人性的说法也许更为形象。可以把说服责任比拟为具有鲜活内容的物体，而"证据责任"就像这个具有鲜活内容的物体在阳光下所呈现出来的光影。英国法的刑事证明责任是由说服责任和它的光影构成的。如果我们离开了说服责任想从它留下的光影——证据责任来理解英国法的刑事证明责任问题，其结果可以想象。因而强调"说服责任"实质意义的"实质说"，同时意味着强调"证据责任"依附意义的"光影说"。

明确这一点不仅有利于澄清我国学界对英国刑事证明责任种种模糊的观点，更为重要的是有利于进一步研究建立在英国法刑事证明责任概念之上的各种刑事法律问题。例如，在刑事证明责任与无罪推定的关系问题上，学界有一种见解认为英美国家转移"提供证据的责任"不违反无罪推定，"转移"说服责任违反无罪推定。这是一种似是而非的看法，有关刑事证明责任与无罪推定关系的学术观点及其司法解决办法，在英美法等不同国家和不同地区并不一致，不是铁板一块，甚至在各个不同的历史阶段也不是一成不变的。又如，对于更为复杂的刑事推定运用和反驳的问题，我国不少学者认为被告对于控方的可反驳推定只需要像"捅气泡"那样仅在"合理怀疑"的层次上提供一个证据就能够消除控方的推定。我们需要了解塞耶有关推定的"气泡爆炸"理论只是反驳可反驳推定的一种学术观点，它的情况与本章分析的"证据责任"（Evidential Burden）术语中的"evidential"内容类似。换言之，塞耶所认为的推定及其反驳只是一种"证据推定"（Evidential Presumption）。如果真的如同塞耶所说辩方要反驳刑事诉讼中的推定太容易了，他只要提供一个证据让法官考虑提交陪审团即可。塞耶有关刑事推定的看法，尤其是他提出的"气泡爆炸"理论，需要辨析它要解决的刑事法律问题，分情况区别对待。如果对所有关于刑事推定的反驳都用这种"气泡爆炸"理论明显不能令人满意，因而摩根才会提出一个与之相对的"说服推定"（Persuasive Presumption）概念，意图为刑事推定的反驳建立更为实质的内容。如果不了解"证据责任"和"说服责任"这对概念的实质内涵及关系，对于英美学者所说的"证据推定"和"说服推定"含义及其关系极易产生误解。诸如此类建立在刑事证明责任概念基础之上的"后续问题"在英美法系中比较多。它表明如果没有对英美刑事证据法中一些基本概念的深入分析与理解，对于英美学者运用相关概念进行分析和所提出的法律解决办法，可能会有不少流于表面的学术理解与看法，这需要加以避免。

第六章

论被告人承担客观证明责任

刑事诉讼中被告人在特定情况下要承担证明责任，可谓一种通说。但是，被告人在哪些情况下要承担证明责任，承担的是什么性质的证明责任，学界存在着不同的观点，尚未形成统一的意见，尤其是被告人能否承担客观证明责任，认识尤其模糊。有学者认为，如果被告人承担了客观证明责任，就与无罪推定原则相违背，是不允许的，被告人只能基于辩护权的需要，承担主观证明责任，并没有承担客观证明责任一说。这种看法是否符合司法实际？与无罪推定原则相违背，是否就应否认被告人承担客观证明责任？本章就上述问题展开论述，以期为刑事立法和司法实践服务。

一、被告人承担客观证明责任的特点

所谓被告人承担客观证明责任，是指被告人就刑事案件的部分事实（争点事实）提供证据不能被证明时的一种风险负担。被告人"不能证明案件的部分事实（争点事实）"是指，被告人提供的证据与检控方提供的证据不相上下，法官不能获得对争点事实的心证，即争点事实处于真伪不明的状态，在这种情况下被告人应对争点事实承担证明不能的责任，法官应认定被告人主张的争点事实不存在。被告人承担客观证明责任，具有以下三个特点。

首先是法定性。被告人承担客观证明责任是基于刑事法律的规定。从世界各国司法实践来看，法律规定主要有两种情况。一是刑法的规定。如我国《中华人民共和国刑法》（以下简称刑法）第三百九十五条第一款规定的"巨额财产来源不明罪"，要求国家工作人员对明显超过合法收入的巨额财产的合法性来源进行说明，如果不能说明巨额财产的合法性来源，即认定巨额财产的来源非法。"国家工作人员的说明"是刑法的规定。又如，我国刑法第二百八十二条第二款规定的"非法持有国家绝密、机密文件、资料、物品罪"，被告人对国家绝密、机密文件、资料、物品的来源与用途的说明，也是同样的情况。国外刑法也有类似的规定，德国《刑法典》第一百八十六条规定，"捏造或散布足以使他人受到蔑视或受到贬低的事实，而不能证明其为真实的，构成恶意中伤罪"。日本《刑法》第二百三十条规定的被告人对诽谤事实真实性的说明，第二百零七条规定的同时伤害，和《儿童福利法》规定的儿童年龄的"明知"问题，以及《爆炸物管理罚则》规定被告人对制造、输入、持有、订购爆炸物的犯罪案件合法性问题的说明，都是刑法直接规定被告人应对特定案件事实进行"说明"或者"证明"。① 二是刑事法律规定的刑事推定。刑事推定是指法官根据检控方证明的案件事实（前提事实）认定推定的事实存在。如美国《模范刑法典》《联邦刑事诉讼规则》规定的被告人承担证明责任的 11 种情况（自动症、无知或认识错误、醉酒、受胁迫、执行军事命令、被害人同意、警察圈套、正当行为、精神失常、受强迫）；英国《1916年反腐败法》第二条规定，给予政府官员或代表机构的任何金钱、礼品或其他形式的好处，推定为非法支付、赠予和收受，有相反证明的除外。日本公害罪法中有对因果关系的刑事推定，毒品新法中有对不法收益的刑事推定。② 刑事推定既可以来自刑法，也可能来自刑诉法，其共同特征是如果被告人就推定事实不能提出有效的反驳，则认定推定的事实存在。

其次是实质性。实质性是指被告人承担客观证明责任的案件事实部分，是犯罪构成要件的实质部分，如果缺少这部分，就不能认定被告人有罪。因此，被告人的"说明"或者"证明"是一实质的犯罪构成要件。不论何种模式的犯罪构成，从刑事证明的角度看，都有一共同特点，检控方在特定案件中完成对于待证事实的证明以后，基于刑法的规定或者刑事推定，均要求被告人对于特定案件事实有"说明"或者证明的义务。如果被告人不履行这种义务，那么他的"不履行义务"的行为本身，就可能构成犯罪构成要件。以贿赂推定为例，贿赂推定实质上对特定犯罪主体超过其正常收入的部分或者在职务行为中收受财物性质的非法性推定，控方只要证明特定犯罪主体具备刑法上的构成要件（如受贿行为成立），那么就推定特定主体收受了相应的财物。前述的英国《1916年腐败防止法》第二条、新加坡《1970年防止贿赂

① 有关两大法系被告人承担证明责任的资料，以下无特别注明，均转引自孙长永. 探索正当程序：比较刑事诉讼法专论［M］. 北京：中国法制出版社，2005：175-252.
② 田口守一. 刑事诉讼法［M］. 刘迪，等译. 北京：法律出版社，2001：228.

法》则专门有贿赂推定的规定。贿赂推定的实质性表现在，如果被告人不能就其收受财物的合法性进行证明，那么就推定其收受的财物是不法的，被告人不能证明是被告人成立受贿罪的一个实质构成要件。又如，为了有效打击毒品犯罪，一些国家有被告人收受财产非法性的刑事推定。德国《反有组织犯罪法》中规定，控方在完成对辩方具有贩毒行为以及与其收入不相称的财富证明以后，可以推定与其不相称的财富是辩方贩毒所得。《联合国禁止毒品公约》第十八条也规定，从事毒品非法进口等行为的行为人非法取得巨额财产的，该巨额财产被推定为非法收益，除非辩方有证据予以推翻。

最后是风险性。被告人承担证明责任的目的在于卸除自己在案件部分事实上的证明负担，以避免案件部分事实不能证明造成的风险和不利益。从前述被告人承担客观证明责任的情况来看，被告人承担证明责任的案件事实要么是犯罪构成的部分要件，如我国刑法规定的巨额财产合法性来源证明、德国刑法中的散布事实真实性证明、日本刑法中规定的同时伤害等，要么是犯罪构成要件的违法阻却和责任阻却事由，如正当防卫、职务行为、精神失常、受胁迫、圈套抗辩等。在被告人待证对象是犯罪构成的实质要件情况下，如果被告人不能证明待证对象，将做出对被告人不利的裁定，再加之控方成功证明的其他犯罪构成要件，据此可认定被告人有罪。在被告人待证对象是犯罪构成的违法阻却事由和责任阻却事由的情况下，如果被告人不能证明待证对象，那么可以认为被告人主张的违法阻却和责任阻却事由不存在，再加之控方对犯罪构成要件事实的成功证明，也可认定被告人有罪。因此，被告人承担的客观证明责任具有风险性，具有对待证对象不能证明的风险分配机能。

还需要说明的是，客观证明责任是大陆法的概念，英美法中只有"提出证据的责任"与"说服责任"的区分，并没有"客观证明责任"的概念。不过从能否形成待证事实的心证角度来看，英美法中的两种证明责任，即"提供证据的责任"和"说服责任"，都具有与"客观证明责任"相类似的功能，即不能证明待证事实就要承担举证不能的风险和不利益，这种风险和不利益也需要刑事法律做出明确规定。

二、被告人承担客观证明责任与其承担主观证明责任的联系

被告人承担的客观证明责任与他承担的主观证明责任既有联系，也有区别。理论上，被告人承担的主观证明责任有两种情况：一种是在特定案件中，

被告人基于自己的客观证明责任，为了避免不能证明待证事实而造成的风险和不利益，而就自己的主张提供证据，进行论证和说服。本章将基于客观证明责任产生的主观证明责任，称之为主观证明责任2。另一种是在一般刑事案件中，当控方完成对案件事实的证明以后，法官会形成对案件事实的临时心证，如果被告人不提出证据对控方的证明进行反驳，那么法官就会形成对案件事实的内心确信。为抵消或削弱控方的证明，被告人要提出证据进行反驳和辩护，本章将这种意义的主观证明责任，称之为主观证明责任1。

在所有刑事案件中，被告人承担的主观证明责任1均存在，它实质上基于辩护权而产生，被告人履行主观证明责任1的目的，在于削弱检控方的证明，动摇法官对检控方主张的案件事实的心证，从而法官可以基于检控方承担的客观证明责任，做出对于被告人有利的判决。但是在需要被告人承担客观证明责任的刑事案件中，不仅存在着主观证明责任1，同时还存在着主观证明责任2。在这些案件中主观证明责任1的性质与其他案件一样，都是基于辩护权而产生，但是主观证明责任2实质上并不基于辩护权而产生，它是基于客观证明责任而产生，被告人履行主观证明责任2的目的，在于巩固法官对自己主张案件事实的心证，如果被告人不能证明待证事实，那么可以基于刑法规定或者刑事推定，就被告人需证明的事实部分，法官应做出对被告人不利的判断。

可见主观证明责任1与主观证明责任2是有区别的，如果认为主观证明责任1具有权利规范的属性，主观证明责任2实质上是义务规范。有学者已经注意到被告人主观证明责任1的存在，不过他用"举证必要"的概念，来指称被告人承担的主观证明责任1。"'举证必要'发生在控方已经履行了提供证据的责任，被告人却不承担提供证据责任的情形之中，典型的情形有……关于主观要件的证明和……法律允许做出不利推论的场合。"他就"举证必要"与英美法中被告人承担的"提供证据责任"进行了详细的区分。①实际上，英美法中，被告人承担的"提供证据的责任"与"说服责任"，都可以被看作被告人承担客观证明责任的表现形式，只不过"提供证据的责任"是证明标准较低的客观证明责任（被告人只需证明自己的主张具有"可能性"

---

① 孙长永. 探索正当程序：比较刑事诉讼法专论 [M]. 北京：中国法制出版社，2005：175-252.

或"表面上成立"),① 而"说服责任"是证明标准较高的客观证明责任（被告人证明自己主张达到"优势证明"标准)。"举证必要"具有权利性，"提供证据的责任"和"说服责任"具有一定的义务性。

将主观证明责任 1 和主观证明责任 2 区别开来具有十分重要的理论意义。有学者认为，当控方完成对案件争点事实的证明以后，被告基于辩护权利和危险防止必要，会产生疑点形成责任，② 它具有否认与抗辩两种形式。否认分直接否认与间接否认，直接否认不会形成疑点形成责任，间接否认需要达到优势证明标准。抗辩则分刑法抗辩和诉讼法抗辩，刑法抗辩只要证明一般构成要件存在"合理怀疑"，诉讼法上的抗辩只需达到有合理存在的可能性。如果从证明责任负担的时序性和继起性来看，它能够解释证明责任的动态承担过程。或者更为准确地说，这种见解能够解释主观证明责任 1 在刑事证明过程中的时序性展开，具有相当的理论说服力。但是这种见解不是没有值得商榷的地方，最明显地表现在两方面：第一，他认为被告人承担的争点形成责任只具有权利性，不具有义务性，这实际上否认了主观证明责任 2 的存在。正如前文所述，被告人基于客观证明责任而承担的主观证明责任 2，在特定案件中是存在的，这不是权利规范，而是义务规范。第二，他不承认刑事诉讼中存在证明责任的倒置，"根据刑事诉讼证明责任分配的基本原则和一般原则不难发现，在刑事诉讼中是不允许存在也没有必要存在举证责任倒置"③。如果笔者没有理解错误的话，不承认刑事诉讼中存在举证责任的倒置，也就是变相否认被告人在刑事诉讼中会承担客观证明责任。事实上，不管把被告人承担的客观证明责任称为证明责任分配，还是称为证明责任的倒置，或者是否赞成刑事诉讼中存在证明责任的倒置，都不是问题的关键所在。关键在于，源于刑法的规定和刑事推定，辩方仍然可能承担不能完成特定事实证明而带来的不利益。被告人承担的这种法定的、实质的、风险的证明责任，实际上

---

① 这个问题具有一定的复杂性，尤其是在对同一证明对象，既需要被告人承担"提供证据的责任"，又需要检控方承担"说服责任"的情况下。不过考虑到英美法的二元审判结构，被告人承担"提供证据责任"是为了说服法官，将证据提交给陪审团，检控方承担"说服责任"，是为了说服陪审团，被告人主张的待证事实不成立。就能否通过法官而言，可以认为"提供证据的责任"，是一种证明标准程度较低的客观证明责任。
② 黄维智. 合理疑点与疑点排除：兼论刑事诉讼证明责任的分配理论［J］. 法学，2006（7)：153-160.
③ 黄维智. 证据与证明：以刑事法治为视角［M］. 北京：中国检察出版社，2006：195.

就是客观证明责任。正是由于不清楚被告人对特定案件事实也可能承担客观证明责任，该学者对"刑法上的抗辩"的性质究竟属于反证还是本证，① 才会语焉不详。上文已清楚表明，对于特定案件在"刑法上的抗辩"，被告人承担的主观证明责任 1 是反证，承担的主观证明责任 2 是本证。在待证对象真伪不明的情况下，两者的风险分配机制完全不同，不履行主观证明责任 1 不一定对被告人不利，但是不履行主观证明责任 2 一定会对被告人不利。

三、被告人承担客观证明责任与无罪推定原则的矛盾

无罪推定具有诉讼法与证据法上的双重意义。证据法意义上的无罪推定按照通说是证明责任的分配规范，既然犯罪嫌疑人在定罪以前应当视为无罪，那么指控犯罪嫌疑人有罪的检控机关就应当承担需要定罪的全部证明责任。证据法意义上的无罪推定有两个合理的推论：一是只有控方才有证明犯罪嫌疑人有罪的责任，辩方没有这种责任，因而辩方具有"不自证其罪"的权利。一些法治国家的刑诉法将辩方的这种"不自证其罪"的权利从无罪推定原则中独立出来，与无罪推定原则相并列加以规定。二是控方的有罪证明，应当是完全的证明。换言之，如果控方的有罪证明存在瑕疵，应当承担证明不能的后果，法官应当按照无罪推定的原则做出无罪判决，即"疑案从无"。这实际上是刑事诉讼中奉行的"有利于被告"的原则。现代刑事诉讼也有将"有利于被告"原则从犯罪推定原则中独立出来的趋向。

在特定案件中被告人承担的客观证明责任，显然是将本应由控方承担的全部定罪事实的一部分交由被告人来承担。如果被告人不能证明赖以定罪的部分案件事实不存在，或者被告人提供的证据与检控方的不相上下，在部分案件事实处于真伪不明的情况下，要么将辩方承担证明责任的这部分事实视为存在，要么按照客观证明责任风险分配法理，就这部分案件事实做出对控方有利的裁判。在这两种情况下，辩方都承担了证明自己无罪的证明责任。因此辩方承担客观证明责任，与证据法意义上的无罪推定原则第一个推论相矛盾。同时，在辩方承担证明责任部分是犯罪构成要件的情况下，控方只需要就排除辩方承担证明责任部分的犯罪构成要件承担证明责任，在完成排除辩方部分的犯罪构成要件的情况下，只要辩方没有成功完成他应承担部分的

---

① 黄维智. 证据与证明：以刑事法治为视角 [M]. 北京：中国检察出版社，2006：194.

证明任务，那么控方对辩方的有罪证明即告完成。控方的这种证明，说到底是对部分定罪案件事实的证明，是不完全的证明，它降低了控方承担定罪证明责任的要求，或者说降低了控方的定罪证明标准。因此，被告人承担客观证明责任，与证据法意义上的无罪推定原则第二个推论也是矛盾的。在这个意义上可以认为，被告人承担客观证明责任，与无罪推定原则倡导的证明责任分配理念存在矛盾。

正是由于被告人承担客观证明责任与无罪推定原则存在矛盾，一些学者在解释刑事诉讼中被告人承担证明责任的问题上，才会存在一些模糊的认识。有的认为被告人承担的证明责任只能是主观证明责任，不可能存在客观证明责任的问题。还有学者认为，无罪推定原则是刑事诉讼证明责任分配的"铁则"和唯一原则，[①] 因而不允许被告人承担客观证明责任。笔者承认，单从刑诉法的角度看，被告人承担客观证明责任与无罪推定原则的矛盾的确无法解决。换句话说，诉讼法中的无罪推定原则不可能支持或者承认辩方应当承担客观证明责任。这就是部分学者认为无罪推定原则是证明责任分配的唯一原则，不承认证明责任可能存在倒置的根本原因所在。

四、被告人承担客观证明责任的刑事法律依据及限制条件

事实上，证明责任规范很难说只属于刑诉法，只是一种诉讼法规范，相反，正如绝大多数证据法学者所指出的，证明责任规范还具有实体法的性质，具有刑法的性质。这在客观证明责任问题上表现得特别明显。客观证明责任是一种在案件事实真伪不明情况下的风险分配责任，套用德国著名证据法学家汉斯·普维庭（H. Pruetting）的话来说，是一种"法定的风险分配形式，既与证明无关，也与责任无关"，"永远不可能帮助法官对尚未形成心证的具体事实形成心证"[②]，因此客观证明责任应属于刑法的领域。正是由于客观证明责任的存在，当事人为避免案件事实真伪不明，他需要就特定对象提供证据，进行说服与论证，这就是当事人承担主观证明责任 2 的原因所在。主观证明责任 2 可以看作客观证明责任的"反射"和驱动结果。被告人有主观证

---

① "不自证其罪"和"有利于被告"可以看作无罪原则的衍化，主张这两项原则是证明责任分配原则，实际上就是坚持无罪推定是证明责任分配规范的唯一原则。

② 普维庭. 现代证明责任问题［M］. 吴越，译. 北京：法律出版社，2000：26-27.

明责任 2 的问题，检控方同样存在主观证明责任 2 的问题。而主观证明责任 2 与主观证明责任 1 都具有诉讼法的性质，以巩固或者动摇法官心证为己任。证明责任以客观证明责任为实质内容，以主观证明责任为实现手段，在学界已成为共识。因此，证据责任规范兼具实体与程序的双重性质，不能仅从刑诉法的角度来理解被告人承担证明责任的问题，也不能将诉讼法中的无罪推定原则作为证明责任分配的唯一原则。相反，应当在证明责任分配问题上考虑刑法的因素，除无罪推定原则外，刑事实体法中的一些基本原则，也应当成为刑事证明责任的分配原则。立足刑事实体法和程序法的整个背景，很容易理解被告人承担的客观证明责任。这样，刑事诉讼中有关证明责任规范的很多理论上的模糊认识，也容易得到澄清。

与刑诉法中严格实施无罪推定原则不同的是，在刑法中经常存在"有罪推定"的规定。这种"有罪推定"一般以犯罪构成要件的面目在刑法中出现。这在世界各国的刑法中都存在。以保障人权著称的美国为例，它在刑法中规定的严格责任犯罪就是一种"有罪推定"。所谓严格责任犯罪是指刑法许可对某些缺乏犯罪心态的行为追究刑事责任，换言之，控方起诉"不要求有犯罪意图的证据，尽管被告人提出的无犯罪意图的证据可能排除他的（刑事）责任"[1]。从证明责任的角度看，这是要求辩方承担自己在从事某种行为时没有犯罪意图的证明责任，如果辩方不能证明自己没有过错，那么就推定他应当承担刑事责任。辩方无犯罪意图的证明与控方对犯罪行为的证明都是严格责任犯罪的构成要件。德国刑法中规定的恶意中伤罪，日本刑法中规定的诽谤罪、同时伤害犯罪中"明知"、与爆炸物有关的犯罪，以及我国刑法第三百九十五条规定的超过正当收入的巨额财产不法性推定，均要求被告人在控方完成举证的前提下，对特定事实有"说明"和"证明"的义务，这实际上都是"有罪推定"。前文所论及的刑事推定，属于广义"有罪推定"，尽管它没有以犯罪构成要件的面目出现。

学界对刑法中的有罪推定规定是否正当，可能存在争议，但不可否认的是，刑法中"有罪推定"的规定的确存在，这类规定是要求被告人承担客观证明责任的刑事法律依据。它的合法性与正当性，只有在刑事法律的层面才

---

① 胡萨克. 刑法哲学. 第 2 版［M］. 谢望原，等译. 北京：中国人民公安大学出版社，2004：214.

能得到解释。从价值理性看，我们无法运用刑诉法中的无罪推定原则来评价刑法中的有罪推定规范。刑法中最为基本的原则——罪刑法定原则，只要实体规范有明确的刑事责任规定，尽管是有罪推定的刑事规范，它仍然具有合法性和正当性。尤其是国家在特定时期实施的刑事特别法，着重体现了保护国家特定利益的刑事司法政策，它的正当性是刑诉法无法解释的。换句话说，无罪推定的价值，仅在刑诉法中体现，它无法干涉实体法的规定。从工具理性来看，刑诉法尽管在保障人权方面彰显独立的程序意义，但是它具有实现刑法规范的工具价值，是不争的事实。缺少刑法规范，刑诉法规范也就没有独立存在的必要。因而刑法规范实际上是无罪推定原则在刑诉法中适用的前提。以严格责任犯罪为例，立法者认为，不惜一切代价将这些行为规定为犯罪是必要的。刑事法律制度中规定的贿赂推定，也是各国基于加大惩治腐败犯罪的司法政策考虑，因而在刑事法律制度中设定"有罪推定"的刑法规范。

不过要看到，刑法中的有罪推定规范要求被告人承担客观证明责任，也是有限制条件的。首先，刑法规范本身是立法者对国家利益和个人利益价值权衡的结果，立法者需要经过十分审慎的论证，才在实体法中规定是否应当进行"有罪推定"。日本在刑事法修改过程中，就是否应当增设"公务员从执行该职务有直接利害关系的人那里收取、要求或者约定超过通常社会交往程度的财物及其财产上利益时，可以推定为涉及职务行为的收取、要求或约定"这一有关的贿赂推定的规范产生过激烈争论，可谓一例。① 其次，要求被告人承担客观证明责任的刑法规范在整个刑法规范中所占的比例很少。"在英国540 种可诉罪中，具有有罪推定规范的只有 17 种，这一数字在主要法治国家可能已经算是很多的"。英美刑法中规定的严格责任犯罪，主要适用于涉及公共利益犯罪这一领域内，例如，出售腐败变质有害健康的食品。而且被告人承担的部分一般是控方难证明的极少部分事实，如合法性、因果关系、犯罪意图等，这些事实的证明由辩方承担，也是便利和公平的需要。再次，被告人承担证明责任的部分有时序性的要求，即在控方完成对排除辩方承担部分的证明时，才产生被告人承担客观证明责任的问题。对于控方承担的部分，仍然要求达到"排除合理怀疑"的程度，而辩方承担的部分，从各国的司法实务来看，只要求达到"优势证明"标准即可。最后，被告人承担客观证明

---

① 松尾浩也. 日本刑事诉讼法［M］. 张凌，译. 北京：中国人民大学出版社，2006：20.

责任在不同的刑事诉讼模式中具有不同的意义。当事人主义的刑事诉讼，"竞争式的事实认定方式"要求控辩双方在庭审中即完成举证与质证，因而对于辩方承担客观证明责任的要求要严格一些，其意义也要突出一些，不过在诉讼法上也给予辩方承担客观证明责任所必需的证据调查能力，以及相应程序保障规则（如庭前开示、庭审证据调查规则等）。职权主义的刑事诉讼，法官与检察官所负的客观真实义务，使得辩方承担客观证明责任的意义不是很显著，以至于在德国刑事诉讼法中，一些权威学者认为德国的检察官和被告人没有提供证据加以证明的责任，所有的案件事实均由法院依职权调查。①

五、关于违法阻却事由与责任阻却事由的客观证明责任问题

刑法学理论认为，嫌疑人要承担刑事责任通常要满足七项原则，即合法性（法无明文规定不为罪）、行为（追究刑事责任必须针对犯罪行为）、意图（认定任何一种特定犯罪，行为必须具有罪过）、同时发生（行为与意图同时具备或同时发生）、危害性（行为存在危害性）、因果关系（行为是引起危害结果的原因）、辩护（对前六项无有效的辩护理由）。② 前六项的内容，在英美刑法和大陆刑法中均以犯罪构成的"犯罪本体要件"和"该当性要件"面目出现，控方只要完成前六项的证明，一般认为嫌疑人就有了承担刑事责任的基本条件，大陆法中称之为该当性要件的认定完成，英美法中称之为犯罪本体要件的证明完成，法官此时会形成被告人具有犯罪行为的初步心证，推定或者推论③被告人没有违法阻却事由和责任阻却事由（大陆法）或者具备"责任充足要件"（英美法），如果没有相反事实的出现，被告人的罪责认定即告完成。

为了阻止法官的罪责认定，被告人除指出控方对"犯罪本体要件"和"该当性要件"之证明存在缺陷以外（这是本章所称的主观证明责任1），一般还会提出一些辩护主张，向法官表明，虽然自己的行为经控方证明符合刑

---

① 魏根特. 德国刑事诉讼程序 [M]. 岳礼玲，温小结，译. 北京：中国政法大学出版社，2004：3.
② 胡萨克. 刑法哲学. 第2版 [M]. 谢望原，等译. 北京：中国人民公安大学出版社，2004：2.
③ 推论与推定有区别。简单说，推论是事实的，其依据是经验与逻辑，它会引起主观证明责任的转移；推定是法律的，其依据是法律规范的规定，它会引起客观证明责任的转换。

法规定的特定犯罪构成，但是并没有违法，或者并不具有刑事责任能力，因而不应当承担刑事责任。大陆法系刑法中，提出自己的行为没有违法称之为违法阻却，提出自己没有刑事责任能力称之为责任阻却，这在英美法中都称之为辩护。常见的违法阻却事由包括正当防卫、职务行为、紧急避险等，常见的责任阻却事由包括精神失常、受强迫或者胁迫、病理性醉酒等。如果被告人不提出违法阻却或者责任阻却的辩护，在检察官成功证明刑法规定的犯罪构成要件情况下，法官即认定被告人有罪。

在无罪推定原则之下，理论上应当由控方对不存在违法阻却事由或者责任阻却事由承担证明责任，即法官对这两者的不存在存有疑问，则控方应当加以证明，如果对其中一项事由不能证明的，则应当按照有利于被告的疑罪从无原则宣告被告人无罪。但是违法阻却事由或者责任阻却事由的不存在，属于证据法意义上的"消极事实"，控方一般只能根据指控要件事实的存在，从事实上推论违法阻却事由或者责任阻却事由不存在，如果要直接证明，由于不存在接触违法阻却事由或者责任阻却事由的便利条件，则是比较困难的。从另一方面来讲，如果由辩方对违法阻却事由或者责任阻却事由负客观证明责任，那么当其不能证明自己主张的违法阻却事由或者责任阻却事由存在时，法官会做出有罪的判决，即"疑罪从有"，这显然违背了无罪推定原则。因此，不管由控方承担证明责任，还是由辩方承担证明责任，都会遇到特定的困难与矛盾。

从国外的立法例来看，对于上述难题有两个解决办法：一是日本的做法，即只要检察官证明了该当性要件以后，即事实上推论违法阻却事由或者责任阻却事由不存在，辩方要主张违法阻却事由或者责任阻却事由存在，需要提供证据进行初步的证明，控方可以针对这些证据进行质证。质证不成功，则按疑罪从无的原则宣判被告人无罪。二是美国的做法，即在刑事特别法中规定辩方应当承担违法阻却事由或者责任阻却事由证明责任的范围。在此范围内，辩方承担违法阻却事由或者责任阻却事由的（客观）证明责任；在此范围外，则由控方承担违法阻却事由或者责任阻却事由不存在的（客观）证明责任。

六、结论

刑事诉讼中被告人承担客观证明责任的现象客观存在。它要求被告人针对特定案件的部分事实承担法定的、实质的、具有风险分配机能的证明责任，基于客观证明责任产生的主观证明责任只有义务性而没有权利性，这显然与无罪推定倡导的证明责任分配理念相悖，但是不能以此否定被告人承担客观证明责任的存在，否定被告人承担证明责任具有义务性。将无罪推定原则（以及与此衍生出来的"不得强迫自证其罪原则"和"有利被告原则"）作为刑事诉讼证明责任分配的唯一原则，也不符合证明责任规范风险分配基本法理。证明责任规范的实体法属性，要求将刑法的犯罪构成要件以及蕴含其中的刑事司法政策因素，作为证明责任分配的重要考虑因素和基本分配原则。明确这一点，才能够真正将证明责任规范作为连接刑法犯罪构成理论与刑诉法当事人刑事证明行为的桥梁，理解刑法中的犯罪构成不同理论模型可能对当事人证明行为所带来的实质影响，而这正是刑事证明责任规范发挥风险分配机能和证明功能的首要前提。因此，刑诉证明责任的合理分配和正当设定，不仅仅是刑诉法的任务，也是刑法的任务。

第七章

再论被告人承担客观证明责任
——以我国刑法规定的持有型犯罪为例

笔者在《论被告人承担客观证明责任》一文中，论证了刑事诉讼中被告人承担客观证明责任的现象客观存在，它要求被告人针对特定案件的部分事实承担法定的、实质的、具有风险分配机能的证明责任。这种现象与无罪推定原则倡导的应由控方承担单方的、完全的证明责任理念相矛盾，其根本原因在于刑事诉讼中的证明责任规范具有实体法属性，即刑事诉讼证明责任的分配，需要考虑具体个罪的犯罪构成要件以及蕴含其中的刑事司法政策因素。[1] 因而无罪推定原则在刑事诉讼中的实现是有限度的。限于篇幅，笔者在那篇论文中只对被告人承担客观证明责任来源于刑法有关犯罪构成要件的规定以及刑事推定进行了初步说明，并没有探讨被告人在具体的个罪中如何承担客观证明责任，以及由此衍生出来的一个重要问题：刑法中的犯罪构成要件以及蕴含其中的刑事司法政策因素，怎样通过刑事诉讼中证明责任规范的风险分配机能，来实现刑法打击犯罪、保障人权的任务。易言之，被告人承担客观证明责任的刑法原理是什么？鉴于被告人承担客观证明责任的现象，在我国刑法规定的持有型犯罪中得到了较为充分的表现，本章从此类刑法规范展开分析，以说明被告人承担客观证明责任的刑法原理，为我国刑事司法实践服务。

一、持有犯的犯罪构成属性以及证明问题的主要疑难

持有型犯罪是以行为人持有特定物品或财产的不法状态为基本构成要素的犯罪。本章研究的持有型犯罪包括六种，即我国刑法第一百二十八条第一款规定的非法持有枪支、弹药罪，第一百七十二条规定的持有假币罪，第二

---

[1]　张斌．论被告人承担客观证明责任 [J]．中国刑事法杂志，2007（5）：65-71.

百八十二条第二款规定的非法持有国家绝密、机密文件、资料、物品罪，第三百四十八条规定的非法持有毒品罪，第三百五十二条规定的非法持有毒品原植物种子、幼苗罪，第三百九十五条第一款规定的巨额财产来源不明罪。[1]

　　持有犯的犯罪构成具有三个基本属性：（1）补充性，它体现了刑法严密刑事法网、严格刑事责任、强化刑法保护的堵截犯罪功能。从我国规定的六种持有犯来看，非法持有特定物品往往是更为严重的先行犯罪的结果状态（如巨额财产来源不明罪）、续接犯罪的过渡状态（如非法持有毒品罪）、目的犯罪的预备状态（如非法持有枪支、弹药罪），[2] 在无法通过有效证据证明持有状态的先行犯罪或者续接犯罪，无法证明特定物品的来源或者去向，从而无法认定比持有行为构成更为严重、危害更大的先行犯罪、续接犯罪和目的犯罪的情况下，根据持有特定物品或财产的现状的存在而追究被告人的刑事责任，这无异于宣示了特殊情况下一种带有主观主义色彩的刑法理念：行为评价有时比结果评价更符合刑法所保护的法益。（2）独立性，它既不要求实害结果，也不要求具体的现实的危险。它的可罚性根据在于，非法持有特定物品具有侵害刑法所保护法益的直接危险，或者具有掩盖已被侵害法益的可能，有必要将非法持有特定物品本身予以犯罪化。这种侵害法益的危险和掩盖已被侵害法益的可能，是刑法直接规定的：持有犯罪质的确立，无须考察具体行为现实的危险性和可能性。因此，持有行为是否成就，是该持有型犯罪构成要件的核心要素。换言之，持有犯犯罪构成的补充性，并不影响其犯罪构成的独立存在。（3）特殊性，表现在主观罪过和持有物品的不法证明方面要求较低。由于持有犯的立法设计是在难以查清持有特定物品的来源、去向和用途，难于追究比持有行为危害更严重的先行犯罪和续接犯罪的情况下，基于严密刑事法网、强化刑法保护功能的不得已之举，因而在司法实践中只需认定持有行为本身存在，这已表明犯罪嫌疑人具有相应的主观罪过或者不法状态。换言之，证明了持有行为一般意味着证明了持有犯意和不法，除非持有人有证据证明自己对物品的存在、性质并不知情或者具有合法理由

---

[1]　有的学者认为，非法携带枪支、弹药、管制刀具、危险物品危及公共安全罪，非法携带武器、管制刀具、爆炸物参加集会、游行、示威罪，非法储存枪支、弹药、爆炸物罪，窝藏赃物罪，走私制毒物品罪都包含持有的内容，应看作不典型的持有犯。详见邓斌. 持有犯研究 [M]. 长春：吉林人民出版社，2004：16-19.

[2]　梁根林. 持有型犯罪的刑事政策分析 [J]. 现代法学，2004（1）：35-40.

持有特定物品。正因为如此，对于持有型犯罪是否要求主观罪过、是否需要证明不法问题，学界有不同的见解。他们的分歧在所不论，控方在这两个方面证明要求比较低，却是大家共同的看法。

从刑事诉讼证明角度来看，持有犯的证明具有疑难之处，主要表现在基于严密刑事法网和强化刑法保护目的的考虑、具有堵截犯罪功能的持有犯刑事立法设计，有可能由于控方取证的现实困难以及控方证明责任范围的不当认识，不能达致相应的刑事立法目的。拿主观罪过的证明问题来说，持有型犯罪一般都是在控诉机关难以证明犯罪嫌疑人持有的特定物品或者财产的来源、去向和用途的情况下，无法对可能的更为严重的先行犯罪或续接犯罪进行追诉，单纯根据犯罪嫌疑人对特定物品或财产具有事实或者法律上的支配关系的证据，认定持有犯犯罪构成的成立。因而，持有犯的证明是一种"现时性"证明，即从持有人处查获特定物品或者财产这一事实本身，一般情况下均已表明持有人对特定物品或者财产具有持有故意的主观罪过，以此完成对持有犯罪构成的证明，这就与非法制造、买卖、运输犯罪中需要证据单独证明犯罪嫌疑人主观罪过的"历时性"证明具有明显区别。这种证明方式有利于体现持有犯的刑事立法意图，但是其做法本身，有不问犯罪嫌疑人主观罪过即对嫌疑人定罪之虞（这也是有的学者主张持有型犯罪是严格责任犯罪的根本原因所在），有可能由于对刑法刑事保护功能的片面强调，而忽视刑法还应具有的保障人权功能。试想一毒品贩子在嫌疑人毫不知情的情况下，将毒品藏在他的住处，是否可以因为警察的查获而认定嫌疑人犯有非法持有毒品罪，显然不行。这样，在持有犯主观罪过的证明问题上，就会产生如下悖论：如果需要控方独立证明持有犯的持有故意，基于取证的现实困难，无法实现刑法需要的刑事保障功能，有可能放纵犯罪；反过来，如果不需要控方证明持有犯的持有故意，基于刑事立法的宗旨，无法实现刑法的保障人权功能，有可能殃及无辜。

二、学界关于持有型犯罪证明责任分配的主要观点

学界在持有型犯罪的主观罪过证明问题上，归纳起来存在三种观点。

第一种认为持有型犯罪的主观罪过不需要证明。控方只需证明被告实施了持有特定物品或财产的行为即达到证明要求，完成对持有犯罪质的认定。至于被告人的主观罪过方面的情况，如是否明知及有无明知能力，是否预见

及有无预见能力，无须考虑。这种观点可称为"无罪过责任"，其实质是将犯罪主观要件置于犯罪构成之外。

第二种认为持有型犯罪的主观罪过需要证明，证明责任在控方。被告人可以提起抗辩而不负有证明责任。在控方证明了被告人持有特定物品或者财产的情况下，被告人对控方的证明可以抗辩。即使刑法规定了被告人具有说明义务，完成说明义务的标志也仅仅是以能够使法官对控方有关主观罪过的证明产生合理怀疑为限，并不需要承担相应的证明责任。这种观点可称为"有罪过责任"，其实质是将犯罪主观要件的证明责任交由控方承担，辩方的抗辩达到合理怀疑即可。

第三种认为持有型犯罪的主观罪过需要证明，证明责任在辩方。控方证明了被告人持有特定物品或者财产的情况，实际上也就一并证明了被告人具有持有特定物品或者财产的主观罪过，其根本原因在于持有行为与持有犯意之间的高度关联性，因而在持有行为证明与持有犯意证明之间实际上存在着罪过推定。在控方完成持有行为证明的情况下，被告如不能举出确实充分的证据，证明其所持有的特定物品或财产具备合法来源或去向，证明其主观并无过错，那么他将承担不利法律后果，即被判有罪。这种观点可称为"罪过推定责任"，其实质在于将犯罪主观要件的证明交由辩方来承担。

三、三种观点辨析以及被告人在持有型犯罪中承担客观证明责任的刑法根据

第一种观点的不合理之处显而易见，不问罪过即对嫌疑人定罪，显然有可能扩大刑法的刑事打击面，殃及无辜，不符合持有犯的刑事立法本意。

值得重视的是第二种观点，它认为尽管持有型犯罪的主观罪过证明要求有所降低，但是仍然需要控方予以证明。"在控方证明了持有行为的前提下，持有人仍然可以提出必要的证据合理地怀疑由持有事实至持有犯意的立法推定。这时举证责任就倒置给持有人一方，但证明责任并不随之转移给持有人一方。持有人并不需要排除合理怀疑地证明自己没有持有故意，而只需对控方由持有行为至持有故意的推定提出合理怀疑。一旦持有人提出了这样的合理怀疑，公诉机关仍然应当就持有人提出的合理怀疑举出确实充分的证据加

以反驳，以达到排除合理怀疑的证明的程度"①。这种观点实际上坚持：在持有型犯罪主观罪过的证明问题上，控方应当承担客观证明责任，辩方只需对控方的证明提出合理怀疑即可阻却控方的证明目的，辩方在此并没有客观证明责任。

这种观点具有一定的代表性，表面上它既符合刑诉法中无罪推定原则要求控方承担单方、完全的证明责任的要求，也能够部分解释主观罪过在持有型犯罪中为什么需要证明以及怎样进行证明，因而得到不少学者支持。但是这种观点描绘的持有型犯罪中证明责任"分配"及承担的图景，同第一种观点一样，也不符合持有犯的刑事立法本意。如果说第一种观点有可能扩大刑事打击面，那么这种观点则有可能轻纵犯罪。

设想如下案例：警察通过线报得知甲携带 500 克毒品将在某时某地与乙进行交易，经过周密布控抓获了正在交接毒品的甲与乙。交货人甲构成贩卖毒品罪没有异议。关键是乙，他辩称自己并不知道送来的"货"是毒品，而甲只知道有人来接货，此前并不认识乙。在没有其他情况印证乙说法的情况下，司法实践中一般认为证明乙"明知毒品"的证据不足，因而按照持有毒品罪"降格处理"，以此来严密毒品犯罪刑事法网。这种做法在司法实践中很常见，也是合理的。绝大多数毒品持有型犯罪是这样处理的。但是按照第二种观点，乙既不可能构成贩卖毒品罪，也不可能构成持有毒品罪。这是因为，对乙是否贩卖毒品主观罪过的"合理怀疑"，同样适用于乙是否持有毒品。因为"明知"证据不足这一事实，不会因为两个刑事法律评价——"贩卖毒品"或者"持有毒品"而有丝毫改变。如果认为乙的说法即"不知道送来的'货'是毒品"构成"合理怀疑"，从而不能以"持有毒品罪"对其进行刑事处罚，很显然会轻纵乙的行为。笔者认为在这个案例中较为合理的做法是，乙对"明知"的否认如果让法官认为存在有"不知"的可能，也就是在对控方主观罪过"明知"证明具有"合理怀疑"的情况下不能以贩卖毒品罪对乙进行定罪处罚；但是乙要消除法律对其"持有毒品"的不利刑事评价，就必须提供充分的、令人信服的证据来证明他的确不知道交接的货物是毒品。

因而在持有型犯罪主观罪过证明问题上笔者认同第三种观点。根据犯罪嫌疑人对特定物品或财产具有事实或者法律上的支配关系的证据，在无法认

---

① 梁根林. 持有型犯罪的刑事政策分析 [J]. 现代法学，2004（1）：35-40.

定或证明犯罪嫌疑人具有先行犯罪、续接犯罪、目的犯罪的主观罪过的情况下，可以认定持有人对特定物品或者财产具有持有故意的主观罪过。如果嫌疑人能够证明没有持有的故意，那么就不构成持有型犯罪。这种观点与第一种观点不同，要追问犯罪嫌疑人持有的主观罪过而不是不追问；与第二种观点也不同，为了达到持有型犯罪的刑事立法目的，充分发挥刑事立法的堵截型功能，不能仅凭犯罪嫌疑人提出的"合理怀疑"就免除对他的刑事处罚，他必须提供充分的、令人信服的证据。换言之，在持有型犯罪主观罪过证明问题上，被告人要承担"罪过推定"责任。

　　被告人在持有型犯罪中承担的"罪过推定"责任是客观证明责任。被告人在持有型犯罪中存在客观证明责任，从刑法看是由持有犯立法设计的刑事政策功能定位决定的。刑事政策是指国家与社会整体以合理而有效地组织对犯罪的反应为目标而提出的有组织地反犯罪斗争的战略、方针、策略、方法以及行动的艺术、谋略和智慧的系统整体。① 正如有的学者所论述的，持有犯的立法设计主要存在两种情况：一种是作为实质预备犯规定的持有特定犯罪工具或凶器的独立犯罪构成如非法持有枪支、弹药罪；另一种是持有特定物品的行为可能具有直接危害重大法益的危险或者可能掩饰、隐藏重大犯罪行为或者违反了国家规定的特定刑事义务，如非法持有国家绝密、机密文件、资料、物品罪，非法持有毒品罪，巨额财产来源不明罪。② 在这两种情况下持有犯的立法设计所发挥的刑事政策功能是国家出于对侵害特定法益会造成重大社会危害的考虑，不仅把侵害特定法益所造成的现实结果予以犯罪化，同时把侵害特定法益的可能结果也予以犯罪化。这种可能结果包括侵害特定法益的危险性（持有犯的第一种情况）；实质预备犯以及可能产生的侵害结果（持有犯的第二种情况）；国家认为产生了犯罪结果而实际可能没有产生。很显然这与传统的刑法理论"无实害结果不处罚"是相矛盾的，因而在特定法益保护上国家是想尽可能周延，尽可能严密，尽可能严格。

　　从侵害特定法益的证明逻辑来看，侵害特定法益所产生的可能结果是在控方无法证明侵害特定法益的现实结果的情况下产生的。例如，被告人持有枪支、弹药是在无法证明持有枪支、弹药想要从事什么样的犯罪行为或者通

① 梁根林. 持有型犯罪的刑事政策分析 [J]. 现代法学，2004（1）：35-40.
② 梁根林. 持有型犯罪的刑事政策分析 [J]. 现代法学，2004（1）：35-40.

过什么方式获取的情况下产生的；被告人持有的大量毒品是在无法证明通过走私、制造、贩卖、运输的情况下产生的；被告人拥有的巨额财产是在无法证明通过贪污、受贿获取的情况下产生的……这里特别需要指出的是，侵害特定法益的可能结果只存在有与无的区别并没有程度的区分。换言之，在特定法益的保护上如果控方无法证明侵害特定法益的现实结果，根据持有的事实状态控方已经完成了被告人存在侵害特定法益可能结果的证明。这种可能结果的认定并不会因为我们对持有特定物品的"明知"状态有"合理怀疑"而消除。"合理怀疑"只能减小认定侵害特定法益的可能结果的程度，并不能消除侵害特定法益的可能结果。只要国家为周延特定法益的保护将侵害特定法益的可能结果予以犯罪化，那么便不会因为侵害特定法益产生可能结果的程度不同而区别对待。换言之，只有在侵害特定法益可能结果不存在这一种情况下，国家才会认为持有特定物品的行为不具有可罚性根据。而可能结果的消除需要有相反的充分的证据证明。因而从证明角度来看，要真正体现持有犯需要的周延特定法益保护、严密刑事法网和严格刑事责任的刑事政策功能定位，只能由被告人证明持有特定物品行为并不会对特定法益造成可能的侵害结果。这就是被告人在持有型犯罪中要承担客观证明责任的刑法根据。

四、被告人的客观证明责任在持有型犯罪中的具体情况

本章将我国刑法认定的六种持有型犯罪的刑法规定的罪状以及相关证明问题做成下表以便比较和讨论。（见表7-1）

表7-1　六种持有型犯罪

罪名	罪状及性质	高度关联的犯罪	证明是否存在明知问题	明知问题证明方式	证明是否存在不法问题	不法问题证明方式
（1）非法持有枪支、弹药罪	违反枪支管理规定，非法持有枪支、弹药的，处3年以下有期徒刑……（实质预备犯）	非法制造、买卖、运输、邮寄、储存	可能存在	应根据持有进行推定	存在	根据持有进行推定
（2）持有假币罪	明知是伪造的货币而持有，数额较大的，处3年以下有期徒刑……（实质预备犯）	出售、买卖、运输	存在	根据持有进行推定	不存在	不存在

续表

罪名	罪状及性质	高度关联的犯罪	证明是否存在明知问题	明知问题证明方式	证明是否存在不法问题	不法问题证明方式
（3）非法持有国家绝密、机密文件、资料、物品罪	非法持有属于国家绝密、机密文件、资料或者其他物品，拒不说明来源与用途的，处3年以下有期徒刑……（不能证明实害结果的危险犯）	非法获得国家秘密	可能存在	应根据持有进行推定	存在	需要被告人做出说明
（4）非法持有毒品罪	非法持有鸦片1000克以上、海洛因或者甲基苯丙胺50克以上或者其他毒品数量大的，处7年以上有期徒刑……（不能证明实害结果的危险犯）	走私、贩卖、运输、制造	可能存在	应根据持有进行推定	存在	根据持有进行推定
（5）非法持有毒品原植物种子、幼苗罪	非法……持有未经灭活的罂粟等毒品原植物种子或者幼苗，数量较大的，处3年以下有期徒刑……（不能证明实害结果的危险犯）	非法种植	可能存在	应根据持有进行推定	存在	根据持有进行推定
（6）巨额财产来源不明罪	国家工作人员的财产、支出明显超过合法收入，差额巨大的，可以责令该国家工作人员说明来源；不能说明来源的，差额部分以非法所得论（不能证明实害结果的危险犯）	贪污、贿赂	不存在	无	存在	需要被告人做出说明

对表7-1讨论之前说明如下三个问题：（1）持有的界定。持有是指对特定物品或者财物单独地、实际地控制。单独是指只有持有人一人控制持有物品，其他人没有这种控制权利。实际是指持有人对持有物品具有现实的管理和处分权利，并不需要他人的授权。明确这两点的目的，在于排除共同持有和代位持有两种复杂持有情况的讨论。换言之，这里所讨论的持有是最单纯的持有。至于持有人是否知道实际控制特定物品或者财物的存在、性质，在所不问。（2）明知范围的两个层次。明知具有"知道存在"与"知道性质"两个不同的层次。毒品犯罪中，交货人对接货人说"我给你一个包裹"或者

说"我给你一包毒品"（可能以暗语来说）意义不一样。"我给你一包毒品"必然包含毒品的存在，但是"我给你一个包裹"只表明持有人知道包里有东西（存在），但是什么东西不一定知道。换言之，"知道存在"不一定"知道性质"，但是否定"知道存在"就一定否定"知道性质"。（3）存在、可能存在与不存在是笔者对是否存在相关问题的判断。存在的判断依据是刑法的明确规定，不存在的判断依据是探讨相关问题没有实践意义，可能存在的判断依据是司法实践中存在相关案例。

通过上表，我们可以看出被告人在持有型犯罪中承担的客观证明责任，有两个特点。

第一，在不同的持有型犯罪中，根据持有的事实，需要被告人承担客观证明责任的范围不同。表7-1中，（1）（3）（4）（5）的情况与（2）（6）的情况不一样。在（1）（3）（4）（5）四种情况下根据持有的事实需要被告人承担客观证明责任的范围包括"明知"和"不法"两个问题，即被告人需要同时说明他对持有物品的存在、性质的不知以及对持有物品的合法。如果他没有把这两个问题同时说清楚，那么可以根据被告人持有特定物品的事实认定他知道他所持有的特定物品的存在、性质以及他没有任何合法的理由持有特定物品。[①] 在（2）（6）两种情况下，根据持有的事实需要被告人承担客观证明责任的范围只包括"明知"和"不法"两个问题中的一个，即被告人在持有假币罪中只需要说明"明知"问题，在巨额财产来源不明罪中只需要说明"不法"问题。这就与（1）（3）（4）（5）需要被告人同时说明"明知"与"不法"问题存在范围的区分。

第二，在不同的持有型犯罪中，根据持有的事实，需要被告人承担客观证明责任的方式不同。表7-1中值得注意的是（3）（6）和（1）（2）（4）（5）的区别。在（3）（6）的情况下，根据持有的事实，刑法明确规定持有人具有说明义务，即在非法持有国家绝密、机密文件、资料、物品罪中需要说明所持物品的"来源"和"用途"，在巨额财产来源不明罪中需要说明户

[①] 结合实际案例如果再仔细分析一下明知问题与不法问题的说明还存在优位关系，即明知问题的说明是不法问题说明的前提，如果被告人确实不清楚持有物品的存在、性质，那么可以根据他对明知问题的否认确定他没有必要再说明不法问题。但是如果能够确定他知道持有物品的存在和性质，他还必须说明他持有特定物品的合法理由。鉴于这个问题的复杂性，本书不再讨论。

额财产的"来源"。这是刑法规定被告人承担客观证明责任的典型方式。在（1）（2）（4）（5）的情况下，刑法并没有明确规定被告人在"明知"和"不法"问题上应当承担客观证明责任。因而在（1）（2）（4）（5）的情况下，对被告人是否具有客观证明责任有不同意见，需要进一步探讨。

有学者认为一般认定持有型犯罪中证明责任转移的观点是不妥当的，对持有型犯罪，控方仍然应当承担证明嫌疑人犯罪故意，尤其是"明知"的责任。其主要理由在于，如果没有法律的明确规定对持有人课以"说明"义务，在无罪推定原则及控方承担证明责任的基本原则之下侵犯了被告权利，违反了法制原则。① 笔者部分认同这种观点，不过还有一些疑问。正如前文已提及的持有型犯罪主观要件的"现时性"证明的特点，表明控方只需要根据持有的事实即完成犯罪故意的证明。在司法实践中控方不太可能再举出额外（于持有事实以外）的证据来证明被告人的明知。如果控方能做到用额外的证据举证，往往能够证明被告人持有的目的或者来源，这样被告人的持有行为就不再是单纯的持有型犯罪，而可能会成立比持有型犯罪更为严重的其他高度关联的犯罪。例如，有证人证明被告人多方打听毒品的买家，又从被告人处查获了大宗毒品，此时不应按持有毒品罪来处理，而应按更为严重的贩卖毒品罪（预备、未遂）来处理，此其一。其二，被告人如果要让法官相信他确实不知持有物品的存在或者性质，单纯否认显然不足以让法官相信他确实不知持有物品的存在或者性质。要做到这一点，他就必须举出切实有力的证据来加以证明。被告人在这种情况下实际上已经承担了对主观要件的证明责任。在主观要件事实真伪不明的情况下，根据被告人持有的事实应确定被告人明知要件成立。不过从推定的角度来讲（1）（2）（4）（5）的情况的确存在立法规定不清楚的现象，不能认为在（1）（2）（4）（5）中现实地存在推定规范。上述情况应当根据司法实际明确规定，根据哪几种情况可以推定被告人的"明知"或者"不法"。推定只存在法律推定，事实推定不是真正的推定。

五、被告人承担客观证明责任的刑法原理

刑法的根本任务是以刑罚为手段合理地组织对犯罪的反应。刑罚手段的基本特征是暴力性，即刑罚权的行使直接关系公民的名誉、财产和自由的丧

---

① 龙宗智. 推定的界限及适用 [J]. 法学研究，2008（1）：106-125.

失，甚至关系公民生命的剥夺。正是由于刑罚手段的暴力性，一方面可以有效地吓阻公民从事侵害刑法需保护法益的行为，彰显刑法保护社会公共秩序的基本功能；另一方面特别为少数急功近利的执掌国家权力的统治者偏爱，从而呈现出本能的扩张欲望。与其他国家权力相比，刑罚权的滥用是后果最严重的一种，有可能直接引起被统治者的反抗和国家政体制度的变更。因而刑事法治的要旨体现在以刑法约束刑罚，法无明文规定不为罪，法无明文规定不处罚；以刑罚约束公民，将侵害刑法需保护法益的特定行为予以犯罪化和刑罚化，禁止公民从事该行为。刑事法治的正义体现在，刑法约束刑罚是否彻底，有没有法无明确规定而对特定行为进行刑罚惩治的情况；刑罚约束公民是否合理，将侵害刑法需保护法益的特定行为犯罪化的范围是否适当，强度是否适度。

为完成刑法的根本任务，实现刑事法治的要旨和正义，需要在刑事立法规范中运用相应的技术化装置，同时将此技术化装置体现在刑事司法程序中。让被告人在特定犯罪中针对特定事项承担客观证明责任，正是国家实现刑事法治、衡平刑法保护与保障功能的重要技术化装置。具体而言，这种技术化装置能够发挥作用的刑法原理体现在如下三个方面。

首先，被告人在特定犯罪中针对特定事项承担客观证明责任，是国家刑事政策确立的特定行为犯罪化作业的重要保证手段。所谓犯罪化，一般是指通过刑事立法程序将某一具有可罚性的严重不法和有责的行为课以刑罚的法律效果，使之成为刑法明文规定的犯罪行为。[1] 按照严格的罪刑法定原则，犯罪化问题属于刑事立法问题，在刑事司法中不能随意将特定行为通过刑法解释而予以犯罪化，因而这一问题的实质，是国家在比较研究一般社会不法行为的基础上，对于需要刑法规制的特定不法行为的刑事政策性选择。不过，国家对特定行为的犯罪化操作，在刑事政策的选择上总会或多或少地体现出严厉与宽泛两种不同的倾向。让被告人在特定犯罪中针对特定事项承担客观证明责任，总体来说，主要体现国家在特定行为的犯罪化操作上趋于严厉的刑事政策选择，因而能够保证国家在特定行为法益保护上的周延。例如，鉴于毒品对人类生命和健康的严重危害，国家一般将毒品的制造、运输、贩卖、走私行为予以犯罪化，但是作为毒品的制造、运输、贩卖、走私行为的预备

---

① 梁根林. 刑事法网：扩张与限缩 [M]. 北京：法律出版社，2005：3.

或者结果行为的持有，由于缺乏相应的持有用途或者来源，甚至持有本身故意内容的证明，不能以制造、运输、贩卖、走私等情况予以犯罪化，只能规定一具有堵截犯罪构成的持有行为。而要真正实现持有犯罪的刑法堵截功能，前文已经分析了，只能让犯罪人在主观故意问题上承担客观证明责任，才能在不扩大刑事法网的前提下，不轻纵持有毒品的犯罪，真正体现国家在毒品犯罪刑事政策选择上的严厉态度。

其次，被告人在特定犯罪中针对特定事项承担客观证明责任的刑事政策选择，是通过国家在刑法文本中设置特定的犯罪构成要件来体现的。犯罪构成要件是决定一个行为能否构成犯罪必须具备的基本要素，刑法只对符合犯罪构成要件的行为进行刑事处罚，以此体现罪刑法定原则的人权保障功能。如果一个行为不符合犯罪构成要件，当然也就没有刑事可罚的刑法依据。从行为的罪质认定看，符合或者不符合犯罪构成要件的评价，是在事实的层面上来进行的。只有当一个（具体）行为符合犯罪构成预先设定的类型化的（抽象）事实特征时，才会考虑特定的刑法处理。因而犯罪构成要件是将国家在刑法文本上业已确立的特定行为犯罪化的具体落实，是特定行为罪质认定的事实标准。这种罪质认定逻辑，当然要体现在国家刑事政策选择（严厉或者宽松）的所有面向。在国家需要周延法益保护的犯罪化操作中，改变特定事项的客观证明责任，是通过设置特定的犯罪要件来体现的，这在刑法中表现在，需要被告人针对特定事项进行说明或者证明。刑法将被告人不能说明或者不能证明特定事项，也作为特定行为罪质认定的一个事实标准，当特定行为罪质所要求的其他事实标准成就以后，直接根据其他事实标准的成就以及被告人说明或者证明特定事项的不成就，确定被告人特定行为符合犯罪构成要件。

需注意，特定行为罪质所要求的其他事实标准，与被告人不能说明或者不能证明特定的事实标准之间，笔者认为并不一定要存在证据法意义上的推定。换言之，不仅推定能够转移刑事诉讼中的证明责任，刑法通过犯罪构成要件的特别设定，同样能够转移刑事诉讼中的证明责任。推定并不是刑事诉讼中转移证明责任的唯一方式。奸淫幼女犯罪的明知证明即是一例。

学界对我国奸淫幼女犯罪中的明知证明问题，历来存在争议。有学者认为这一犯罪是推定性犯罪，即通过控方证明行为人奸淫行为的成就，推定行为人明知幼女的年龄。对此，有学者不赞成，其根据是《关于构成嫖宿幼女罪主观上是否需要具备明知要件的解释》在 2001 年 6 月 4 日由最高人民检察院颁布（现已失效）。其中"确实不知，……不认为是犯罪"并不是推定，没有转移证明责任的功能，"明知"的要件事实仍应由控方来证明。① 笔者认同上述文章将奸淫幼女犯罪不作为推定性犯罪的观点，但是不赞同该文认为在明知问题上被告人没有证明责任只有辩护权利的观点。正如本文对持有型犯罪的证明责任分析一样，在奸淫幼女犯罪中由控方来证明被告是否明知被害人的年龄，实际上是很困难的。控方能够举出的证据至多就是被害人的实际身份证明，因而以此来认定被告人的明知，仍然具有不问被告人罪过，扩大对该类行为进行刑罚制裁之嫌。这也是许多刑法学者所担心的将奸淫幼女犯罪作为严格责任犯罪过于严苛，主张在该罪中存在推定规范的根本原因所在。实际上，我们可以将"确实不知，……不认为是犯罪"这种"解释性刑法"规定的条文，理解为一种"补充性"的犯罪构成，其功能与刑法文本中规定的被告人的"说明"规范一样，均要求被告人在特定事项上承担证明责任。以这种解释所确立的奸淫幼女罪的证明政策，更加符合国家在奸淫幼女犯罪中的刑事政策选择：保护幼女的身心健康是刑法法益所强调的，但是不能以此来弱化罪刑法定原则所确立的人权保障功能。只将该司法解释中后半部分"确实不知，……不认为是犯罪"作为是对前半部分的"确认和说明"，来解释该司法解释中意欲强调的"明知"问题，理由似乎比较牵强。总之，在奸淫幼女犯罪中的明知证明问题上，笔者认为不存在证据法意义上的推定，但是被告人仍需要对明知问题承担证明责任。

　　最后，犯罪构成要件中被告人对特定事项的客观证明责任，鉴于不同国家刑法语境的差异，在事实层面上具有不同的定罪量刑意义。英美刑法中，罪质的认定需控方证明犯罪本体要件（行为与意图）的存在及被告人合法辩护的不存在。当事人进行主义的诉讼结构、法律问题与事实问题的审判二分，以及法官在特定事项上具有"解释判例"的"造法"功能，使得确定特定行为罪质要求所需的实体法和程序法事实要素具有较为复杂的证明责任分担机制。这不仅表现在法官能够在审前裁定控辩双方在特定事项上的证据提供责任，而且可以通过指示陪审团来明确控辩双方说服责任是否完成，甚至在庭审以后通过对以前判例语义的合理解释，来说服双方当事人认同判决的正当

---

① 龙宗智．推定的界限及适用［J］．法学研究，2008（1）：106-125.

性。因而，即使在普通犯罪的审判中，随着案件诉讼的展开，法官仍然可能裁定被告人在特定事项上具有提供证据的责任甚至说服责任。例如，在杀人罪的指控中，美国的马尼拉案确定了被告对是否"在意外挑衅而激起的激情之下实施的"这一主观事项负有说服责任。我国刑法实务对此似乎难以理解，但在美国刑法语境中是合理的。因为这是确定被告人的杀人行为是否有预谋，从而确定他的刑罚轻重的重要依据。[①] 与英美法官在证明责任分担具有较大自由裁量权，强调诉讼程序由当事人推进，以及个案处理具体灵活不同的是，大陆刑法似乎更为注重从刑法文本来分析特定行为的罪质认定，再加之诉讼中法官在具体个罪中没有"造法"功能，对相关罪行事项具有客观查明义务，因而大陆法在犯罪构成要件中确立的该当性、违法性和有责性三个前后承继的定罪逻辑，主要是在立法层面对法官在具体个罪认定上的类型化要求，对于被告人在具体个罪中是否要针对特定事项承担客观证明责任，法官没有自由裁量权，其意义由于当事人在诉讼程序中的被动以及法官的客观查明义务，也远远没有像英美刑事诉讼中那样成为影响特定罪质认定的一个重要问题。在这个意义上，似乎可以说证明责任所体现出来的法理，是当事人主义的法理。如果在刑事诉讼程序中要强调当事人的主体性，证明责任的分担问题具有较大的讨论必要和讨论空间，只有在当事人主导的诉讼程序中，证明责任分担机制的确定才对一国的刑事政策选择具有重要的意义。

六、关于"客观归罪"的质疑及结论

笔者关于被告人在持有型犯罪中对"明知"和"不法"两个问题应承担客观证明责任的主张，也许突破了"公认"的证明责任分配规则。这一规则受制于刑诉法中确立的无罪推定原则，即对于被告人据以定罪的事实应当由控方承担单方的、完全的证明责任。表面上看，在持有型犯罪中要求被告人承担"明知"和"不法"的证明，似乎仍然存在客观归罪的风险，因而对于被告人这样的刑法立法也许过于严苛和不公正。笔者部分认同这种说法，因为持有行为的"现时性"特点，确实要求法官通过被告人的（持有）"行为"了解并评估他的"心理"状态，而不是通过被告人的特定意思表示，了解和评估"持有"的刑法故意。不过，笔者坚持认为，只要是一国的刑事政策在

---

① 梁根林. 刑事法网：扩张与限缩 [M]. 北京：法律出版社，2005：3.

特定财物问题上趋向严厉一面的选择，为了真正保证这种刑事政策选择目的的实现以及在特定财物问题上的完全犯罪化，那么在持有型犯罪中要求被告人在"明知"或者"不法"问题上承担客观证明责任是不可避免的，而且这也是避免对被告人进行真正的"客观归罪"的最佳选择。

需再次强调，被告人承担客观证明责任是有前提、有条件、有范围的，①这与控方承担完全的、单方的证明责任完全不同。以持有毒品罪而言，要求被告人承担"明知"的证明责任，其前提是在被告人的私人空间搜出了毒品，其条件是控方无法证明被告人对这些毒品具有制造、贩卖、运输的刑法故意，因而只能根据在被告人的私人空间搜出的毒品，断定他对毒品的存在和性质存在概括的故意，这样被告人只需要在"明知"的范围内证明他确实不知道毒品的存在。从一般的情理上讲，在被告人私人空间搜出毒品，而他又不知道这些毒品存在、被别人"栽赃陷害"，这种可能性是很小的，被告人单纯地否认"明知"，显然不可信。但是仅凭于私人空间搜出毒品就对被告人定罪，又过于严厉。因而这个时候有必要给予被告人一个解释的机会，让法官相信他确实被"栽赃陷害"了。这比在"明知"问题上制定严格责任立法要公正一些，也比要求控方为实现刑法目的证明"明知"要容易一些。

客观证明责任是大陆民事证据法中的概念，它表明在特定事项真伪不明时哪方当事人具有败诉的实质风险。它在本章是一种分析工具，即被告人在刑事诉讼中是否会对特定事项承担法定的、实质的、具有风险分配机能的证明责任。刑法上，被告人在特定个罪中针对特定事项要承担客观证明责任，宏观上体现了国家针对特定法益趋于严厉的刑事政策选择和保护，微观上通过明确特定个罪的犯罪构成要件而得以体现，这在持有型犯罪的刑事立法中表现得尤为明显。因而我们可以认为，被告人的客观证明责任，是一种提示国家刑事政策风向的技术性装置。它的有效实施总体上需要当事人主导的诉讼资源配置。

---

① 张斌. 论被告人承担客观证明责任 [J]. 中国刑事法杂志，2007（5）：65-71.

第八章

三论被告人承担客观证明责任
——应用于刑事辩解和刑事推定的知识论阐释

笔者就被告人承担客观证明责任问题，曾经写过《论被告人承担客观证明责任》和《再论被告人承担客观证明责任——以持有型犯罪为例》两篇文章，① 分别阐述了在刑事诉讼领域存在被告人承担客观证明责任的现象以及为什么存在这两个问题。对此可能会有不同的观点，甚至反对的声音。同时，对于笔者以一论、再论的方式，用两篇论文来讨论被告人的证明责任问题，一些学者也有可能不以为意，认为没有必要。对此，笔者想从知识论的角度，从被告人的客观证明责任所强调的纯粹义务性质的证据负担出发，区别被告人在刑事辩解中承担的义务性质部分以及在刑事推定中与此类似的内容，以期进一步加深对被告人刑事证明责任以及相关问题的理解。

一、对刑事辩解的知识论阐释

从知识论的角度，"被告人的客观证明责任"是一分析工具，它由语词"被告人的"和"客观证明责任"两部分构成。"客观证明责任"强调证明责任的本质属性是一种法定风险，"被告人的"强调刑事诉讼中证明责任负担，在无罪推定原则之下，只是少数或者例外情况。笔者坚持认为，只有借助"被告人的客观证明责任"这一分析工具，才能够比较清晰地把握刑事诉讼中的证明责任承担以及分配的问题，也才不至于在理论上做一些无谓的争论。这在怎么认识被告人提供证据进行辩解的问题上有突出的表现。

在刑事诉讼领域，关于被告人提供证据进行辩解的性质，一般认为是其

---

① 张斌. 论被告人承担客观证明责任 [J]. 中国刑事法杂志, 2007（5）：65-71；张斌. 再论被告人承担客观证明责任：以我国刑法规定的持有型犯罪为例 [J]. 四川大学学报（哲学社会科学版），2009（3）：127-135.

行使辩护权利的表现。它在事实认定方面的功能是，让法官对控方提供的证明体系产生"合理怀疑"，以致成为不能达到相应证明标准的"疑罪"。这也是被告人提供证据进行辩解所竭力想达到的目标。如果把刑诉法看作司法权力行使范围和被告人权益保护范围划定的法律界限，把刑诉法看作现代法治理念下突出作为弱势者的被告人正当权益保护的国家承诺，那么上述认为"被告人提供证据是行使辩护权的表现"的观点，无疑具有彰显刑诉法权益保障功能的正面作用，在一般情况下也是正确的；但这是否就意味着被告人提供证据进行辩解，只能来自被告人的辩护权，而没有其他动因或者来源吗？换言之，被告人提供证据进行辩解只具有"纯粹的"权利性质而没有义务性质吗？答案是否定的。在一些持有型犯罪中规定的被告人说明义务，就很难说没有义务的性质。①

对于上述事例，可能会存在下述反诘：被告人在持有型犯罪中规定的说明义务，虽具有义务的性质，但也是被告人辩护权利的表现。换言之，在上述情况下，被告人提供证据进行辩解，既是一种权利，也是一种义务。还有一些学者提出的"证明权"概念，观点与此类似。笔者认为，这是一种似是而非的看法。在法理上，权利与义务的本质区别，从不作为的效果方面看，权利属于个人的自由选择，他的不作为不一定会引起不利的后果；义务属于个人的强制负担，他的不作为一定会引起不利后果。被告人在持有型犯罪中的说明，是指被告人应就财产、物品的"持有"的主观"明知"问题以及合法性问题承担澄清的义务，如果被告人说不清楚，则会被认为被告人主观"明知"或者所持有的财产不合法。在"明知"或者"合法性"问题上，一般情况下，似乎也可以说被告人能够就明知或者合法性问题进行辩护，是在行使辩护权，因为他有选择说或者不说的自由。但是，一旦控方清楚地证明了被告人持有的事实成立，辩方的说明就没有权利的性质了，只会成为一种负担或者义务，他说不清楚就一定会承担不利后果。因而，我国刑事诉讼中存在这样的少数情况或者例外情况：被告人的某些辩解只能来自义务而非权利，或者说，被告人的某些辩解只具有义务的性质，而没有权利的性质。

因此，根据被告人辩解的来源不同，可以说被告人的辩解分为权利型辩

---

① 详细论证参见张斌. 再论被告人承担客观证明责任：以我国刑法规定的持有型犯罪为例 [J]. 四川大学学报（哲学社会科学版），2009（3）：127-135.

解和义务型辩解两类。两者的区别在于：一是权利型辩解具有一般性，在控辩双方所有争点事实上都存在，而义务型辩解具有特殊性，只在少数和例外情况下存在；二是强制性程度或者效果不同，权利型辩解，被告人可行使也可以不行使，被告人不行使不一定会引起不利的法律后果，即没有强制性；但是义务型辩解，被告人一定要行使，因为被告人不行使一定会引起不利的法律后果。

对于笔者的这种分类，还可能存在以下论争：虽然不能否定在少数或者例外情况下被告人辩解的"纯粹"义务性质，但是很难说在一般情况下被告人的辩解具有"纯粹"权利的性质。换言之，一般情况下被告人的辩解或多或少地具有一些义务的性质。例如，在控方完成初步证明而法官对待证事实形成临时心证的情况下，被告人如果不提供证据进行辩解，法官的临时心证很可能就变成永久心证。在这种情况下，被告人的辩解似乎仍具有一定的义务性。这种观点同样似是而非，因为这种情况下被告人的辩解仍具有"纯粹的"权利性质。原因是，控方初步证明完成以后，法官对待证事实是否会形成临时心证，这属于法官个人的自由裁量，被告人在此可以进行选择。选择的方式不外乎两种：一是选择对控方的证明缺陷进行攻击，削弱控方对待证事实的证明力以动摇法官可能形成的临时心证；二是选择通过反证攻击本证，使案件达到真伪不明的状态，形成有利于被告人的疑案。被告人在此所作的选择、选择的方式是自由的，选择的内容也是自由的，因而不具有义务的性质。

在被告人提供证据进行辩解的问题上，有一类情况比较难以说明被告人辩解是属于"纯粹的"权利性质还是"纯粹的"义务性质，即被告人提出所谓的"违法阻却事由"或者"责任阻却事由"的情况。"违法阻却"以"正当防卫"抗辩为代表，"责任阻却"以"精神病"抗辩为代表。这两类辩解的共同特征是被告人就犯罪构成要件事实提出了一个"新"的争点。"新"的争点是否成立，对被告人是否有罪的刑事评价具有重大影响。与上述两类辩解类似的，还有被告人对刑讯逼供的主张，或者杀人案件中有关主观罪过的抗辩，等等。这类情况的复杂性体现在，虽然刑法中的罪刑法定原则和刑诉法中无罪推定原则均要求，有关被告人犯罪构成要件的要素性事实，需要控方提供证据证明到法官对被告人有罪还是无罪没有合理怀疑的程度，达到内心确信。但是辩方对"违法阻却"和"责任阻却"的争点形成具有的义务性程度，在不同的制度语境之下具有不同的法理，需要通过相应的制度加以固化。

其中有两个参考因素最为重要：一是犯罪构成要件说，即英美法系的"二要件说"（犯罪本体要件与责任充足要件），大陆法系的"三要件说"（该当性、违法性和有责性）以及我国的"四要件说"（客观方面、主观方面、客体和主体）；二是诉讼结构理论，即当事人主义的结构和职权主义的结构。英美法系和大陆法系的刑法理论一般认为，在控方完成对"犯罪本体要件"或者"该当性"要件的证明以后，由于"犯罪本体要件"与"责任充足要件"之间，或者"该当性要件"与"违法性""有责性"要件之间的高度关联性，可以概括地认为，控方完成"犯罪本体要件"或者"该当性要件"的证明，同时也就意味着完成了对"责任充足要件"或者"违法性要件""有责性要件"的证明，因而需要被告人就"责任充足要件"（英美法系）或者"违法性要件""有责性要件"的不存在做出相应的说明，只不过两大法系国家不同的诉讼结构对于被告人说明的义务性质具有不同的作用。英美法系当事人主义的诉讼结构强化了被告人说明的义务性质，被告人要提出"责任充足要件"不存在，通常需要采取所谓的"积极抗辩"的方式；大陆法系国家职权主义的诉讼结构，要求法官和检察官对所有犯罪构成要件事实均有客观证明义务，因此被告人就"违法性"和"有责性"问题说明的义务性质被弱化。由此可以认为，在英美法系国家被告人的积极抗辩具有较多的义务性质，而大陆法系国家被告人的辩解具有较多的权利性质。

但是，我国的情况与英美法系国家和大陆法系国家均不同。从刑法理论来讲，如果大致认为我国的犯罪客体要件相当于大陆法系的"违法性要件"，犯罪主体要件相当于大陆法系的"有责性要件"，犯罪的客观方面和主观方面的要件相当于大陆法系的"该当性要件"，那么我国的刑法理论从来都没有如下认识，犯罪的客观方面、犯罪的主观方面两要件与犯罪客体要件或者与犯罪主体要件之间具有高度的关联性。换言之，控方需要对犯罪客观方面、主观方面、客体和主体四大要件均进行独立的证明，不能认为控方完成了对犯罪客观方面和主观方面证明的同时，也完成了对犯罪客体要件和犯罪主体要件的证明。在刑法理论上，由于没有类似于大陆法系"该当性"与"违法性""有责性"之间，或者英美法"犯罪本体要件"与"责任充足要件"之间具有高度关联性的刑法理论支撑，我国控方对犯罪构成要件的证明义务，似乎要比大陆法系或者英美法系更为重一些。再加上我国特有的带有当事人主义色彩的职权主义诉讼结构，强调法官与检察官的客观查证义务，因而，被告人就"违法阻却事由"或者"责任阻却事由"的辩解，很难说清楚是权利还是义务。从我国的刑法理论和诉讼结构来看，似乎更多地具有权利性质，但是被告人毕竟就有罪还是无罪的问题提出了一个"新"的争点，如果他对争点事实说不清楚，法官就不能认定争点事实存在，从这个角度来看，它似乎又具有义务的性质。这是我国学界对"违法阻却事由"和"责任阻却事由"长期存在需不需要被告人承担证明责任争论的根本原因所在。

如果把上述有关被告人提供证据进行辩解的性质问题，放在"被告人的客观证明责任"这一分析工具之下，很容易在理论上说明被告人辩解的权利义务性质以及相关的权利义务性质的程度。可以把"被告人的客观证明责任"看作具有"纯粹义务性质"的被告人的辩解，它强调了在案件特定的争点事实处于真伪不明的情况下，应当做出与被告人有关案件特定的争点事实主张相反的判断。在巨额财产来源不明罪中，被告人不能说明相关财产的合法性，即以非法论处；在非法持有毒品罪中，被告人不能说明主观上不知毒品的存在，就以明知论，是为例证。这与被告人是否具有相应的证据调查能力或者举证能力的问题无关。在被告人的一般性辩解中，则没有如持有型犯罪中被告人说明义务那样的风险分配机制，因而具有权利的性质。针对"违法阻却事由"或者"责任阻却事由"，对于被告人的辩解，根据有没有客观证明责任，可以区分两种情况：一是存在客观证明责任的情况，要求被告人就违法阻却或者责任阻却的事由证明，达到法定的证明标准（如《日本刑事诉讼法》中采用的优势证据标准）。在违法阻却事由或者责任阻却事由真伪不明的情况下，法官只能认为相应的事实不存在，做出不利于被告人的事实判断。二是不存在客观证明责任的情况，被告人就违法阻却事由或者责任阻却事由所提出的辩解，只需要使法官对控方有关行为违法性或者有责性问题产生"合理怀疑"即可，在相应事实真伪不明的情况下，做出有利于被告人的事实判断。以正当防卫辩护为例，如果法律确定被告人就正当防卫事由要承担证明责任，那么根据国外的做法，他需要证明正当防卫事由达到优势证据标准，这样才可以解除被告人的证明负担，从而认定正当防卫成立。但是，在没有规定被告人就正当防卫事由承担证明责任的情况下，需要控方对不存在正当防卫事由承担证明责任。如果此时被告人提出正当防卫的辩护，虽然没有达到优势证据标准，但是可以轻易地为控方的证明体系设定相应的合理疑点，从而削弱控方的证明体系的总体证明力。由此可以看出，要求被告人就"违法阻却"或者"责任阻却"事由承担客观证明责任，实际上强化了被告人的举证负担，使得被告人有关正当防卫或者精神病方面的辩护要达到更高的证明标准。总之，利用"被告人的客观证明责任"这一分析工具，能够准确描述和分析被告人提供证据进行辩解的性质问题。

二、对刑事推定的知识论阐释

"被告人的客观证明责任"这一分析工具，同样适用于对刑事推定的知识论解释。推定的概念具有歧义，尤其是在与假定、推论、推测、推断、推理等术语的关系问题上，学界众说纷纭，难以达成共识。如果再把推定的问题放在刑事领域来看，对于刑事推定应不应当适用以及怎样适用的问题，更是争论激烈。有些学者坚决反对在刑事领域适用推定，有些学者担心推定在刑事领域会滥用，还有些学者主张在刑事领域有条件地适用推定，等等。从学界最近有关刑事推定的论文以及相关学术研讨会上反映出来的观点来看，对刑事推定的研究，目前还处于一个没有达成基本共识、各种观点交错的时期。

笔者认为学界从不同的角度来探讨刑事推定的问题，尤其是一些学者整理出推定与推测、推论、推断、推理或者假定之间的关系，或者是借鉴国外证据法有关推定的理论来说明推定的相关证据法问题，都是有价值的，有利于加深对刑事推定问题的理论认识，有利于对刑事推定法律设定持慎重态度。不过，笔者认为，如果不联系刑事推定适用的法律环境，有关刑事推定学理探讨的意义则不显著。套用分析哲学上的说法，可以认为，刑事推定的语用分析是刑事推定的语义分析的充分必要条件：刑事推定的语义设定应当而且只能从语用分析着手；如果没有关于刑事推定的语用分析，关于刑事推定的语义设定无效。对此论点，笔者从三个方面进行阐释。

首先，关于推定的语义，我们可以根据不同的要求进行合理的设定。笔者在此设想了三种设定推定基本语义的方式。第一种语义方式，如果认为推定是基于基础事实的证成,① 根据事物之间的常态联系对推定事实的确认方法,那么推定实际上是两个事实之间关系的经验型表征,它的运用仍然要符合直言三段论的基本逻辑,在不那么强调推理或者推论是关于两个事实之间关系的逻辑型表征的情况下,可以将推定看作推理或者推论的一种表现形式。因为无论是推理还是推论,都是关于两个事实之间关系的表征,经验型表征要符合最基本的逻辑,才能够运用于对推定事实的确认。在这种情况下,甚至可以把推定看作一种"不完全的间接证明"。② 与此不同的是,如果认为推定不仅仅是两个事物之间关系的经验型表征,而且是一种具有法律强制性的事实认定方法,即在基础事实证成的情况下,应认定推定事实的存在,那么我们可以得到关于推定的第二种语义设定方式。很显然,这种把推定看作一种法律规则的语义设定,不是推理或者推论的基本语义所能包含的,当然有着不同于推理或者推论的特点,因此作为规则的推定与作为思维的推理或者推论就能够很好地区别开来,随之而来的一系列结论也就顺理成章了。例如,基于推定的规则性质,可以不承认事实推定,只存在法律推定,或者如学者所言的,"推定是推论过程的中断"③,在基础事实证成的条件下,既然法律规定需要认定推定事实,当然不需要推论或者推理,因而就中断了。再进一步,如果认为作为法律规则的推定有着不同的强制性,有些允许反驳,有些不允许反驳,那么就可以得到推定的第三种语义设定方式。在这种方式之下,可以把不可反驳的推定称为法律拟制,将可反驳的推定确定为证据法意义上的真正的推定,这样,推定不仅是具有法律强制性的事实认定规则,同时也是具有转移证明责任功能的法律技术装置。推定与假定、推定与推测或者推断之间关系的处理,与上述情况类似,同样决定于我们在不同需求层次上对推定语义的设定。

---

① "基础事实的证成"可以理解为法官主观确信基础事实通过证据的证明而存在,因而严格地讲,不是"基础事实的证成",而是"关于基础事实信念的证成"。借用证成的概念,笔者想说明基础事实的真值,只需要达到法官的主观确信即可,并不见得需要绝对的真。有关证成概念的详细解释,参见哈克.证据与探究:走向认识论的重构 [M].陈波,等译.北京:中国人民大学出版社,2004:1-9.

② 赵钢,刘海峰.试论证据法上的推定 [J].法律科学(西北政法学院学报),1998(1):90-96.

③ 张保生.推定概念、适用条件及价值追求 [M] //龙宗智.刑事证明责任与推定.北京:中国检察出版社,2009:51-52.

其次，证据法意义上的推定只能有一种合理的语义设定，这取决于我们对推定主要证据功能（或称为证据法性质）的定位。笔者上述所设想的三种设定推定语义的方式是层层递进的，它表明随着推定语用环境的精密化，推定的语义应当越来越明确。在证据法的语用环境中，推定的语义，笔者认为只能有一种合理的方式。这种方式的得出，需要对推定的语用环境进行严格的分析，亦即笔者所谓的有关推定的语用分析。它可以被看作利用笔者以前设想的"语义结构—证据功能"语言分析方法在第三个法律概念——推定上运用的表现。①

推定的语用是一个比较难于把握的问题，其复杂性在于，可以设想不同的参数来确定证据法意义上推定的语用环境。设定不同的参数当然可得到不同的推定语用，同时也就得到不同的推定语义。经过思考，笔者认为可能存在三个不同的参数来确定推定的语用环境，即规则参数、性质参数和功能参数。规则参数要求把法律现行规定含有或者可能含有推定的法律规则，作为推定语义设定的适当范围；性质参数要求在准确界定推定的证据法性质基础上，将推定确定在对推定性质准确定位的适当范围之内；功能参数要求只考虑推定的证据法功能，以此确定推定的合理范围。笔者反对规则参数的语用设定方式，但没有完全想清楚性质参数与功能参数设定方式对确定推定合理范围有什么本质区别，限于本章主题，暂且认为两个参数表征的是同一回事。反对规则参数的理由以及基于功能参数设定对推定的语用分析如下。

关于推定的证据功能，两大法系国家的证据法学家均有过较为详细的研讨，英美法系如 Thayor，Morgan，Wigmore，Cross，Graham 和 McCormick 等学者，大陆法系如德国的罗森贝克（Rosenberg）、汉斯·普维庭，日本的高桥宏志等。② 为了准确定位推定的主要证据功能，笔者将上述所有学者研讨的推定的证据功能概括为两种有着一定相斥作用的功能模式，即推定主要作为案件事实认定规范（以下简称认定规范）而存在和主要作为证明责任转换规范

---

① 利用"语义结构—证据功能"的语言分析方法，笔者对视听资料、科学证据的概念进行过较为详细的探讨。有关视听资料概念的分析，参见张斌. 视听资料研究 [M]. 北京：中国人民公安大学出版社，2005：19-40。关于科学证据概念的分析，参见张斌. 论科学证据的概念 [J]. 中国刑事法杂志，2006（6）：48-52；张斌. 论科学证据的三大基本理论问题 [J]. 证据科学，2008（2）：138-146.

② 关于两大法系国家推定功能学说的详细介绍，可以参考赵信会. 民事推定及其适用机制研究 [M]. 北京：法律出版社，2006：44-55.

（以下简称转换规范）而存在。作为认定规范，推定的主要功能在于帮助法官正确地认定案件事实，推定是一种事实认定方法；作为转换规范，推定的主要功能在于改变法律设定的当事人证明责任的承担方式，一旦本方当事人完成对基础事实的证明，那么关于推定事实不存在的证明责任就应当由对方当事人来承担。如果肯定了推定的认定规范功能，那么关于有助于法官心证形成的证明力评价方法，都可以考虑在推定的范围之内。除法律规定的法律推定外，还包括法律没有规定的基于两事实之间的恒常联系的事实推定，其中又可以细分为表见证明、大致推定以及经验法则的适用，等等。这些内容在德国证据法、日本证据法以及我国台湾地区证据法中都有较为详细的探讨，其立足点都是将推定的语用功能设定为认定规范。如果主要肯定推定的转换规范功能，那么只有在需要改变法律设定的当事人证明责任承担方式的情形下，才考虑是否适用推定的问题。换言之，只有在客观证明责任转换的情况下，才来考虑有没有推定适用的问题。

鉴于将推定功能主要定位于"认定"，在我国现行的制度条件下，将会导致法官自由裁量权的无限扩大以及随之可能存在的推定适用的随意性。笔者赞同推定的证据功能应主要定位于"转换"，即在法律规定基础事实得到证成的前提下，应当由对方当事人提出有关推定事实不存在的本证（注意不是反证）。这里所谓的"法律规定"，包括法律已经规定的和应当规定的。需特别说明的是，不能简单地将事实推定认为是一种推论或者推理，如果将推理（推论）、事实推定、法律推定的共同特征都看作两个事实之间关系的表征，那么可以认为事实推定是连接推理与法律推定之间的桥梁，也是最容易被法律从个别经验上升为一般经验的部分，因而事实推定涉及两个事实之间的常态联系有可能被制度固化的那一部分，当然不再是事实推定，而应当转化成法律推定。从这个意义上讲，事实推定的研究具有重要社会政策价值。也正是在同样的意义上，推定的语用不应当考虑规则参数。当然，有关笔者设想的这两种推定语用功能模式之间的区别和联系，以及怎么联系我国现实的制度语境进行较为妥当的处理等问题，限于本章主题，只能留待以后专文探讨。

最后，刑事推定的语用同样应定位于转换刑事证明责任的功能设定上，因此，刑事推定的语义设定只有在被告人承担客观证明责任的前提之下，才是合理的语义设定方式。这也是将"被告人的客观证明责任"作为分析工具，能够对刑事推定问题进行知识论阐释的原因所在。如果认同刑事推定的唯一功能在于改变刑事证明责任的分担方式，甚至可以当作一种较为激进的理论选择，就应当取消刑事推定的概念，它没有存在的必要。因为被告人客观证明责任的概念完全可以涵盖刑事推定，如果被告人客观证明责任的设定是刑事政策价值选择的法律装置，刑事推定同样也是刑事政策价值选择的法律装置，它和被告人的客观证明责任一样，同样需要法律的规定，同样改变的是刑事证明责任的一般承担方式。因此，刑事推定的理论分析价值与被告人客观证明责任的完全一样，这说明运用刑事推定概念所进行的理论分析无用。更激进一些的说法是，运用推定概念所进行的分析不仅无用，而且有害，因为推定是一个二级概念，远远没有被告人客观证明责任概念那么直接，运用刑事推定概念分析所造成的歧义以及理论混乱，远远多于利用这个概念分析所得到的具有"问题意识"的理论研究成果。当然，这里的前提是强调刑事推定规则适用机制应通过证明责任，强调推定的功能定位在于"转换"。

如果失去这个前提，可以有一种较为温和的理论选择，那就是转换对刑事推定问题的研究路径。目前学界对刑事推定的研究路径，大多数是循着由"语义"到"语用"的思路，先说明推定的概念以及主要特征，以此为基础来确定推定与其他类似概念之间的关系，最后再来分析刑事推定的证据法功能和应当具有的规则。虽然每一位学者都可以认为是从推定最一般的语义出发，进行了"客观化"的理论说明，但是在说明推定规则的时候，总会自觉或者不自觉地带有自己附加的设定。这是造成在刑事推定问题上学者们各说各话的主要原因，也是在事实推定是不是真正的推定、在刑事领域需不需要推定规则等问题上意见杂陈的主要原因。实际上，有没有刑事推定只是理论上的识别问题。刑事推定问题的实质：基于刑事政策因素和无罪推定原则的考量，在涉及被告人有罪无罪、罪重罪轻的犯罪构成要件性事实上，如何分配刑事证明责任，以此兼顾国家秩序与人权的价值选择和保障。一个国家的刑事政策确定了被告人对一些犯罪要素性事实的说明义务，在本质上就是一种客观证明责任。承认是推定也好，不承认是推定也罢，这没有任何关系，关键问题是国家的刑事政策需要严密刑事法网，确实在某些犯罪的构成要件事实上对被告人课处了较重的举证负担，如持有型犯罪。这也是笔者主张如果要保留刑事推定的概念，应当循着"语用"到"语义"研究路径的根本原因所在。

还有一些学者反对事实推定的概念，认为事实推定类似于推论或者推理，只有在刑事法律现有规定的基础上才存在刑事推定。如果此种观点的本意在于强调运用刑事推定需要基本刑事法律的规定，应确保刑事推定的设定有一较高的法律层级效力，各地方（如省、市一级）不能自行设定推定规则，以此保证刑事推定规则在司法实务中不被误用或者滥用，则是合理的；但是，如果认为只有现有的刑事法律规范规定的推定才是刑事推定，没有刑事法律明确规定的地方就不存在刑事推定，这种观点值得商榷。应不应当设定刑事推定规范与法律是否设定了相应的刑事推定规范，是两回事。从这个角度看，完全可以在理论上分析，基于持有犯的刑事立法本意以及证明的便利性，认为非法持有毒品罪中有关被告人主观明知的问题，应当存在刑事推定规范，只是法律没有明确规定而已。

三、"被告人的客观证明责任"作为分析工具的适用范围及其局限

进行正确理论分析的前提，在于准确地描述和归纳社会生活中的法律现象。"被告人的客观证明责任"作为分析工具，其功能大致如此：希望将我国刑法分则中规定的、与无罪推定原则倡导的刑事证明责任分配原则相矛盾的、由被告人承担刑事证明责任的情形，作一大致准确的归纳与描述，以此说明刑事证明责任分配原则的最终确定，实际上是刑法规范与刑诉法无罪推定原则双方对话、协商和妥协的结果。刑事证明责任分配问题的复杂性表现在刑事证明责任作为一种提示国家刑事政策风向的技术性装置，有可能在某些个罪的犯罪态势较为严峻的情况下，挣脱无罪推定原则的束缚，转而向被告人进行证据性义务的课处。这种证据性义务的课处，不仅仅影响到被告人的刑事程序性利益，而且对刑事被告人的刑事实体性利益也产生了实质性的影响。在刑事证明责任问题上加上"客观"二字，只不过是强调这种证据法上的课处义务是一种法定风险而已。在刑事证明责任问题上加上"被告人的"四个字，也是强调这种证据法上的课处义务的设定应是少数或例外情况。因而，是否需要在相应的犯罪中附设这样的证据课处义务，应当怎样在相应的犯罪中附设这样的证据课处义务，应是刑事证明责任分配问题关注的重心。

由此可以看出，作为分析工具的"被告人的客观证明责任"，它所关注的范围有三个特点：一是特殊性，只关注不同于无罪推定原则倡导的、由控方承担单方的完全的证明责任的例外情形；二是法定性，只关注应当由基本刑事法律规范——包括刑法规范和刑诉法规范加以确定的情形，以此保证被告

人证明责任设定的权威性和统一性；三是静止性，只关注刑事法律规范上确立的在事实真伪不明的情况下，应当由被告人对争点事实承担不利后果的情况，不涉及本证与反证的相互攻防问题。

此外，还必须注意到以"被告人的客观证明责任"作为分析工具来阐释刑事证据责任分配问题可能具有的局限性。一种理论分析工具，如果要讲求分析深入，应当讲求一个点；要做到分析全面，应当讲求一个面。"被告人的客观证明责任"作为分析工具概莫能外。笔者认为，它的局限性主要表现在三方面。

首先，这一分析工具可能过于强调被告人在具体个罪中所承担的法定义务，强调被告人在具体个罪中应当履行这种法定义务，而没有相应保障措施（如被告人证据调查能力）的说明，以致要求被告人履行相应的证据义务时具有实质性的法律障碍。

其次，与上一点类似的，这一分析工具实质上是当事人主义法理的体现，没有考虑到在我国职权主义模式之下存在的检察官客观义务、法官客观义务，以及我国特有的非庭审中心的、三机关"流水型作业"的刑事诉讼纵向结构，对被告人承担客观证明责任的具体影响。我国特有的刑事诉讼语境有可能强化或者弱化被告人在具体个罪中的证据义务。更为深层次的问题是，职权主义模式与当事人模式之下具有不同的证据调查法理，在被告人履行证据义务时，存在相互排斥以及协调的问题。因此，这一分析工具可能没有像它表面宣称的那样，注重语用的问题，更多考虑的则是语义的交代。

最后，这一分析工具有可能对被告人承担刑事证明责任的情况进行了过于简约的处理，只关注被告人就有罪无罪的事实承担证明责任的情况，但是对于罪重罪轻的情况以及可能影响定罪量刑、公正的程序性事实的证明责任承担问题，没有作相应的理论概括和分析，这样，在解释被告人承担刑事证明责任的刑法根据上有轻率之嫌。这些缺憾，只能留待以后做更进一步的研究。

第九章

论英美刑事证明标准的神学渊源及启示
——以"怀疑"的道德内涵为中心

　　证明标准属于证据法中的基本问题。在刑事证据法中,刑事证明标准更是处于核心地位。这直接体现在,刑事个案中的证明标准成就与否,对控方来说,事涉能否完成控诉、卸除证明责任;对辩方来说,事涉被诉罪行是否成立,自由、财产乃至生命可否被剥夺;对法官来说,事涉刑事判定可否做出及其是否正确。在法理上,刑事证明标准问题的意义更加重大。刑事证明标准设定是否合理,直接影响它在实践中操作的难易程度,这关系到刑法和刑诉法中确定的罪刑法定和无罪推定原则能否真正实现,关系到刑事法律的惩罚与保护这对双重功能能否真正实现,说到底关系到一国刑事法治的目标能否真正实现。

　　在英美刑事审判中,刑事证明标准的意义同样如此。有论者指出,尽管在美国宪法条文中找不出"排除合理怀疑"的字眼,但是无可置疑的法律现象是,"如果没有排除合理怀疑这一刑事证明标准,美国的刑事法律是不可想象的"①。美国联邦最高法院的斯卡利亚大法官在 2004 年所作的一个刑事判例中指出:"'排除合理怀疑'是指导陪审团发现'特定事实'的证据规则,它折射出普通法刑事管辖领域两个长期秉持的信念,一是控方的每一事实必须得到陪审团的一致裁定,二是如果控诉缺乏刑事制裁要求的特定事实(证明标准),那么根据普通法此控诉并不存在,也是不合理的控诉。"②

　　需要指出的是,尽管"排除合理怀疑"在英美刑事审判中具有基础性地位,如同斯卡利亚大法官所说的是具有英美法传统"信念"性质的规则,但是,"排除合理怀疑"含义本身充满着歧义。英美实务长期为如何理解和运用

----

　　① 　In re Winship, 397 U. S. 358 (1970)
　　② 　Blakely v. Washington, 542 U. S. 296 (2004)

"排除合理怀疑"规则而伤透脑筋。在具体案件中，不仅法官难于把握案件事实的"怀疑"范围、难以确定怀疑事实的"合理"标准，而且陪审团成员对于法官发出的相关指示有时也是一头雾水，莫衷一是。美国一些州法院系统为避免错误理解"合理怀疑"所造成的裁判疑难，不主张甚至禁止法官对理解"排除合理怀疑"规则发出任何陪审团指示。美国联邦最高法院早在 19 世纪已经有过如下断言，"（法官）解释'排除合理怀疑'的任何努力，并不会让陪审团成员的头脑更加清醒"①。美国著名证据法学家威格莫尔宣称，"对（排除合理怀疑）这种捉摸不定和不可能确定（最终答案）的思想状态，要做出更加详细的解释，不是明智之举"②。

　　有观点认为，英美刑事审判理论和实践对"排除合理怀疑"规则存在"难以理解、难以把握"问题的根本原因是，我们现在对这个规则中的中心词"怀疑"的语义的把握和运用，存在着方向性的错误。"怀疑"原初的裁判功能不是为了帮助陪审团成员发现案件事实，而是为了保护他们免受上帝的诅咒，减轻他们在有罪判定中的道德压力。换言之，"怀疑"原初的功能指向是神学的、宗教的，不是科学的、事实的。现代英美刑事审判理论和实践为"怀疑"的语义"安插"了太多的事实发现功能，希望"排除合理怀疑"规则在现代英美刑事审判中，能解决比它在 18 至 19 世纪复杂得多的事实判定问题，其实是"强人所难"。③ 这种诉诸神学源头解释"排除合理怀疑"规则在现代英美刑事审判中运用疑难的观点，不同于诉诸西方 17 世纪以来以勒内·笛卡尔（René Descartes）、洛克为代表的理性主义传统，④ 是英美研究"排除合理怀疑"规则的一种思路。本章的任务是在详细介绍"排除合理怀疑"神学渊源的基础上，探究这种解释的意义，以期准确把握"排除合理怀疑"规则的运用疑难问题，服务于我国刑事证明标准的理论与实践。

---

① Miles v. United States, 103 U. S. 304, 312, 261, 26 L. Ed. 481 (1881)

② WIGMORE J H. A Treatise on the System of Evidence in Trials at Common Law [M]. Holmes Beach: Gaunt, 2003: 3542.

③ WHITMAN J Q. In The Origins of Reasonable Doubt: Theological Roots of the Criminal Trial [M]. New Haven: Yale University Press, 2008: 1-8.

④ 这方面的代表作是 SHAPIRO B J. Beyond Reasonable Doubt and Probable Cause: Historical Perspectives on the Anglo-American Law of Evidence [M]. Berkeley: University of California Press, 1991。

一、"怀疑"的神学理解方式及裁判功能

在理性主义者看来，"怀疑"是一种在没有获得"道德确定"性认识之前的理性状态。启蒙思想家洛克在《人类悟性论》一书中，按照人类认识外界事物的可能性程度，将认识分为"道德确定"（moral certainty）、"确信"（confidence）、"相信"（belief）、"推测"（conjecture）、"揣想"（guess）、"怀疑"（doubt）、"犹豫"（wavering）、"不相信"（distrust）、"不可能"（disbelief）九种形式。"最高层级的可能性（道德确定）是所有成员一致同意的状态，它是所有成员运用个人恒常和没有差错的经验知识的结果。例如，在案件中（所有陪审团成员）均根据个体经验确信由所有公正无私的证人所欲证明特定事实真相为真的那种情况，它给予我们的思想一种近似绝对真实可靠如证据欲以表明的那种信念"，这叫作"道德确定"；"接下来的一种可能性是我根据自身特有的经验确信事实的存在，它获得了很多没有理由怀疑其证词真实性的证人的支持，其他人如果处在我的位置上也会同意我的观点"，这叫作"确信"……"当证人证词与一般经验矛盾，相关的报告与日常知识有冲突，或者证据之间有矛盾或者冲突，此时为获得正确的裁判结论需要运用智识精确分析不同的证据表明事实真假的比例，通常的情况是怎样在特定案件中支持还是反对相应的证据。……所有这些（运用智识进行分析后）状态在头脑中就会形成所谓的相信、推测、揣想、怀疑、犹豫、不相信、不可能等几种情况"。① 这是我国熟悉的英美刑事审判中证明标准九等级划分理论的思想来源。此处"怀疑"的理解是在事实发现的层面，它的意义是确定人类认识外界事物的真实性程度。在这里"怀疑"是认识理性的标志。

但是在基督教的教义中，"怀疑"只不过是基督徒的一种"主观焦虑状态"（a subjective state of anxious），是基督徒"鉴于有可能受到自己所作决定的不利影响，他们不知道是否应当做出那种决定"时所具有的焦虑。② 英国17世纪晚期道德神学的领军人物杰里泰勒对这种神学意义上的"怀疑"曾做

---

① 这方面的代表作是 SHAPIRO B J. Beyond Reasonable Doubt and Probable Cause：Historical Perspectives on the Anglo-American Law of Evidence ［M］. Berkeley：University of California Press, 1991：9。

② WHITMAN J Q. In The Origins of Reasonable Doubt：Theological Roots of the Criminal Trial ［M］. New Haven：Yale University Press, 2008：205.

过解释。① 陪审团成员给被告定罪时，定罪的焦点问题并不在于他们"能否通过相关调查推测分析出特定的事实真相"，而是在于能否帮助他们有效地克服那种基于道德压力而产生的"过分拘谨的疑虑"，完成那些令人不快的刑事审判任务。18 世纪的陪审团成员到庭审判案件时都备有助于他们完成审判任务的道德建议，设计这些建议的初衷绝不是用以解决事实不确定性的问题，而是用以安慰、劝诱和刺激那些具有道德焦虑感的陪审团成员。在这里"怀疑"是神学意义上"焦虑"的同义词，是道德责任的标志。

按照这种解释，"怀疑"的裁判功能不是为了帮助陪审团成员确定案件事实的真实程度，而是为了帮助他们摆脱由于定罪判决而带来的道德压力。这意味着"排除合理怀疑"规则确立的最初阶段并不是给刑事案件事实设定较高的证明标准使定罪判决变得更为困难，恰恰相反，是为了使定罪判决变得更为容易。这不难理解按照神学家圣马太（Matthew）著名的神学禁止令"不要裁判除非你被裁判"的教导，如果陪审团成员裁判被告有罪、判决被告死刑无异于谋杀，将把自己置于非常危险的境地：被告亲属的"血亲复仇"和上帝的诅咒有可能随时到来，尤其是当他把无罪当作有罪，那更是一种潜在的致命罪孽。鉴于此，"排除"陪审团成员对于有罪判决的"合理怀疑"，是前现代社会英美刑事审判的一个任务。这显然是为了使定罪判决更为容易。

二、形成神学意义上"怀疑"的条件

"排除合理怀疑"规则中的"怀疑"如果确如学者所言，在原初只具有道德神学而没有认识科学的意义，则需要解释两个条件性问题：一是当时案件的"事实问题"不是主要问题，或者说"事实问题"没有"道德问题"重要；二是法官或者陪审团成员在裁判过程中确实存在道德焦虑，需要采取相应的办法和程序予以化解。

对于第一个前提，学者詹姆斯的解释是，在英美刑事审判早期，普通法的传统是将陪审团成员当作"证人"，② 这是我国熟悉的"十二邻人陪审团"的情况。"从公元 8 世纪起，法兰克国王就曾经传唤邻居调查团，……到了 12

---

① WHITMAN J Q. In The Origins of Reasonable Doubt: Theological Roots of the Criminal Trial [M]. New Haven: Yale University Press, 2008: 205.

② WHITMAN J Q. In The Origins of Reasonable Doubt: Theological Roots of the Criminal Trial [M]. New Haven: Yale University Press, 2008: 205.

世纪，英格兰的亨利二世登上王位以后，通过 1166 年颁布的《克拉伦登法令》授权使用陪审调查团确定某土地是由教会持有的特殊土地还是俗人的保有地"，从此邻人陪审团开始民事案件的审理。到了"1215 年，在（教皇英诺森三世）第四次拉特兰宗教会议宣布废除神明裁判以后，英格兰国王亨利二世才（将陪审的范围）扩展到刑事案件中"。① 这些当作"证人"的邻人陪审团成员熟悉被审判的刑事被告的日常品性或者案件的情况，再加之早期的案件在事实认定方面的问题，由于当时社会发展条件的限制，陪审团成员认定案件事实情况并没有如同现代社会那样的证据障碍，因而在英美普通法出现的 12 世纪，到最终形成"排除合理怀疑"规则的 18 世纪中叶，刑事案件的"事实问题"并不是刑事审判关注的重心。② 刑事审判"只是一种神圣的活动"，在这种活动中，"法庭和陪审团有责任对犯罪事实已相当清楚的被告进行刑事处罚，正如布兰克斯通在他自己生活的 18 世纪所说的，'针对被告的犯罪控诉，最终需得到与被告身份相同的邻居（陪审员）的一致同意'。在这些案件中，邻居审判邻居，被告通常情况下显然有罪，这样陪审团成员受案件事实问题困扰的情况，要比现在少得多"③。

对于第二个前提，需要理解陪审团成员在审判过程中生成道德焦虑的原因。这主要来自陪审团成员对自身在做出定罪判决以后可能处于危险境地的恐惧。法官或者陪审团成员的危险来自多方面：制度的、被告亲属的、神学教义的。从制度上讲，在中世纪的意大利，法官判错案需要承担相应的民事或者刑事责任，英格兰的陪审团在 1670 年以前，均有判错案需承担民事或者

---

① 伯尔曼. 法律与革命：西方法律传统的形成 [M]. 贺卫方，等译. 北京：中国大百科全书出版社，1993：538-545. 这一点在詹姆斯的相关研究中也得到证实，可参见本章第四部分。

② 需要指出，注重按照认识理性解释"怀疑"含义的英美学者，也许并不同意学者詹姆斯"英美刑事审判从 12 世纪到 18 世纪，关注重点是道德问题而不是事实问题"的结论，如学者芭芭拉对"排除合理怀疑"规则历史演变的研究专著(SHAPIRO B J. Beyond Reasonable Doubt and Probable Cause：Historical Perspectives on the Anglo-American Law of Evidence [M]. Berkeley：University of California Press，1991)。本章后面的分析将表明，这种史学意义上的研究分歧，对笔者强调的"排除合理怀疑"规则的道德维度问题，没有实质影响。

③ WHITMAN J Q. In The Origins of Reasonable Doubt：Theological Roots of the Criminal Trial [M]. New Haven：Yale University Press，2008：19.

刑事责任的规定。① 除此以外，在氏族复仇文化的氛围中，中世纪的法官即使对于明显有罪的被告做出定罪判决（通常是绞刑或者剜眼），也会发现自己和这个案件中的证人一样，有可能成为被告亲属血亲复仇的目标。不过，与来自神学教义的恐惧相比，来自制度的"错案追究"和来自氏族复仇的可能危险是相当小的。真正使法官和陪审团成员恐惧的，是他们做出判决所担当的"道德和心灵"方面的责任压力。在 18 世纪以前，法官和陪审团成员做出定罪判决以后，即使没有"错案追究"的制度安排，没有氏族复仇的现实可能，按照基督教的教义，上帝也会代表被告向法官或者陪审团成员复仇。"在前现代社会，任何卷入杀害他人的人，都会让自身处于危险境地，坏的运气、坏的缘分、坏的命运会伴随着他们，复仇之神会处罚他们"②。

在基督教教义中，"血"的概念，对于理解定罪判决中现实存在的"道德和心灵"责任，有着重要的意义。"流血"意味着杀戮和残害。早在公元 8 世纪的法兰克，里昂大主教亚哥巴德（Agobard of Lyons）就有"坏人杀好人随时都可以，但好人杀坏人只能通过战争和审判"的说法，他认为这是上帝带给人类无法理解的神秘现象之一。③ 基督教的前身是犹太教，传统上认为"血"代表着不洁和污染，因而不能接触经期的妇女，也不能接触打仗归来的战士。④ 到了新约时代，"流血"已从那种犹太教认为是物质方面的"不洁和污染"的传统意义，逐渐过渡到了精神层面，意味着潜在的罪孽。一方面，基督徒的"流血"，就像被钉在十字架上的耶稣基督，意味着受难的荣耀；另一方面，犹太教中"血意味着不洁净和污染"的教义，仍然对基督徒具有某种程度的告诫作用，他们最好避免他人的流血。这两个方面导致现代刑事审判比较难以理解的现象，作为被杀者的被告比作为杀人者的法官或者陪审团成员，也许更为荣耀，作为杀人者的法官或者陪审团成员的"罪感"比作为被杀者的被告的，也许更为强烈。就像纳博纳议会在 1054 年所宣称的，"不

---

① WHITMAN J Q. In The Origins of Reasonable Doubt: Theological Roots of the Criminal Trial [M]. New Haven: Yale University Press, 2008: 10.

② WHITMAN J Q. In The Origins of Reasonable Doubt: Theological Roots of the Criminal Trial [M]. New Haven: Yale University Press, 2008: 11.

③ WHITMAN J Q. In The Origins of Reasonable Doubt: Theological Roots of the Criminal Trial [M]. New Haven: Yale University Press, 2008: 28.

④ WHITMAN J Q. In The Origins of Reasonable Doubt: Theological Roots of the Criminal Trial [M]. New Haven: Yale University Press, 2008: 32.

管谁杀死了基督徒，无疑是在流基督的血"①。这样，审判和战争一样，具有潜在的罪孽和道德责任的观念，就逐渐得以形成。"基督教关于审判和战争（流血）的神学历史，实质上可以理解为不洁概念逐渐消失、道德责任概念逐渐兴起的历史"②。到了 12 世纪，裁判杀戮具有潜在罪孽的理论，有了进一步的发展。12 世纪末的神学家伯纳德帕维亚主教（Bernard of Pavia）在总结奥古斯丁神学教义的基础之上，区分四种杀人的方式，即"有四种不同的杀人方式，分别是裁判的情况、必需的情况、事故的情况和自由意愿的情况。通过裁判杀人，我们必须清楚，一个人杀死罪犯的正义性，取决于罪犯是否已经被问罪以及问罪是出于对正义的爱还是出于恶意，如果对罪犯已经问罪，问罪是出于对正义的爱，相关人员可以杀了罪犯。但是，如果罪犯没有被问罪，就被相关人员杀掉，相关人员自己就犯了杀人罪。如果法官出于恶意对罪犯定罪，那么他同样犯了杀人罪，……但是如果他出于对正义的爱，杀掉一个已经定罪的罪犯，他没有罪孽，其他情况下则有罪"③。在这里，裁判杀戮是否具有潜在罪孽，与上两个世纪只问被告身份相比，在语义上有了明显的变化，即法官只要遵守相关法律和程序，不是出于自己的私意，做出的定罪的判决就是正义的，法官本人没有潜在罪孽。按照 18 世纪法国教会法的相关解释，"在案件如果存在'怀疑'，意味着他的救赎处于危险状态，此时他必须采取比较安全的办法……一个处于'怀疑'的法官必须拒绝裁判"④。

三、前现代社会分担或免除"怀疑"的一般方式

如何消除作为基督徒的法官或者陪审团成员对同样是基督徒的被告做出定罪判决以后所产生的潜在罪孽感，让他们确信自己的救赎不会因为他们的定罪判决而有受到上帝"永罚"的危险，根据学者詹姆斯的研究，在"排除合理怀疑规则"出现以前的前现代社会，总体上有四种。

---

① 这句话来自《创世纪》第 9 章第 6 小节的一句名言"凡流人血的，他的血也必被人所流：因为神造人是按照他自己的形象造的"，现代社会对这句话也引申出多重意义。

② WHITMAN J Q. In The Origins of Reasonable Doubt：Theological Roots of the Criminal Trial [M]. New Haven：Yale University Press，2008：33.

③ Bernard of Pavia，Ernst Adolph Theodor Laspeyres. Summa Decretalium [M]. Ratisbonae：Apud G. I. Manz，1860：47.

④ Bernard of Pavia，Ernst Adolph Theodor Laspeyres. Summa Decretalium [M]. Ratisbonae：Apud G. I. Manz，1860：4.

　　第一种方式是"集体参与"，即在战争或者裁判中，所有的人均要参与杀戮与残害的活动，以此确保参与的人都有"杀戮是集体所为而非自己所为"的心灵寄托。"普通法要求陪审团成员对定罪判决的'一致同意'原则，实质上是道德分担原则，没有任何理由可以做出如下结论：对于案件事实的认定，12 个陪审团成员的一致同意会比 12 个陪审团成员中 11 个或者 10 个这种绝大多数同意的情况，更加准确和可靠"，"一致同意原则是让所有陪审团成员分担裁判杀戮所带来的沉重的道德责任，以便让这种道德责任在陪审团成员中弥漫扩散"，"一致同意规则并没有告诉我们确定存疑事实的任何理性和科学的方法"。①

　　第二种方式是"随机抽取"（randomizing），即在杀戮活动中用占卜的方式来确定特定团体中所有成员的生死状态。英国在 1884 年有一个著名的判例，即 Regina v. Dudley and Stephens 案，法官在那个案例中遣责"分食"是一种"不公正的令人难以理解的"谋杀行为。但是正如詹姆斯表述的，这种难以理解的谋杀，其实具有道德安排的理由。"正是抽签的办法让所有参与抽签的人感到，杀死其中一名成员是上天或者命运的安排"②，与参与杀戮的其他成员无干，从而排除了其他所有成员对被害成员之死所存在的道德责任。

　　第三种方式是"责任转移"（responsibility-shifting），即通过强迫其他人承担全部或者部分责任的办法，安慰法官最终的定罪判决并不是他一个人做出的，以此分担他的道德责任。19 世纪以研究刑事法律著称的学者斯蒂芬，对英美陪审团有过这样的解释："对法官而言，很难说保留陪审团形式的审判，会比以其他任何个体组成的小团体形式进行的审判，有更重要的意义。这种形式只是让法官从那种难以忍受的重压和痛苦的裁判中解脱出来，只根据陪审团的最终意见决定被告有罪还是无罪。"他进而认为陪审团成员转移道德责任，除了上述的"集体参与"因素，也因"责任转移"因素的存在，会有部分转移到法官那里。17 世纪的律师和政治家约翰·哈罗斯爵士（Hawles）在他写的那本著名的小册子里，对陪审团"转移道德责任"的功能也有过类

---

① Bernard of Pavia, Ernst Adolph Theodor Laspeyres. Summa Decretalium [M]. Ratisbonae：Apud G. I. Manz, 1860：204.

② Bernard of Pavia, Ernst Adolph Theodor Laspeyres. Summa Decretalium [M]. Ratisbonae：Apud G. I. Manz, 1860：15.

似的描述。① 这种在审判中"责任转移"的情况，在 10 至 12 世纪盛行的"神明裁判"中也能够找到相应的例子。詹姆斯认为，"神明裁判"中，通常情况都是在被告的罪行比较明显的前提下，才运用水审或者火审的方式，"神判"的目的并不是发现事实，而是转移那种法官身上可能具有的"令人憎恶"的道德责任，"让上帝决定去惩罚他吧"。②

第四种方式是"整体否认"（agency denial），即允许法官在做出死刑判决时声明，这个决定不是我做出的，是法律做出的。12 世纪教会法学家格拉提安（Gratian）有一句名言"lex eum occidit, non tu"（"是法律杀了他，而不是你"），英美陪审团也传承了这种思想。这种状况在现代社会的审判活动中，也随处可见。

这四种方式的共同特点是杀死被告后都能找到"不是自己干的"的说辞，从而使参与主体获得一种心理安慰和道德优越感："对于被告的死，我没有道德责任。""集体参与"的要旨是全体参与，全体成员对杀人都有份，参与个体会将杀人的责任推给"集体"；"随机抽取"的要旨是参与这种生死游戏的人机会均等，参与个体将杀人的责任推给"命运"；"责任转移"的要旨是将本可以一个人或者一个机构决定的事情，要分给其他人或者其他机构来做，参与个体将杀人的责任推给"他人"；"整体否认"的要旨在于将杀人的责任推给"法律"。这四种方式在前现代社会的"裁判杀戮"活动中，单独或者以几种方式交织的形式在欧洲大陆和英美地区存在。

四、前现代社会英美刑事陪审制所带来的特定"怀疑"问题

笔者在研读相关资料时发现，在"排除合理怀疑规则"出现的前现代社会，可以把英美刑事法官和陪审团成员分担"怀疑"的情况，视为英美法官的"怀疑"逐渐减少、陪审团成员的"怀疑"逐渐增加的过程。其中，英美陪审制的出现是主要原因。在英美陪审制出现以前，英美普通法着重解决法官存在的怀疑问题，但是英美陪审制出现以后，原来法官所有的"怀疑"问题逐渐过渡到陪审团。因而，笔者认为可以将"排除合理怀疑规则"出现以

---

① Bernard of Pavia, Ernst Adolph Theodor Laspeyres. Summa Decretalium [M]. Ratisbonae: Apud G. I. Manz, 1860: 17.

② Bernard of Pavia, Ernst Adolph Theodor Laspeyres. Summa Decretalium [M]. Ratisbonae: Apud G. I. Manz, 1860: 17.

前的前现代社会，按照"怀疑"在陪审制出现前后的主体承担，初步划分为三个阶段：第一阶段从哈罗德·伯尔曼（Harold J. Berman）所谓的"西方法律传统生成"的 11、12 世纪格列高利七世教皇改革开始到 13 世纪中期英美刑事陪审制正式出现，这段时期初步形成陪审团成员的"怀疑"问题；第二阶段从 13 世纪中期开始到 15 世纪中期都铎王朝取消刑事陪审员的裁判特权之前，这段时期由于刑事陪审团成员具有"特定判决"的裁判特权，他们在刑事案件中所承担的道德压力有限，同时法官具有的宣布"管辖异议"权力，也让他们能够有效避免"裁判杀戮"带来的道德焦虑；第三阶段从 15 世纪中期到 18 世纪下半叶"排除合理怀疑"规则出现以前，这段时期刑事陪审团成员对自身救赎的过分关注，日益成为阻碍刑事陪审顺利进行的障碍，这最终导致"排除合理怀疑"规则的出现。以下部分是关于上述论点的展开。

西方法律制度在 11、12 世纪走向近代化，教会法和世俗法的审判实践也有两条比较清晰的发展线索：在 12 世纪下半叶欧陆和英美均废除了"神明裁判"制度，在欧洲大陆出现了法官纠问制，在英美普通法传统中出现了陪审制。这样，法官"裁判杀戮"所具有的潜在罪孽，在欧陆法官纠问制中，部分"转嫁"到证人头上，在英美法陪审制的体系之下，部分"转嫁"到陪审团成员头上。这个过程，需要回顾英美刑事陪审制度的历史沿革。

耶鲁大学斯特灵讲座教授约翰朗在研究欧陆"刑讯逼供"问题时发现，前现代社会的英美陪审制和欧洲大陆的纠问制一样，虽然都是在批判"神判"制度"非理性"的基础上产生的，但是英美的陪审制仍然保留着一些"令人不可思议的神判特征"。"那些来自乡间的小人物组成的裁判小组，并不关心判决形成的逻辑过程就做出不太理性而又众口一词的结论，这与中世纪那些教会法学家相比，似乎也没有更多的法律创新"①。他指出，在完成征服诺曼盎格鲁社会之初的安茹王朝（1128 年开始），陪审团成员就是从那些事先就知道案件事实情况的"邻人"中遴选出来的，这些"邻人"既做证人也做检举人，因而这种审判方式不会有正式的起诉和正式的判决，开庭前可能已做出起诉和判决的结论。他进而断言，前现代的英美法庭"说比听多，也无正

---

① LANGBEIN J H. Torture and the Law of Proof ：Europe in the Ancien Re Gime ［M］. Chicago：University of Chicago Press，2006：78.

式的证据收集制度，到了 17 世纪，这种陪审中证据很少的现象仍然存在"①。

詹姆斯对于"来自乡间的邻人小组"描述得更为清楚。诺曼征服以后，安茹王朝的国王，尤其是它的第二任国王亨利二世，为了加强中央集权，与教会和封建领主两方面的势力进行长达 21 年的争斗，其焦点是谁对地方封建领土上的民、刑案件具有审判管辖权。尽管亨利二世在涉及教会财产和传教士犯罪等民、刑案件管辖权争斗问题上失败了，但是他有效地打击了地方封建领主的势力，削弱了教皇的世俗管辖权限，成功地将不涉及教会财产和传教士犯罪的民、刑案件管辖权收归中央王权。这种带有强烈的"国家主权宣示意义"的审判管辖权，在最初行使过程中由于中央王权力量在地方十分薄弱，因而不得不与地方封建势力和教会进行某种程度的妥协和折中，这突出表现在，审判案件继续沿用地方的习惯法，以此形成独具英美特色的普通法传统。具体到刑事案件，由于这类案件的发动通常需要控诉人和证人，而控诉人和证人遵从基督教自古有之的"让基督徒流血意味着流基督的血"的教义，为避免自己受到上帝的惩罚，自然不愿意控诉或者作证。对此，亨利二世的解决办法与欧洲大陆法官纠问被告获取案件信息完全不同，他想出一个"聪明"的点子，让那些已经被定罪要处死的罪犯检举揭发他所知道的犯罪案件，以此作为减轻或免除他们原有罪刑的条件。这些人叫作"检举者"，他们组成"邻人小组"，既做检举者也做证人，这就是英国普通法时期最早的刑事陪审团。② 事实证明，这些"检举者"组成的"邻人小组"在刑事审判中很好用，既不用过多改动普通法的相关制度，保留了盎格鲁-撒克逊地区自中世纪就存在的习惯（这当然包括一些"神判"制度的因素），也解决了刑事审判中没有"证人作证"的问题，更重要的是，在地方封建领土上有效地宣示了中央王权的存在。因而这类既做证人又做检举者的"邻人小组"在 12 世纪下半期得以迅速发展，到了 13 世纪中期，"邻人小组"逐渐演变为"裁判小

---

① LANGBEIN J H. Torture and the Law of Proof : Europe in the Ancien Re Gime [M]. Chicago: University of Chicago Press, 2006: 78.

② WHITMAN J Q. In The Origins of Reasonable Doubt: Theological Roots of the Criminal Trial [M]. New Haven: Yale University Press, 2008: 129-134.

组"，出现了典型意义的英美刑事陪审团。①

在这种原初形式的英美刑事陪审团中，法官和陪审团成员具有的道德压力并不一样。正如前文所分析的，12世纪的英美法官，同大陆法官一样，在刑事审判中免受上帝诅咒的最好办法，是按照伯纳德帕维亚主教的教导，在裁判活动中严格遵守法定程序，以此避免被告的"流血"带来的不利影响。法官严格遵守法定程序的标志，是他"没有运用个人知识"。只要他在刑事审判中没有用到个人知识，避免"感情用事"，他就可以宣称他只是法律忠实的执行者。② 刑事陪审团出现以后，法官把定罪的权力当作王权授予的"特殊荣耀"交由陪审团来行使，这样他能够避免"判决的痛苦"，很好地运用前文所谈及的"责任转移"方式，将杀死被告的罪孽"转嫁"到陪审团身上，使自己的救赎不受影响。英美历史学者常常引用16世纪衡平大法官托马斯·莫尔的例子来说明普通法的法官渴望避免"判决的痛苦"。17世纪的圣马太爵士、约翰·霍克斯爵士的相关研究也证实了这一点。③ 但是，13世纪中期的刑事陪审团的情况，与法官的完全不一样。他们在审判中既做证人又做"法官"的身份，决定了他们在定罪判决中不得不利用自己所知晓的情况，即所

---

① 这里需注意，"来自乡间的邻人"组成的"证人和检举者"，只是英美刑事陪审制早期发展的一种形式。英美普通法的陪审团有"民事的陪审团"和"刑事的陪审团"，以及"调查的陪审团"和"审判的陪审团"之分，这几种陪审团在11、12世纪，甚至更早的时期均有不同形式的发展原形。这些最早形式的陪审团，与英格兰在1176年建立的"王室法庭"相互配合，共同完成审判。因而，这些"来自乡间的邻人"从最初的检举功能，发展到同时具有检举功能和"证人"功能，再发展到后来具有裁判功能，成为典型意义的刑事陪审团，审案范围从最初的"血案"发展到后来具有"罚金"（fines）刑的案件，是在与教会法庭的抗争中、在理顺与王室法院的关系中、在与其他形式陪审团的交互影响中，逐步成形的。这是渐进而又缓慢的发展过程，也是一个很复杂的问题。限于本章主题，不能详述这种英美早期各种形式陪审团的发展情况。只需要指出，英美刑事陪审团，无论出自什么形式，在13世纪中期都同样面临着刑事裁判所带来的道德压力。

② 在大陆法刑事审判的早期发展中，法官避免运用"个人知识"判案得到较好的贯彻，因为他们不需要像英美陪审团成员那样，运用个人经验作证。证人的出现，成为法官救赎的替代品。详细演变情况，参见 WHITMAN J Q. In The Origins of Reasonable Doubt：Theological Roots of the Criminal Trial［M］. New Haven：Yale University Press，2008：第四章，法官的救赎与证人的诅咒。

③ WHITMAN J Q. In The Origins of Reasonable Doubt：Theological Roots of the Criminal Trial ［M］. New Haven：Yale University Press，2008：148.

谓的个人知识来定罪,① 即使到了后来的 15 世纪，如同很多英美学者研究表明的那样，在刑事法庭上出现了证人证言,② 但是陪审团成员运用"个人知识"审案，一直到 18 世纪都没有明显的变化。1768 年，布兰克斯通总结说，"陪审团在审判中所用的证据分两种，一种是法庭出示用以证明的，另一种是陪审团成员运用其个人知识获得的"，"如果陪审团成员对案件有任何独立的知识，他们应当在法庭上就他们所知道的提供证词，以便所有在场的人员能够评估"。③ 甚至到了 19 世纪初，英国广受尊敬的基督教圣公会部长托马斯·吉斯伯恩也解释过陪审团成员应当怎样对待庭审证据，包括那些以他们个人知识所获得的。④ 正因为如此，英美刑事陪审团从其成立之始，就被视为杀害被告的凶手，自始至终承受着巨大的道德压力。18 世纪的法学家约翰·霍克斯爵士在《英国人的权利》中说："让那些心存良知的陪审员发抖吧，为他们杀害被告的罪孽。"⑤

但是在刑事陪审团出现的最初两个世纪里，有两个办法可以让刑事陪审团成员避免定罪判决所带来的道德压力。一个办法是利用他们的裁判特权，即所谓做出"特定判决"的权力。"特定判决"与"一般判决"相对，是指只针对案件的特定问题做出判决的权力。刑事案件的"特定裁决"指并不涉及被告人最终定罪的判决，它的范围可能是案件中的一个问题或者几个问题。英美研究刑事陪审团历史演变的领军人物托马斯·格林指出，"在中世纪体制中，分担刑

---

① 需注意，这里的英美刑事陪审团不是像欧陆的法官一样，通过纠问证人或者被告，调查被告是否具备有罪的事实，而是基于他们知晓的情况，直接判定被告有罪无罪。这两者之间的差别非常大。

② SHAPIRO B J. Beyond Reasonable Doubt and Probable Cause：Historical Perspectives on the Anglo-American Law of Evidence ［M］. Berkeley：University of California Press，1991：4.

③ BLACKSTONE W. Commentaries on the Laws of England：vol. 3 ［M］. Chicago：University of Chicago Press，1979：368.

④ BLACKSTONE W. Commentaries on the Laws of England：vol. 3 ［M］. Chicago：University of Chicago Press，1979：368.

⑤ HAWLES S J. The Englishman's Right：A Dialogue Between a Barrister at Law and a Juryman ［M］. New York：Garland，1978：22.

事陪审团裁判道德压力的办法，是允许他们做出特定裁判"①。另外一个办法有点儿像"管辖异议"，即由法官宣布被告应当被作为教会的神职人员对待，案件应交由教会处理，由教会议定处罚措施。但是教会于这种情况下基于"禁止血性惩罚"的规定，不会判处被告死刑或者残刑。实际上此时的被告，并不真正是教会的神职人员，是虚构的。不过通过法官宣布被告是"虚构的神职人员"可以让他避免死刑或者残刑，这种办法叫作"benefit of clergy"（神职人员的特殊待遇）的根本原因就在于此。贝克爵士研究指出："这种办法开始于 1352 年，在 14、15 世纪成为被告脱逃应被处死的常规手段。"② 当然，这两种办法都是针对需要对被告判处死刑或者残刑的刑事案件，除这两种案件以外，英美刑事审判中还存在用"罚金方式"代赎刑事罪责的办法，这也是英美早期刑事陪审团在刑案判决中道德压力不明显的重要原因。

15 至 17 世纪出现的都铎王朝（1485—1603 年），是英格兰专制统治的黄金时期。其第二任君主亨利八世为加强中央王权所进行的改革（史称"都铎革命"），在刑事司法方面的重要表现是取消刑事陪审团的裁判特权，并对刑事陪审团拒绝"一般判决"的情况加以严厉制裁。亨利八世在 1516 年建立了由国王直接控制的为后世千夫所指的"星座法院"。它的一个重要职能是严厉查办那些"不听话"的刑事陪审团成员，有时甚至包括违纪的法官。同时，14 世纪下半叶到 15 世纪开始的文艺复兴浪潮，基于对经院哲学和欧洲天主教会的超越，对都铎王朝刑事审判的重要影响表现在，法官通过宣布"管辖异议"将案件交由教会的处理方式，因星座法院镇压职能的强大而逐渐式微，法官和陪审团成员不敢轻易将案件交由教会处理。由于上述两个因素，到了17 世纪下半期刑事陪审团成员所面临的道德压力空前加剧。尽管在 18 世纪上半叶斯图加特王朝刑事陪审团成员的道德压力由于刑事裁判特权的恢复有一

---

① 这一点与同时期的民事案件处理不太一样，14 世纪初的二三十年代，英美民事陪审团成员仍然只允许做出"一般判决"，不允许做出"特定判决"，这直接导致 1348 年英议会向国王的请愿，但最终没有成功。有关"特定判决"和"一般判决"的研究，可以参见 GREEN T A. Verdict According to Conscience：Perspectives on the English Criminal Trial Jury ［M］. Chicago：University of Chicago Press，1985. 上述论述转引自 WHITMAN J Q. In The Origins of Reasonable Doubt：Theological Roots of the Criminal Trial ［M］. New Haven：Yale University Press，2008：154.

② BAKER J H. An Introduction to English Legal History ［M］. London：Butterworths，2002：587；WHITMAN J Q. In The Origins of Reasonable Doubt：Theological Roots of the Criminal Trial ［M］. New Haven：Yale University Press，2008：156.

定程度的缓解，但是 15 世纪到 17 世纪下半叶，刑事陪审团要面临比中世纪更多的道德压力，是不争的事实。

导致"排除合理怀疑"规则形成的案例发生在 18 世纪后半期的英属殖民地美国，即后来为很多学者称道的"波士顿惨案"，此案中一些士兵被指控犯有谋杀罪，在事实层面是清楚的，没有任何不确定因素。作为这个案件的辩护人亚当斯和罗伯特，在法庭上劝说陪审团在定罪问题上采取沿用了几个世纪的"安全"办法，为避免个人心灵犯错，基于神学传统的"恐惧"，不要对这几个士兵定罪，他援引了当时英格兰和威尔士首席大法官海尔专著《王国辩护史》里的话："如果你们对这几个士兵定罪处死，首席大法官海尔制定的规则就会充满争议，他作为一个律师、一个学者、一个哲学家、一个基督徒，作为英格兰民族一个伟大的人物，教导如下，基于仁慈错误地判无罪比基于正义错误地判决有罪安全，他还说过，即使没有任何显在的事实表明他无罪，但是你对被告的有罪有怀疑，你就不要宣布判决他有罪，在定罪问题上安全的办法就是站在仁慈的一面，在有怀疑的案件中最佳规则是倾向于判决无罪而不是有罪。五个真正有罪的人脱逃制裁总比一个真正无罪的人被冤枉致死好。"另外一个辩护人罗伯特说得更为清楚："充满仁慈的法律也许是不正义的，因而当我们谈到英格兰法律的良知时，没有谁比柯克理解得更为明白的了，总体上我们法律最后一点在理性方面的进步是，不承认任何没有证据支持的事实，也不做出任何留存怀疑的确定性判断……因而当你审查案件以后，认为证据不足以让你超越合理怀疑认为所有被告有罪，或者基于法律的理性或者仁慈认定他们不应当被投入监狱，你们要宣判他们无罪，但是如果情况正好相反，证据足以让你超越合理怀疑确定他们有罪，那么法律的良知在这种正义和无偏私的审判中得到体现。"[1] 英国伦敦的中央刑事法庭在

---

[1] MORANO A. A Reexamination of the Development of the Reasonable Doubt Rule [M]. London: 55 B. U. L. Rev, 1975: 507, 517; WHITMAN J Q. In The Origins of Reasonable Doubt: Theological Roots of the Criminal Trial [M]. New Haven: Yale University Press, 2008: 194. 詹姆斯转述这个案例时认为，这两个辩护律师的意思是要求陪审团成员遵守古已有之的神学道德法则，基于自己内心良知需要"安全港湾"这一神学道德实际，即使犯罪的事实清楚，也要判定被告无罪。因为在整个 18 世纪，和 100 年前一样具有神学道德的"意识形态"。但是对于这段话，不少学者也做出了理性主义的解读，如芭芭拉。对于这个问题，需要考察此案的详细情况是不是像詹姆斯所述，在案件事实方面是清楚的，两个辩护人的辩护初衷是不是只有道德的维度而没有事实的维度。鉴于这个问题并不影响本章要提出的主要论点，限于篇幅不再详述。

18 世纪中后期收录的很多案例，普遍反映了刑事陪审团成员基于道德安全的考虑，在是否给被告人定罪时心理上会产生犹疑的态度。例如，在 1787 年的一个抢劫案中，在法官的眼中案件的事实是"非常清楚的"，即三名被告均有罪，但是陪审团最终还是确定三名被告都无罪。法官认为这些被告是"相当幸运的"，因为陪审团宣告案件事实这么清楚的被告无罪，他不得不遵从判决。① 在另外一个盗窃案中，法官认同陪审团在有"怀疑"时采取安全做法的权利，但是仍然对被告提出谴责。② 甚至还有一些法官非常愿意陪审团具有"只要怀疑就定无罪"的态度。③ 这些案例的要点在于，刑事陪审团成员对自身救赎问题的过分关注，导致他们要采取"安全"的办法，这样"排除合理怀疑"规则，实际上成为抑制他们采取"安全"办法的一种制度机制。

总之，在英美刑事陪审团出现以后，詹姆斯关于"怀疑"裁判功能的论述，可以概括为一种"道德安全论"，即陪审团成员基于自身的道德安全考虑，全盘接受古已有之的基督教裁判杀戮报应的神学教义，在确定被告是否有罪的问题上谨小慎微，这导致大量实质有罪但被判无罪的案件出现。这样"排除"刑事陪审团对于有罪案件的道德"怀疑"，确保他们能够对明显有罪的被告定罪，是"排除合理怀疑"规则出现的最初宗旨。

五、评述及对我国刑事证明标准理论的意义

伯尔曼认为，"假如不去探讨西方法律传统的宗教方面的话，要理解这一传统的革命性质是不可能的"，这是因为，"西方法律体系的基本制度、概念和价值都渊源于 11 和 12 世纪的宗教仪式、圣礼以及相关学说，反映着对于死亡、罪、惩罚、宽恕和拯救的新的态度，以及关于神与人、信仰与理性之间关系的新设想。在经历了若干世纪以后，这类宗教态度和设想已经发生了根本性的变化。今天，它们的神学渊源似乎已经走向枯竭。但是从它们中衍生出来的法制制度、概念以及价值却仍然得以保存，并且大体上没有变化"。他进而断言，"西方法律科学是一种世俗的神学，它之所以经常被认为没有意

---

① The Proceedings of the Old Bailey. Ref：T17870523—99. 参见 WHITMAN J Q. In The Origins of Reasonable Doubt：Theological Roots of the Criminal Trial［M］. New Haven：Yale University Press，2008：196.

② The Proceedings of the Old Bailey. Ref：T17890603—43.

③ The Proceedings of the Old Bailey. Ref：T17840915—10.

义，是因为它的神学前提已不再被人们接受"。① 它表明了从道德神学方面研究英美刑事诉讼证明标准的重要意义。笔者认为，这种意义主要表现在以下三方面。

首先，有关"怀疑"的"道德安全论"有助于我们理解英美刑事陪审的一些制度安排。在刑事证据法上，英美刑事陪审制度有三个奇特之处。一是用得少，大量刑事案件都是通过辩护交易结案，真正通过陪审团这样正式的庭审方式进行证据调查的案件并不太多。二是庭审过程中的"消极被动"，要求陪审团成员被动地听取两个职业法律人所讲的"故事"，此前不需要做任何准备，此中也不需要进行任何发问，此后更不需要在判词中给出任何理由。三是评议阶段中的"秘密讨论"和"一致同意"。笔者认为，有关"怀疑"的"道德安全论"，有助于我们进一步理解评议阶段的"秘密讨论"和"一致同意"这样的程序安排。既然英美刑事审判不需要给出任何判决理由就可以直接宣布被告人有罪还是无罪，那么秘密讨论当然要比公开讨论对于陪审员具有更多的道德安全感。可以设想，在"秘密评议"阶段，对有罪无罪的问题肯定会存在不同意见，② 这种赞成或者反对的声音会随着讨论的逐渐展开，或者加强或者减弱，反对者会成为少数派。在反对者理由不是那么充分或者基于共同完成陪审的现时考虑，反对者最终会听从或者屈从多数人的意见。这样无论对赞成一方还是反对一方而言，秘密评议都会让他们感到这是一种"集体参与"方式，任一成员既不可能比其他成员享有更多的道德优越，也不可能比其他成员具有更多的道德挫败，因而可以想见，一致结论会在绝大多数情况下做出。事实上，美国现在对于所有死刑案件均要求 12 人陪审团的一致结论，有 45 个州要求一般刑事案件在 6 人以上的陪审团审判的判决中无异议。③ 关于"一致同意"，前文所述及在 17、18 世纪主要是一道德分担原则。而在 12 世纪，"一致同意"是指巡回法官在裁断案件中需要找到 12 个邻人的宣誓证言以表明此案具有一定"公众知晓度"，如果遇到双方的说法有

---

① 伯尔曼. 法律与革命：西方法律传统的形成［M］. 贺卫方，等译. 北京：中国大百科全书出版社，1993：200-201.

② 其原因有二，一是案件信息不充分，一些证据根据达马斯卡所谓的外部排除规则被法律排除，根据内部排除规则被法官排除；二是双方竭尽所能通过反询问挖掘对方证据的瑕疵和缺陷。

③ 戴尔卡门. 美国刑事诉讼：法律与实践［M］. 张鸿巍，等译. 武汉：武汉大学出版社，2006：503.

冲突，双方都需要找到 12 个邻人来进行宣誓。①

其次，有关"怀疑"的"道德安全论"有助于我们理解"排除合理怀疑"证明标准在实践操作方面的疑难问题。在理性认知层面，由证据认识案件事实这种认知过程的主要特征，是立基于不完全信息量之上的确定性判断。这种判断由于事实真相已经过去，不可能具有一种"绝对真实"的参照标准，因而在最终判断中多少带有一些不确定的成分。证明标准的认知意义就在于，它告诉我们在最终判断中可以容忍多少这样的不确定性。尽管理论上可以很清楚地说明，高于证明标准的认知判断，可以视同为确定性判断，其中一些不确定的认知成分可以忽略不计；但是在实践把握上是非常困难的，尤其是在与日常的经验判断或者逻辑判断相反的情况下，追求不同于日常经验或者看似矛盾的确定性认识，不仅需要很大的实践勇气，甚至要忍受来自社会不同层面的批评和质疑。如果"排除合理怀疑"诚如詹姆斯研究结论所言，在确定之初只不过是诱哄那些对案件定罪问题犹疑而欲采取"道德安全"办法定案的陪审团成员的一种定罪工具，那么后来英美刑事证据法欲以通过"排除合理怀疑"标准来获得对案件的确定性判断，走过的是一条"道德神学—认知科学"的艰辛探索之路。试想，在认知层面上，"怀疑"是一种主观状态，"合理怀疑"是一种主观状态，"排除合理怀疑"也是一种主观状态。在一个人相同的主观认知背景之下，如刑事陪审团成员，他怎么可能在"怀疑"中确定哪些是"合理的"，哪些是"不合理的"，他怎么可能知道他对"怀疑"中合理成分或者不合理成分的确定，哪些是正确的，哪些又是错误的。日常我们都会看到这样的认知现象。② 在不同的国家，由于不同的法律语境，可能会存在不同的证据制度安排，但是由证据回溯认识案件事实的认知规律是共同的。在这个意义上，我国的刑事证明标准怎样看待"排除合理怀疑"的固有疑难问题，怎样形成具有我国语境特色的实质操作标准，还需要进行更多的思考和研究。

最后，有关"怀疑"的"道德安全论"提示了证据探知过程中道德维度

---

① WHITMAN J Q. In The Origins of Reasonable Doubt：Theological Roots of the Criminal Trial [M]. New Haven：Yale University Press，2008：143.

② 例如，老师给学生上课，学生对于某个问题或者某种事实的认知，表现出恍然大悟，表明他清楚了事情的原委，而实际上他可能什么也不清楚。他清楚的可能只是理解了那个问题的逻辑结构或者听懂了老师所讲的"故事"，实际上是不是那么回事，还需查证。

的重要性。詹姆斯反复强调，在"排除合理怀疑"规则出现以前的几个世纪中，案件的事实问题并不是刑事庭审关注的重点，其原因在于案件事实在庭审前是很清楚、很明显的，因而道德问题才是刑事审判关注的焦点问题。值得追问的是，英美是否在13世纪中期出现刑事陪审团以后，在事实发现方面就不存在疑难问题，就只有一种道德神学的发展路径而没有理性主义的发展路径，这取决于当时的一系列思想、政治和法律条件的社会安排，在英美各个发展阶段其实并不相同。因而，肯定"怀疑"的"道德安全"功能，并不一定要否定"怀疑"的"事实发现"功能，否则就没有后来启蒙思想家洛克对"怀疑"所作的理性主义分析，英美现在也就不会以纯粹"盖然性"的事实发现问题去界定"怀疑"的语义了。不过，从"怀疑"的"道德安全论"却可以得出这样的结论，在刑事证明标准问题的研究中，即使裁判者现在没有如同过去那样的道德安全问题，裁判者的道德在案件的证据调查过程中也具有非常重大的意义。套用我们论证程序法价值经常用到的话语，裁判道德与事实调查的关系，如同程序法与实体法的关系一样，既具有工具价值又具有独立价值。它的工具价值体现在，既是事实调查的最终目的和最高要求，也是指导事实调查不偏离正确方向的有效手段。它的独立价值体现在，既是法律权威的保证，又是法律正义的表现。实际上，只要我们想一想在英美刑事证明标准中，除人力根本达不到的"绝对真实"外，我们所能做到的也就是"道德确定"。这种将证明标准的最高层次与道德联系在一起的观点，似乎很难理解，但这在一个有信仰的时代或者国度，是自然而然、理所应当的事。可以这样讲，"道德确定"的实质就是"信仰确定"。在有信仰的时代或国度，它体现为道德恐惧，也许就像前现代社会英美刑事陪审团所遭遇的那样；在"无神论"国家，它体现为道德勇气，也许就像有些刑事审判实践应当做的那样。

在死刑案件中，强调"排除合理怀疑"道德维度的意义尤其重大。在我国有一种观点认为，死刑案件的证明标准应当比"排除合理怀疑"标准更高，应当是"排除其他可能性"。这种观点成立的前提是，在刑事诉讼证明标准体系中，存在着比"排除合理怀疑"更高的证明标准。如果按照英美九层次证明标准的理论，将"排除合理怀疑"标准的目标视为"道德确定"，那么这种观点认为在"道德确定"之上还有一个标准，即"绝对真实"或称作"客观真实"。暂且不论这种"绝对真实"或者"客观真实"的状态，是否能够通过制度或者程序的安排达到，单就本章要强调的"排除合理怀疑"道德维度而言，主张在死刑案件中采用比"排除合理怀疑"更高的"排除其他可能性"的标准，也有轻看裁判道德在事实发现和证据调查中的功能之嫌。难道依靠"理性人"的良知和真诚，"道德确定"被告的罪行，在认知方面还有弹性的空间和不彻底的地方吗？答案显然是否定的，因为这已经是一种竭尽所有良知和理性的理想状态。很难想象还有比这种状态更理性、更审慎、更热忱的事实发现状态了。① 主张死刑案件中的"排他性"标准，除了宣布我们对死刑案件的处理更慎重这种形式上的意义，可能牺牲的是"排除合理怀疑"在事实发现和道德确定方面的应有功能。此外，还需要进一步思考"怀疑"的道德安全论在理性维度上的工具价值，进一步思考"怀疑"的道德安全论在道德维度上的独立价值，综合分析这两者之间的关系，权衡这两者之间的利弊。因为，应当谨记的也许是，刑事证据调查不仅仅是事实的，同时还是道德的。

---

① 关于刑事证明标准的理性维度问题，参见笔者的另一篇研究论文《论英美刑事证明标准的理性基础——以"盖然性"思想演变为中心》。

第十章

英美刑事证明标准的理性基础

——以"盖然性"思想解读为中心

在第九章《论英美刑事证明标准的神学渊源及启示——以"怀疑"的道德内涵为中心》中，① 笔者介绍了英美学者从神学（道德）维度上研究"排除合理怀疑"证明标准的主要观点，将它归纳为怀疑的"道德安全论"，整理出这种观点对我国刑事证明标准理论和实践的重要意义。限于篇幅，笔者并没有论及英美刑事证明标准的理性维度问题。笔者认为，即使如同怀疑的"道德安全论"所言，在英美"排除合理怀疑"规则出现之前的几个世纪乃至出现以后的一段时间中，案件的事实是"显见的"，是很容易"发现"的，但是不可否认，与这一特定历史时期不同的是，当代"排除合理怀疑"规则要解决的主要问题，还是集中在案件事实发现的理性维度之上。换言之，即使承认怀疑的"道德安全论"具有史学意义上的充分根据，也仍然存在"怀疑"的道德蕴涵的理性含义的生成和转化问题，这是"排除合理怀疑"规则在现代英美世界得以存在的主要根据。对现代刑事证明标准的理论研究而言，了解排除合理怀疑的理性蕴涵也许更为重要，因为它是理解"排除合理怀疑"实质意义的基础。

按照分析的观点，英美国家所谈到的"排除合理怀疑"，在性质上属于法官对陪审团成员发出的能否定罪的一种指示方式。这种方式一般用"如果根据证据对起诉事实存在合理怀疑，则确定被告无罪；如果根据证据对起诉事实没有合理怀疑，则确定被告有罪"这样的术语来表达。在这里，需要注意区分"指示"和"指示方式"这两个概念。"指示"是一种行为，在英美国家出现"刑事陪审团"以后，法官对刑事陪审团的指示就存在，而"指示方

---

① 张斌. 论英美刑事证明标准的神学渊源及启示：以"怀疑"的道德蕴涵为中心 [J]. 清华法学，2009, 3 (5)：94-106.

式"是一种行为的表现形式。这种区分的意义在于,尽管都存在法官针对刑事陪审团发出的定罪指示,但是在各个不同的时期,存在着不同的指示表达方式,明确将"排除合理怀疑"作为一个具体的规则,即作为指示刑事陪审团成员判断被告有罪无罪的事实标准,在英美国家是 1789 年"波士顿惨案"发生以后的事情。在此前的 17、18 世纪,法官发出的指示表达方式五花八门,如"如果你根据良知确定""如果你相信""如果你确信"等。即使在"排除合理怀疑"规则出现以后,根据英美学者的研究,不同的英美国家于不同的时期,其表达的方式也有一些差别,如美国在 19、20 世纪以前,很多州习惯将"排除合理怀疑"和"道德确定"(moral certainty)合用,但是在同时期的英国和澳大利亚,只有"排除合理怀疑"的表达方式,并不会出现"道德确定"这样的字眼。① 鉴于"排除合理怀疑"难于定义和解释,英国近几年有不赞成使用这个术语的趋势,认为"排除合理怀疑"指示属于法官自由裁量的范围,是法官"通常而非必要"的指示方式。英国司法委员会发布的"指导范本"建议法官:"仅当证据确定(sure)被告有罪时应指示刑事陪审团定罪,除此以外,没有其他什么需要告诉陪审团的。"② "根据良知确定""相信""确信""排除合理怀疑""道德确定"等术语,在理性维度上实际都是对事物认知真实程度的肯定表达,都意味着现有证据欲以表明的案件事实在过去有"很大的可能"存在。这种表达方式的形成及其具体含义,与英美哲学中"盖然性"(probability)③ 问题的提出和解决有关,因而需要考察"盖然性"问题的由来、"盖然性"思想的生成,这样才能完整、准确地理解作为规则和认定标准的"排除合理怀疑"的实质内容、作用条件、指导意义和操作疑难。

一、英美哲学传统中的盖然性问题及缘起

在英美哲学传统中,"盖然性"这一概念与"确定性"(certainty)相对,

---

① SHAPIRO B. Beyond Reasonable Doubt and Probable Cause. Historical Perspectives on the Anglo-American Law of Evidence [M]. Berkeley: University of California Press, 1991: 275.

② HIRST M. Andrews & Hirst on Criminal Evidence [M]. Londn: Jordcms, 2001: 85.

③ Probability 在汉语中有"可能性""盖然性""概然性""概率""较大的可能性"等翻译的方法。本章采我国学者龙宗智在《论我国刑事诉讼中的证明标准——兼论诉讼证明中的盖然性问题》(《法学研究》1996 年第 6 期)一文中的译法,即"盖然性"。

意味着认知未获得确定性知识之前的中间状态。以研究前现代英格兰普通刑事法律制度著称的、美国加州大学伯克利分校修辞学院芭芭拉·夏皮罗（Barbara Shapiro）教授认为，17 世纪英格兰的神学家和自然史学家已经能够很清楚地区分"知识"（knowledge）、"科学"（science）与"盖然性"这两者之间的差异。在这里，"知识""科学"都意味着一种"确定"的认知状态，因而"知识"与"科学"实际上是"确定性"的代名词。"17 世纪的知识有三种类型，每一种包含着不同的确定性，即物理知识，它来源于现时的自我（观察和）感觉的材料，数学知识，它建立在如几何论证那样的逻辑演绎论证基础之上，道德知识，立基于对证言和第二手感性材料的（判断）"①。英国学者詹姆斯·弗兰克林教授更进一步认为，在 17 世纪法国数理学家布莱士·帕斯卡尔（Blaise Pascal）和皮埃尔·德·费尔马（Pierre de Fermat）出现以前，"盖然性"只不过是一种中间认知状态，在 1654 年帕斯卡尔和费尔马发明概率论以后，"盖然性"才成为一种知识，即数学中的概率论。这样"盖然性"可以分成两种，一种是"随机的（或称事实的、或称偶然的）盖然性"（factual or stochastic or aleatory），如撒骰子猜点数或者向上抛硬币猜正反面；另一种是"认知的（或称作逻辑的）盖然性"（logical orepistemic），其主要特征是根据相关信息来判断事实存在的真伪状况。② 前者属于数学概率论中的问题，是确定性知识；后者才是认知意义上的"盖然性"，显然，证据法关注的"盖然性"是这种认知意义的盖然性。

明确"认知的盖然性"（以下简称"盖然性"）是获得确定性知识的中间状态，有两个意义。首先，既然盖然性是确定性的认知中间状态，那么盖然性就意味着认知意义上的不确定性，易言之，盖然性并不属于知识的范畴；其次，盖然性虽不属于知识的范畴，但它毕竟与确定性挂上了钩，它的指向是确定性，因而盖然性有可能通过某种方法改造为确定性，易言之，盖然性有成为确定性知识的可能。在 17 世纪的英美世界，根据芭芭拉的研究和归纳，将"盖然性"改造为"确定性"的一般方法是"道德确定"（moral certainty）。在刑事审判中它意味着"案件事实清楚达到如下程度，尽管没有纯

① SHAPIRO B. Beyond Reasonable Doubt and Probable Cause：Historical Perspectives on the Anglo-American Law of Evidence［M］. Berkeley：University of California Press，1991：9.

② FRANKLIN J. The Science of Conjecture，Evidence and Probability before Pascal［M］. Baltimore：Johns Hopkins University Press，2002.

粹的必要认为案件事实一定如此，但是它们不可能是另外一种状态，每一个不带有偏见的裁判者都会认同这个结论。这样，道德确定就成为毋庸置疑（亦即后文要谈到的没有合理怀疑）的标志"①。通过道德确定的"盖然性"是"确定性"，因而芭芭拉才会将"道德知识"与"数学知识"和"物理知识"并列，认为它们都是确定性知识。

为什么英美哲学认为盖然性问题经过道德确定就能够变成一种确定性知识？要弄清其中的缘由，需要探讨盖然性问题的由来。

近现代包括英美在内的整个西方世界表现最明显、论争最激烈、影响最深远、时间最持久的盖然性问题，是一个神学问题，即上帝是否存在。对于有神论者，这是不言而喻、根本不值得一谈的问题。有神论者只消看看周围"最细微的事物""大自然的创作"就会毫不迟疑地认定"一切存在都不是什么别的，而只不过是他们所崇敬的上帝的创作罢了"②。但是对无神论者，要想通过这样一种引用大自然的方式来证明上帝的存在，从而对上帝产生信仰和虔敬，如同帕斯卡尔所观察到的那样，是非常困难的。"对于那些缺乏信仰与神恩的人……要向这些人说，他们只消看看自己周围最细微的事物，于是就可以公然窥见上帝，并且还向他们提出月球和行星的运行作为这个重大题目（上帝存在）的全部证明，并且自命以这样一种论证就完成了他那证明——那就只不外是提供了一个理由使他们相信我们宗教的证据竟是那样的脆弱罢了。我根据理智和经验可以看出，没有别的东西更适宜于使他们产生这种蔑视的了"③。这是因为，无神论者缺乏有神论者的信仰理念，或者按照洛克的说法，缺乏一种"对信仰坚定的同意"，因而往往将有神论者这种"引用大自然"来证明上帝存在的方式，斥为荒谬的和非理性的。西格蒙德·弗洛伊德（Sigmund Freud）就认为基督教是"群众性的神经官能症"。基督教神学中有门专门的学科叫护教学，用以解释圣经中所提事实的真伪。有意思的是，新西兰神学家乔治·根神父于 1987 年出版的护教学专著就叫作《排除合理怀疑》。④ 可以说，无神论与有神论关于上帝是否存在的论战，从基督教

① SHAPIRO B. Beyond Reasonable Doubt and Probable Cause: Historical Perspectives on the Anglo-American Law of Evidence [M]. Berkeley: University of California Press, 1991: 8.
② 帕斯卡尔. 思想录 [M]. 何兆武，译. 上海：上海世纪出版集团，2007：108-109.
③ 帕斯卡尔. 思想录 [M]. 何兆武，译. 上海：上海世纪出版集团，2007：108-109.
④ DUGGAN G S M. Beyond Reasonable Doubt [M]. London: St. Paul & Media Press, 1987.

产生那一刻开始，就从来没有停止过。

无神论者对"上帝存在"这种怀疑的态度，在17世纪以降的启蒙运动中达到极致。16世纪，人们运用科学已经发明了火药与罗盘针，到了17世纪，伽利略、笛卡尔、牛顿相继提出了足够近代经典物理学发展成系统科学的基本概念和原理，如惯性定律、力的平行四边形定律、万有引力定律等，这不仅催生出一种科学的世界观和方法论，而且"蒙昧主义神学家的狂怒还使得（这些）科学家在世人眼中成了代表新智慧的英勇战士，天主教的正统开始成为阻挡物质进步的一道障碍"①。尽管伽利略、笛卡尔和牛顿都自认为是虔诚的基督徒，但是他们的自然主义世界观以及理性怀疑精神，截然不同于传统基督教神学那种"虔敬"的思考问题方式，他们不再像传统基督教思想家所说的那样，把"我相信，为了能够理解"这种通过信仰寻求理解的方式，视为当然的公理。这些口号在他们那里都被"我只相信我所认识的"以及"先有知识、后有信仰"所取代。② 他们均强调，人类可以通过科学观察和推理来追求确定性知识，自然规律有迹可循和稳定不变，这些知识并不是上帝的安排和有意推动。

这样，在上帝是否存在这个最大的盖然性问题上，托马斯·阿奎（Thomas Aquinas）那早在13世纪建立起来的"古典自然神学"里所提出的包括引用大自然在内的五大论证，在启蒙运动中受到了前所未有的挑战。③ 其结果是出现了罗杰·奥尔森（Roger Oison）所谓的以"自然神论"为主的一种"新教神学"。这种形式的神学，不仅仅在神学领域中响应了阿明尼乌主义者倡导的改变过去基督教的"神恩独作说"为"福音派神人合作说"这种在新教改革运动中所坚持的主要思想潮流，更为重要的是，他们正视当时的科学发现，从而有别于17世纪英国出现的清教徒和循道会那种"正统的"福音派基督

---

① 罗素.人类的知识［M］.张金言，译.北京：商务印书馆，2003：19.

② 奥尔森.基督教神学思想史［M］.吴瑞诚，徐成德，译.北京：北京大学出版社，2003：565.

③ 普兰丁格勾画了古典自然神学家的主要论证方式，"自然神学家所想做的是证明有神论的中心要义可通过一些自明的或尽人皆知的事实演绎或归纳出来，诸如存在运动的物体之类。他要以这种方式表明，宗教信仰的根基，尤其是上帝的存在和灵魂的不朽，可以得到合理的辩护"。其中最为著名的是理查德·泰勒的有神论论证，威廉·佩利的设计论证，还有牛津哲学家理查德·斯温伯恩的概率论处理方式。参见克拉克.重返理性：对启蒙运动证据主义的批判以及为理性与信仰上帝的辩护［美］.唐安，译.北京：北京大学出版社，2004.

教。在论证"上帝存在"的命题上，"自然神论"很少或者回避古典自然神学中的三位一体学说，企望用一种"自然理性"来代替神的理性，用"神位一体"来代替"三位一体"。这成为当代北美地区自由派新教神学的重要思想来源。

"自然神论"思想在启蒙理性和科学思想的启发下，主张"除非基督教可以根据启蒙运动使用的思想方法证明它是完全合理的，否则基督教最终会变成可有可无"。"自然神论者"对于所有的问题，包括基督教神学中的"上帝存在"这类命题，"都强调理性权威……希望以此来克服宗派之中、迷信以及不合理的霸道权威，以便把基督教带入和平、启蒙和宽容的现在时代"①。"自然神论"所需要的"是超越宗教和教派界线，不需要超理性的信心或圣灵的内证，来说服和使人信服真理之非奥秘性、合理性和普世的基督教"。尽管站在神学立场上，正如神学家奥尔森尖锐指出的，"自然神论"最终得到的是，"几乎把所有基督教特色完全抹杀的有神论宗教。这宗教看起来，很像阿奎那神学示意图中的低阶神学，就是一套在恩典、信心和特别启示之外，光靠理性就能认知的，与神、灵魂和道德有关的观念"②，是一种"神缺位"的神学理论，但是"自然神论者"所宣示的"自然理性"方法，对盖然性问题的解答具有积极的启发意义，其中的佼佼者以洛克为代表。

二、洛克的宗教哲学和经验理性思想

在英美哲学传统中，哲学家洛克是一里程碑式的人物。对大多数学者而言，比较熟悉的是洛克的专著《政府论》和《人类理解论》。前者构成美国"独立宣言"的思想基础，后者开创了哲学的经验学派。但是洛克研究问题的主要兴趣既不在政治哲学方面，也不在经验主义哲学方面，而是在宗教哲学方面。他和笛卡尔、牛顿一样都是虔诚的基督徒。

奥尔森将洛克视为"自然神论"继谢伯赫阁下之后的第二位先驱人物，其原因是他在基督教神学方面的重要成果。洛克最重要的神学论文是《基督教的合理性》（1695 年）（*The Reasonableness of Christianity*）、《神迹论》（*A*

---

① 奥尔森. 基督教神学思想史 [M]. 吴瑞诚，徐成德，译. 北京：北京大学出版社，2003：561.

② 奥尔森. 基督教神学思想史 [M]. 吴瑞诚，徐成德，译. 北京：北京大学出版社，2003：571.

Discourse of Miracles）以及《宽容论——第三书》（*A Third Letter Concerning Toleration*）。① 实际上在《人类理解论》（1689 年）中，洛克对"上帝存在"已经有初步的解释，但是真正完成对"上帝存在"命题的证明是在这三篇宗教论文中。洛克对"上帝存在"的证明是他在《人类理解论》中所阐述的经验哲学思想的基本运用。他的证明思想分为以下三步。

第一步，洛克区分了"合"理性（according to reason）、"超"理性（above reason）和"反"理性（contrary to reason）三种命题。"合"理性的命题是指"我们可以凭考察自己的感觉观念和反省观念来发现它们的真理，并且可以借自然的演绎（natural deduction）知道它们是正确的或可靠的"；"超"理性的命题是指"我们并不能凭理性由那些原则推知它们的真理或者盖然性"；"反"理性的命题是指"与我们那些清晰而明白的观念相冲突相矛盾的"的命题。"因而一个上帝的存在是合理性的，两个上帝的存在是反理性的，死者的复活是超理性的"②。

在这里需要特别注意洛克所说的"合理性"。在洛克那里，合理性的命题是一种"真理"，是一种"正确的或可靠的"判断，是一个可以和"确定性知识"画等号的概念。它们的获得，按照洛克的说法，不外乎是"感觉和反省的结果"。③ 感觉是指"我们的感官在熟悉了特殊的物象以后，能按照那些物象刺激感官的各种方式，把各种事物的清晰知觉传达于人心"，④ 简单地说就是"感官的感知"。反省是指"我们在运用理解以考察它所获得的那些观念时，我们还知觉到自己有各种心理活动，……如知觉（perception）、思想（thinking）、怀疑（doubt）、相信（believing）、推论（reasoning）、认识（knowing）、意欲

---

① 中文翻译的洛克神学著作只有《论宗教宽容——致友人的一封信》，吴云贵译，商务印书馆 2000 年版，此为洛克写的《宽容论》第一本书，主要内容是阐述他对"异教徒"的看法，后文将看到，这和他坚持的"自然理性"神学思想是一致的。斯坦福大学将表达洛克宗教哲学思想的那三篇神学论文放在一起，以 *The Reasonableness of Christianity with A Discourse of Miracles and PART of A Third Letter Concerning Toleration* 的书名在 1978 年出版，由 I. T. Ramsey 校编。

② 洛克. 人类理解论：下册［M］. 关文运，译. 北京：商务印书馆，1983：第四卷第十七章第 23 段. 本章采用英美学者对洛克著作通常的标注办法。

③ 洛克. 人类理解论：下册［M］. 关文运，译. 北京：商务印书馆，1983：第二卷第一章第 1 段.

④ 洛克. 人类理解论：下册［M］. 关文运，译. 北京：商务印书馆，1983：第二卷第一章第 3 段.

（willing）"①，简单地说就是对"感觉观念的再次心理加工"。人们所形成的所有观念，包括简单观念和复杂观念，都是通过感觉和反省这两种方法来获得的。② 知识问题就是观念问题，"是人心对两个观念的契合或矛盾所生的一切知觉"③，观念的"同一""共存""关系"和"实在"构成了所有知识的来源。④ 确定性的知识有三种：第一种是自我"现时"感觉到的，这种情况可简称为"现时的知"，具有"本人"经验现时传达的可靠性；第二种是自我"曾经"感觉到而现在需要感觉到时，可以通过回忆和反省的方法而确信的，我们可简称为"过去证明的知"，具有"本人"过去经验传达的可靠性；第三种我只清楚曾经感觉到过，但是是怎么感觉到的我不记得了，换言之，我只记得"曾经感觉到"的结果，已经想不起"曾经感觉到"的过程，但是在这种情况下仍然可以确信，我们可以简称为"过去无证明的知"，它仍然具有本人过去经验传达的可靠性，但是本人只是想不起来经验传达的方法而已。⑤ 这里须特别注意，在"知识"的层面，"现时的知"出错的可能性最小，而"过去无证明的知"出错的可能性最大，但是这种出错的可能性还没有达到"怀疑"的地步。换言之，在这三种情况下人们的认知态度都有个人确定经验的支持。按照洛克的逻辑，可以看出，"反理性"的概念也能使人们产生确定性的知识。如果说"合理性"的结果是"坚定的信"（坚信），那么"反理性"的结果应当是"坚定的不信"。

第二步，对于"上帝是否存在"这类问题的解答，洛克认为，只能用"启示"（revelation）的办法。通过这种办法得到的观念称为"信仰"（faith）。"信仰仅仅是人心底一种坚定的同意"。"信仰是根据说教者的信用，而对任何命题所给予的同意，这里的命题不是由理性演绎出来的，而是特殊的传达方

---

① 洛克. 人类理解论：下册［M］. 关文运，译. 北京：商务印书馆，1983：第二卷第一章第 4 段.
② 这是洛克在《人类理解论》第二卷反复说明的问题，尤其是对于复杂观念形成过程的分析，其目标是想对复杂观念中的经验内容和非经验内容做出严格的区分。
③ 洛克. 人类理解论：下册［M］. 关文运，译. 北京：商务印书馆，1983：第四卷第一章第 1、2 段. 这也是我们把洛克的经验论称作观念论的主要原因。
④ 洛克. 人类理解论：下册［M］. 关文运，译. 北京：商务印书馆，1983：第四卷第一章第 7 段.
⑤ 洛克. 人类理解论：下册［M］. 关文运，译. 北京：商务印书馆，1983：第四卷第一章第 7-9 段、第二章第 3 段.

式由上帝来的，这种向人暴露真理的途径，就叫作启示"①。我们需要记住，在洛克那里，启示是使人们产生确定性知识的第二种办法。"凡由我们的自由理性观念所能发现的那些真理，启示亦可以发现出来，传达出来，因而上帝亦可以借启示向我们发现出几何中任何命题的真理来，正如人们应用其自然的官能自己来发现了那些真理似的"②。启示分两种，一种是原始的，另一种是传来的。原始的启示是指直接从上帝那儿获得的信仰，传来的启示是指从"上帝的信徒或者后来的教父"那里获得的信仰。这两种办法，都很像东方佛教中所说的"悟"或者"直觉"。由于信众本人"坚定的同意"，而发现了"上帝的灵""充满自己"的种种迹象，洛克把这种迹象叫作"外在迹象"（outwards signs），③ 这就像信佛的人能看见佛光一样，即平常所说的"信则灵，不信则不灵"。这对于无神论者，颇有神秘主义的色彩，此其一。其二，这两种启示，原始的比传来的可靠，"我们如果由思维自己的观念而发现了各种真理，则那些真理一定比传说的启示而来的真理较为确定一些。因为我们知道这些启示原始是由上帝来的"④。而传说的启示，按照洛克的说法，只是信众向受众讲述自己得到信仰的经过，是想以这种办法让受众也能产生对"上帝存在"的"坚定同意"，从而也能得到"被上帝充灵的种种外在迹象"，但是洛克强调了这种启示并不能给受众"传来任何新的简单观念"。在这里洛克的意思是，信众甲讲出的（信仰）经验，只会让甲产生坚定的同意，受众乙听了甲的经验以后，即便他相信甲的说法，他也可能经历其他的事情，只有这些事情让乙坚信"上帝的存在"，甲经历的事情和乙经历的事情并不一

---

① 洛克. 人类理解论：下册 [M]. 关文运，译. 北京：商务印书馆，1983：第四卷第十七章第24段.

② 洛克. 人类理解论：下册 [M]. 关文运，译. 北京：商务印书馆，1983：第四卷第十八章第4段.

③ LOCKE J. The Reasonableness of Christianity, with, "A Discourse of Miracles" and Part of "A Third Letter Concerning Toleration" [M]. Palo Alto：Stanford University Press，1958：10.

④ LOCKE J. The Reasonableness of Christianity, with, "A Discourse of Miracles" and Part of "A Third Letter Concerning Toleration" [M]. Palo Alto：Stanford University Press，1958：10. 洛克的举例是"诺亚方舟"。"不过我想任何人都不会说，自己对洪水所有的知识，一如亲见洪水的诺亚Noah所有的知识那样确定而明白，一如自己当场目击时所应有的知识那样确定而明白，因为他虽然相信，这段历史是见于摩西受了灵感后所写的书中的，可是这种信念并不能大于他的感官的信念，因为他如果亲眼见到摩西写了这本书，则他的信仰会更大一些"。

样，甲的经验不是受众乙产生坚定同意的原因。因而我们才会理解洛克所说的，"没有一个受了上帝灵感的人可以借启示向别人传来他们所不曾感觉和反省得到的任何新的简单观念，因为不论从上帝那里接受了什么印象，而他总不能用文字或其他标记把那些印象传达给他人"①。

第三步，按照洛克的逻辑，受众要最终相信"上帝存在"，很显然需要解决一个矛盾性的问题：既然由启示而获得"上帝存在"的信念，如同有神论者所说的那样具有确定性，很显然无神论者不可能理解这种来源，在他们那里只有理性，那么在向受众传道的过程中，如何向他们解释"信仰"的观念也是理性的？无神论者只有同意这种信仰的观念是理性的，他们才有可能经由"原始的启示"来获得福音。换言之，我怎么能够知道我所获得的上帝信仰不是出于一种宗教的狂热？对于这个问题，洛克提出两个消极的判断标准和一个有些积极的判断标准。第一个消极标准是，"没有一种宗教会否认合理性的事实，例如通过感觉或者反省经验到的各种事实"②，第二个消极标准是"也没有一种宗教会声称明显是反理性的事实存在，例如没有一种宗教会让我们相信黑就是白，或者方形就是圆形"③。换言之，如果有人在传道过程中向我们讲述了"反理性"的事实，那他肯定是在误传。第三个有一些积极的标准，就是前面所提到的"外在迹象"。在洛克"宗教的合理性"和"神迹论"论文中，他详细地论证了圣经中有关耶稣出生地的一些事实，他认为这些事实是一个理性的人应当相信的。第二点，洛克反复强调，"理性与信仰不是互相反对的……信仰与理性不论怎样相反，信仰仍只是人心底一种坚定的同意。而坚定的同意，如果调节得当，又只有依据良好的理由才能赋予任何事物（这正是我们的义务），因此它是不能和理性相反的"④。换言之，信仰在"调节"（be regulated）的条件下，可以视为一种宽泛意义的理性。

对于上述论证，我们可以套用洛克本人所提出的"合理性""超理性"

① LOCKE J. The Reasonableness of Christianity, with, "A Discourse of Miracles" and Part of "A Third Letter Concerning Toleration" [M]. Palo Alto: Stanford University Press, 1958: 10.

② LOCKE J. The Reasonableness of Christianity, with, "A Discourse of Miracles" and Part of "A Third Letter Concerning Toleration" [M]. Palo Alto: Stanford University Press, 1958: 10.

③ LOCKE J. The Reasonableness of Christianity, with, "A Discourse of Miracles" and Part of "A Third Letter Concerning Toleration" [M]. Palo Alto: Stanford University Press, 1958: 10.

④ LOCKE J. The Reasonableness of Christianity, with, "A Discourse of Miracles" and Part of "A Third Letter Concerning Toleration" [M]. Palo Alto: Stanford University Press, 1958: 10.

"反理性"三个概念，归纳如下：洛克是想用"理性"的办法来解决基督教信仰这个无神论者看来是"超理性"的问题，其目标是清除其中的"反理性"因素，其结果是得到"合理性"的"信仰"。对洛克的这种神学贡献，"温和"的神学家认为，"使理性主义的狮子，与基督教传统主义的羔羊和平共处，而且不会把后者吃掉"；但是大多数神学家比较"中肯"的意见是，"这头理性主义的狮子，叫基督教传统主义的羔羊，安安静静地躺下来"。这是因为，洛克把基督教完全当作知识信念问题，他所宣称的基督教只不过是有些现代虔敬主义者的"脑部运动"。① 因而洛克的"护教"，是克拉克意义上的"证据主义护教"，② 这种"过度的理性"观念很容易在根本上危及"上帝"观念的存在。

对于我们这样的无神论者，更感兴趣的内容是洛克在论证"上帝"存在的过程中所确立的一套经验理性思想。

第一，洛克所讲的盖然性，是指对于我们自身未曾经历过的事情，在利用理性方法进行分析时所出现的各种"同意""意见"和"怀疑"的主观态度。"盖然性与确定性、信仰与知识的差异就在于：在知识的每一部分，都有一种直觉，而且每一中介观念，每一确定步骤都有其明显的、确定的联系，在信仰方面，便不如此，使我信仰的，乃是与我能信仰的事情无关的另一种东西"③，因而盖然性是指"我们未知事物为真的情况下就擅拟其为真的——就是'多半为真'的意思。这个名词的含义本身就指示出，对于这样一个命题，是有一些论证或证明，使人相信其为真的。人心如果采纳了这类命题，那就叫作信仰、同意或意见"④。"在盖然性方面既然没有直觉的明白性，确然使理解有所决定，并且产生出确定知识来"⑤。

第二，洛克所讲的"最高层级的盖然性"，前文已述及，在认知方面只有

① 奥尔森. 基督教神学思想史 [M]. 吴瑞诚，徐成德，译. 北京：北京大学出版社，2003：569.
② 奥尔森. 基督教神学思想史 [M]. 吴瑞诚，徐成德，译. 北京：北京大学出版社，2003：569.
③ 洛克. 人类理解论：下册 [M]. 关文运，译. 北京：商务印书馆，1983：第四卷第十六章第3段.
④ 洛克. 人类理解论：下册 [M]. 关文运，译. 北京：商务印书馆，1983：第四卷第十六章第3段.
⑤ 洛克. 人类理解论：下册 [M]. 关文运，译. 北京：商务印书馆，1983：第四卷第十六章第5段.

"现时的知""过去有证明的知"和"过去无证明的知"三种，其共同特征是含有认知者本人确定经验内容的主观信念。在"相信"的状态上，它们都应当属于洛克所谓的"坚定的同意"，我们用"坚信"来表示这三种情况。常理上，我们为什么会"坚信"，那是因为我们每个人都有这样的亲身经历，对此怀有一种确定不移的信念。因而洛克会讲，"最高层级的盖然性，是所有成员一致同意的状态，它是所有成员运用个人恒常和没有差错的经验知识的结果。例如，在案件中（所有陪审团成员）均根据个体经验确信由所有公正无私的证人所欲证明特定事实真相为真的那种情况，它给予我们的思想一种近似绝对真实可靠如证据欲以表明的那种信念"①。在这里，我们也明白了为什么"最高层级的盖然性"，可以叫作"道德确定"。所谓"道德确定"，就是洛克所讲的通过启示的方法所获得的那种"信仰确定"，这是正统神学家所谓的"理性主义狮子让传统主义羔羊安安静静躺下来"的那种被理性解构的"信仰"所确定的"知"，这中间当然不会存在任何"反理性"的成分。

第三，在"坚信"下面的两个层次，是"确信"和"相信"，它们的共同特征是，并不含有认知者本人的确定经验内容，但是含有他人的确定经验内容，认知者本人根据自身的经验在对他人的观念进行判断时，没有发现任何"反理性"的因素，因而本人对他人所述持一种"不得不同意"的状态。按照洛克的说法，"我如果根据自身的经验，和别人的报告相符合，知道一件事情大部分是如此的"，这种情况叫作"无疑义的证据和经验"，除此以外，还有"公平的证据，和与人类利益无关的事情"。② 对于他人所述的经历（证据），洛克反复告诫具有出错的可能性，因而"第一要考察数目多少，第二要考察忠实与否，第三要考察证人的技巧，第四要考察作者的原意，如果我们引证书中的证据，第五要考察所说的各部分各情节是否一致，第六要考察相反的证据"。因而"确信"和"相信"，虽然没有"坚信"那种"本人直觉的明白性"，但是本人可以借助理性的办法，来反复思考别人的陈述中有无"反理性"的因素或者矛盾之处。另外，从"相信"和"确信"的区别来看，"确信"可以视为对于别人所述证据一种"恒久的同意"，一种"不得不同

---

① 洛克. 人类理解论：下册 [M]. 关文运，译. 北京：商务印书馆，1983：第四卷第十六章第6段.

② 洛克. 人类理解论：下册 [M]. 关文运，译. 北京：商务印书馆，1983：第四卷第十六章第7段.

意"的状态，而"相信"是一种"暂时的同意"，一种后来可能会产生疑问的同意。

第四，如果把"坚信""确信""相信"这样的观念状态，看作洛克意义上"合理性"问题的话，那么对于"反理性"的问题，同样可以用他所说的这套办法来分析，因为两者都会产生"确定性"的观念。如果说"信"有"坚信""确信"和"相信"三级，"不信"同样有"根本不可能"（坚决不信）、"真的不可能"（确实不信）、"不可能"（不相信）三级。不过洛克本人并没有过多地论证"反理性"问题。按照洛克有关经验理性的论证，按照他对"坚信""确信"观念的描述性分析，我们完全可以演绎出什么叫作"坚决不信"——"与所有人的恒常和没有差错的经验知识相悖的"，"确实不信"——"与个人恒常的经验和没有差错的经验知识相悖的"，"不相信"——"与个人经验相悖的"。

第五，至于中间三种"怀疑"的状态，是"（本人）经验与（他人）证据"发生冲突的情况。"在（'坚信''确信'）的范围内，一切事体都是很容易决定的，在这些根据上所建立起来的盖然性是很明显的。因此，它自然就决定了判决，使我们很少有自由的空间来信或不信，正如解证不允许我们自由地来知道或不知道似的。但是各种证据如果和普通经验冲突，而且有历史和证见的报告，又和自然的普通程序冲突，或者它们自相矛盾起来，则我们便发生困难了。在这里，我们要想形成适当的判断，要想使我们的同意符合于事物的各种明显性和盖然性，则我们必须勤恳、注意、精确才行"①。洛克没有分析"怀疑"的情况，只是概括将有"怀疑"的状态用"相信"（belief）、"推测"（conjecture）、"揣想"（guess）、"怀疑"（doubt）、"犹豫"（wavering）、"不相信"（distrust）、"不可能"（disbelief）这样的词来表示。笔者并不赞同这样的分析，如果按照洛克的逻辑，"相信""不相信"（distrust）、"不可能"（disbelief）这些状态，都会产生接近于确定性的"盖然性"，在这六种状态下，"怀疑"只是有可能发生，但还没有发生。真正发生"怀疑"的情况，是洛克所说的"推测"（conjecture）、"揣想"（guess）、"怀疑"（doubt）、"犹豫"（wavering）。实际上我们也完全可以按照洛克的论证逻

---

① 洛克. 人类理解论：下册［M］. 关文运，译. 北京：商务印书馆，1983：第四卷第十六章第9段.

辑，描述出"怀疑"的三种状态。在当代英美刑事搜查中，有"probable cause"和"suspicion"这样的分级，前者是搜查的证据标准，后者是"特里拍身"（stop and frisk）的证据标准，起诉的证据标准则比搜查和"特里拍身"要高一些。这些可以视作"怀疑"标准的实例。

总之，洛克在"上帝存在"的证明过程中，对盖然性问题的分析确立了一种分级思想，为人类存在的盖然性观念提供了一个知识性的谱系。笔者将这种谱系按照洛克自己提出的合理性、反理性和超理性的概念，分为三层，第一层是"相信"的三个级别，第二是"不信"的三个级别，第三是"怀疑"的三个级别，这是洛克的"盖然性"分级思想的全部内容。洛克的这种盖然性分级思想，正如芭芭拉教授所观察到的那样，已经成为能够为英美刑事审判实践所用的一种确定性知识。①

三、英美近现代刑事审判中的盖然性问题及排除合理怀疑标准的确立

英美近代刑事审判中的盖然性问题，主要表现为陪审团成员利用他们的"个人知识"判断证人陈述案件事实的真实性。在现代英美刑事审判中，这是陪审团成员审理职责所要求的一项"证据义务"（evidentiary duty）——从盖然性的证据事实中做出确定的有罪或者无罪的事实结论。但是陪审团成员的这项证据义务，在英美前现代社会中并不存在。要理解它真正的确立原因，需要考察英美刑事陪审团的演变情况。

关于英美刑事陪审制的历史演变，可以借用洛克经验哲学中一些概念，根据陪审团成员利用"个人知识"的类型来探讨刑事审判中的"盖然性"问题。根据洛克的理论，"个人知识"按照个人是否有所经历，可以分为"个人经历"的个人知识和"个人没有经历"的，但是可以通过理性方法验证的个人知识，前者是洛克谈过的"第一种确定性知识"，后者是"第二种和第三种确定性知识"。

陪审团"个人经历"的情况，即英美学者常说的"邻居陪审团"（juries self-informing）。② 尽管有学者认为即使在英美早期"邻里陪审团"的时代，

---

① SHAPIRO B. Beyond Reasonable Doubt and Probable Cause：Historical Perspectives on the Anglo-American Law of Evidence［M］. Berkeley：University of California Press, 1991：10.

② HOSTETTLER J. The Criminal Jury Old and New, Jury Power from Early Times to the Present Day［M］. London, Oxford：Waterside Press, 2004：24.

陪审团成员对于案件信息的了解也不是达到完全的地步，换言之，仍然需要对一些"情况证据"和证人的陈述做出判断，① 但是大多数学者比较有根据的看法是，在 15 世纪以前的民事审判和刑事审判中，"邻居陪审团"在审判中的职责更多的是"宣布"（assertive）被告有罪无罪而不是根据证据"判断"被告有罪无罪，② 英美早期刑事审判中的"宣布"，完全不同于英美现代刑事审判中的"判断"。这是由"邻居陪审团"的属性决定的。"邻居陪审团"的组成人员，一般为被害人的亲属或者知晓被告犯罪情况的邻居，他们在案件中相当于证人，有足够的"个人知识"来对被告定罪，但是其结果是否正确，并不太清楚。正如一位学者总结的那种比较夸张的批评意见，"那些怀有成见的陪审团成员，依靠谣言和传闻证据，愚蠢而无知，在不需要担负任何个人责任的情况下，就秘密而又轻率地做出非理性和不公正的判断"③。不管这种批评意见是否正确，可以确定的是，陪审团成员完全可以用"个人经历"的个人知识判案，因而这个时候的刑事审判并不存在"盖然性"问题。

到 15 世纪中后期，刑事审判中逐渐出现了需要陪审团成员判断证人证言的情况。④ 此时"邻居陪审团"的个人知识，尤其是他个人经历或者知晓的信息，已不足以让他们做出确定的判断，因而他们寻找其他的信息来源，包括"被告对被害人指控和法官询问的反应、审查被告否认罪行的可信度和他们的品格、被害人的陈述、被害人近邻的相关看法、王室传召的证人等等"⑤，到了 1523 年，托马斯·摩尔（Thomas More）认为没有人能够在法庭之外的其他地方向陪审团成员提交证据，这意味着陪审团成员尽管还是要求

① POWELL E. Jury Trial at Gaol Delievery in the Late Middle Ages: The Midland Circuit [M]. London: Sweet Maxwell, 1988: 1400-1429. 转引自 HOSTETTLER J. The Criminal Jury Old and New: Jury Power from Early Times to the Present Day [M]. London, Oxford: Waterside Press, 2004: 24.

② SHAPIRO B. Beyond Reasonable Doubt and Probable Cause: Historical Perspectives on the Anglo-American Law of Evidence [M]. Berkeley: University of California Press, 1991: 4.

③ WELLS C L. Early Opposition to the Petty Jury in Criminal Cases [M]. London: Sweet Maxwell, 转引自 HOSTETTLER J. The Criminal Jury Old and New, Jury Power from Early Times to the Present Day [M]. London, Oxford: Waterside Press, 2004: 24。

④ SHAPIRO B. Beyond Reasonable Doubt and Probable Cause: Historical Perspectives on the Anglo-American Law of Evidence [M]. Berkeley: University of California Press, 1991: 4.

⑤ SHAPIRO B. Beyond Reasonable Doubt and Probable Cause: Historical Perspectives on the Anglo-American Law of Evidence [M]. Berkeley: University of California Press, 1991: 5.

邻居身份，但他们需要在法庭上听审更多的证据。① 到了1563年，英格兰法律规定证人必须出庭以及作伪证的刑事责任，这导致证人出庭数量激增，证人证言判断成为陪审团成员的日常任务。

随着证人出庭数量的大幅增加，邻居陪审团对于案件事实的"个人经验"与出庭证人的"个人经验"之间的矛盾越来越明显，这在两个方面带来趋势性变化。一是从陪审团来看，对于陪审团成员"邻居身份"——必须知悉案件事实的资格要求大大降低，这样，英美刑事审判结构中隐含着由"邻居陪审团"向"非邻居陪审团"的变革驱动力。二是从陪审团对证人证言的资格审查和判断来看，明确要求区分证人的资格与证人证言的可信性这两个概念，日益成为英美陪审团的重要任务。尽管到现在为止，英美学者对于陪审团成员身份变化以及证人证言判断之间，是否存在相互影响以及存在什么样的影响，有着各种不同的解释，但是可以确定的是，到了17世纪中后期，证人资格与证人可信性两个概念之间已经存在着重大区别。

这从当时英格兰最为著名的法官、普通法专家马修·黑尔（Matthew Hale）爵士的相关研究中可以体现出来。马修·黑尔认为陪审团审判的优势主要体现在它对证人可信性问题的正确判断上，"陪审团审判是发现和甄别案件真相的最好手段，其中最关键的原因就是陪审团成员可以评价证人的可信性，可以权衡证言的证明力量（the Force）和效力（the Efficacy）"②，他认为"如果陪审团成员有正当的理由不相信证人宣誓所作证言，根据证据或者证人证言情况，他们不一定要给出判决结论。尽管一个证人可能被其他多数证人所反对，陪审团成员有时也可以给这名证人以更多的可信性评价。这是陪审团利用证人方法进行审判的极好方面之一。……尽管他们应当非常重视证人和证言，但是并不一定必须按照证人所述情况来判，可以依靠合理的情

---

① TEEVEN K M. Seventeenth—Century Evidentiary Concerns and the Statute of Frauds［J］. Adelaide Law Review, 1983, 9（2）: 225; SHAPIRO B. Beyond Reasonable Doubt and Probable Cause: Historical Perspectives on the Anglo American Law of Evidence［M］. Berkeley: University of California Press, 1991: 6.

② MATTHEW H. History and Analysis of the Common Law of England（London 1820）［M］. Law and Reference Press, 2000: 346-347. 转引自 SHAPIRO B. Beyond Reasonable Doubt and Probable Cause: Historical Perspectives on the Anglo-American Law of Evidence［M］. Berkeley: University of California Press, 1991: 7. 证言的"the Force"相当于英美证据法中的"重要性"概念，证言的"the Efficacy"相当于英美证据法中的"证明性"概念。

形，包括证人可信性的污点，做出与证人证言内容相反的判决；只要有合理的理由来怀疑事实的真相，他们可以依靠单一证人证言的内容来做出判决，这在大陆法中是不允许的"①。这种情况，与判断圣经记载的那些证人陈述真实性问题如出一辙。②

对此芭芭拉认为，马修·黑尔的说法不仅表明 17 世纪末证人的法律概念（concept of legal）和证人的可信性概念（credibility）这两者之间有重大的区别，而且更为重要的是，他指出陪审团成员对证据和证人证言的判断必须达到"他们没有正当理由怀疑"的那种"可信"程度，这里已经隐含了证明标准的问题。虽然马修·黑尔没有用"排除合理怀疑"或者"道德确定"这样的字眼，但是他所表述的意思显然与证明标准的内容一致。③

在英美刑事审判中，如果说 17 世纪末"证人可信性"概念提示了刑事证明标准的主要内容是"没有正当理由怀疑"，那么 18 世纪道德神学中"良知"（conscience）的概念，则提示了刑事证明标准的运用方式。前文述及的洛克经验哲学已经表明通过"启示"所获得的信仰知识——这种"道德确定"的知识，与人们通过"坚信"获取的知识一样，具有无可置疑的确定性。弗兰克林认为，要准确理解"良知"这个概念在审判中的工具意义，需要追溯到1215 年第四次拉特兰宗教理事会颁布的教会法。它规定"基督徒每一年至少要忏悔一次"（go to confession）。这就意味着，基督徒在忏悔之前，必须审视自己的灵魂，审视自己有没有道德上的罪孽（世俗的犯罪行为当然包括其中），自己首先充当本人思想和行为的"法官"，在自己内心中那种"微小的

---

① MATTHEW H. History and Analysis of the Common Law of England（London 1820）［M］. Law and Reference Press，2000：346-347. 转引自 SHAPIRO B. Beyond Reasonable Doubt and Probable Cause：Historical Perspectives on the Anglo-American Law of Evidence［M］. Berkeley：University of California Press，1991：12.

② MATTHEW H. History and Analysis of the Common Law of England（London 1820）［M］. Law and Reference Press，2000：346-347. 转引自 See SHAPIRO B. Beyond Reasonable Doubt and Probable Cause：Historical Perspectives on the Anglo-American Law of Evidence［M］. Berkeley：University of California Press，1991：12.

③ MATTHEW H. History and Analysis of the Common Law of England（London 1820）［M］. Law and Reference Press，2000：346-347. 转引自 SHAPIRO B. Beyond Reasonable Doubt and Probable Cause：Historical Perspectives on the Anglo-American Law of Evidence［M］. Berkeley：University of California Press，1991：12.

良知法庭"（court of conscience）上进行裁判。① 如果我们能够联想到洛克所说的神学上的"原始启示"，联想到基督徒常说的"让上帝的灵充满自己"是什么意思，我们就会明白基督教的信众在经过"自身良知法庭"审视以后，所忏悔事实的绝对真实性。在这里，上帝为什么是"公正的法官"？那是因为基督徒相信上帝会让他的灵充满自己，上帝与他同在，他的所作所为都无法对上帝隐瞒；基督徒忏悔所述事实为什么会当作"证据之王"？那是因为基督徒相信上帝的全知、全能与全善，相信自己的隐瞒会增加更多的罪孽，相信自己的忏悔是涤清罪孽的唯一选择。因而，我们能够理解，经过几个世纪的实践，在18世纪英格兰的道德神学思想中，良知已经成为一种重要的"决疑"（Casuistry）手段。现代伦理学中所讲的"决疑伦理"就是出自这个时期的道德神学。"那些决疑者坚称良知的含义应包括理智（intellect）的行为，而非主观意志（will）"，这是因为，按照英国剑桥大学著名神学家威廉·珀金斯（William Perkins）的说法，"上帝赐予人类的良知，在人类得以宣称或者履行反对道德罪孽的正义审判中，是所有理性动物理解力的构成因素，它的作用是判断人们所为之事和行为的善良与邪恶，以及是否应当'控告或宽恕'，它的职责既要给出证言，又要做出判断，前者相当于忠实记录所说所做的公证人，后者相当于一个拥有权力的巡回法官"②。易言之，18世纪英美世界所称道的良知，已成为一种智识能力的标志，它的运用，成为一种具有实践操作性的知识。

这样，在18世纪的英美刑事审判中，不仅存在洛克有关"盖然性"观念分级思想的理性积淀，同时道德神学上有关"良知"问题的探讨和运用，也为"盖然性"问题的解决提供了一个实践的范本。芭芭拉详细地考察了17、18世纪的英美学者有关"良知""盖然性""道德确定"等问题的论述以后，得出这样一个结论："在17、18世纪，盖然性、确定的程度和道德确定等观念，全部倾尽旧有的观念之中，使得这些观念在18世纪末作为排除合理怀疑

---

① FRANKLIN J. The Science of Conjecture, Evidence and Probability before Pascal [M]. Baltimore: Johns Hopkins University Press, 2002: 67.

② PERKINS W, MERRILL T F. William Perkins, 1558-1602, English Puritanist: his pioneer works on casuistry: "A discourse of conscience" and "The whole treatise of cases of conscience." [M]. London: B. De Graaf, 1966. 转引自 SHAPIRO B. Beyond Reasonable Doubt and Probable Cause: Historical Perspectives on the Anglo-American Law of Evidence [M]. Berkeley: University of California Press, 1991: 15.

的世俗道德标准，尽管在法学术语上存在很多变化，但是它们的思想表达目标是一致的，从最先的'满意的相信'（satisfied belief）和'满意的良知'（satisfied conscience），到后来的'满意的想法'（satisfied mind）和'满意的理解'（satisfied understanding）或者类似的表达。这些术语后来也逐渐消失，被排除合理怀疑和道德确定的概念所取代。"① 在现在的英美世界中，连"道德确定"的字眼也在英美部分地区（如加州）消失了，只剩下"排除合理怀疑"。甚至，正如前文所述，在英国的有些司法辖区，直接就用"确信"（sure）这个词。因而，从现在英美刑事审判的术语角度看，人们不再清楚"排除合理怀疑"是"道德确定"的同义表达，不再清楚"道德确定"的内涵，同样的，也不再清楚"排除合理怀疑"的内涵。这样，我们在运用"确信"这样的术语时，由于"道德确定"或者"排除合理怀疑"术语蕴含的那些富有法律操作性的内容，因而刑事证明标准的运用存在更多的自由和更大的弹性空间，以至于人们怀疑刑事证明标准是否能够发挥认知刻度的功能。

四、英美刑事证明标准中的经验理性及其对我国学界的借鉴意义

笔者认为，英美刑事证明标准中的理性，主要是一种经验理性，这以洛克的著述为代表。在认识论层面，它表达为如下四方面。

第一，肯定经验在案件认识过程中的正面意义。确认案件事实的发现，如同"上帝"存在的证明一样，是可以通过经验理性方法来认识的，这具体表现在洛克用"合理性""反理性"和"超理性"三个分析概念，对于"上帝存在"以及基督教合理性所作的证明和解释。他强调了面对过去的事实，运用理性方法来解决这些问题的重要性。洛克为刑事证明所提出的"盖然性"分级思想及其相关的经验哲学方法，与休谟比较起来，更为深入和全面，更具有正面的建构意义。洛克并不否认怀疑主义，从前文述及的有关洛克的经验哲学思想中我们已经看到有关怀疑的论述，只不过他对怀疑的疆界作了较大的限制。而休谟将洛克在"可知"领域的怀疑思想导向了"不可知"领域，因而形成一种带有强烈批判理性的怀疑哲学，这正是现在英美世界哲学家所竭力反对的。从这个意义上讲，洛克比休谟更具有正面的认识论建构意

① SHAPIRO B. Beyond Reasonable Doubt and Probable Cause: Historical Perspectives on the Anglo-American Law of Evidence [M]. Berkeley: University of California Press, 1991: 41.

味，他肯定了人类对于认识过去事实，具有基本的理性认知能力。

第二，面对超过人类理性认知能力的问题，洛克所提出的解决办法，是作为动词来使用的"信仰"。在基督教神学中，这表现为对"上帝"的信仰。在刑事审判中，这表现为对"法治"的信仰。洛克强调了"信仰"并不仅仅是一个人对于某一事物的心理态度，更为重要的，它是作为一种确定性知识来而存在的。换言之，如果在信众的内心确实存在"怀疑"，存在对于未知事物的"欲决不下"的那种惶恐，那么"信仰"所涵盖的知识能够帮助他来解决这个问题。在刑事审判中，对法治的信仰，不是一句空洞的口号，也不仅仅表现为事实审理者的良知对于被告人的道德关怀，更为重要的，是要在立法和司法两个层面来保证法治"信仰"成为事实审理者的确定性知识。对立法者而言，要确保一切证据调查手段以一种合乎法治的状态出现，对司法者而言，一是竭尽现在法律规定下所有能够查清案件事实的调查方法，确保案件事实以一种"清晰明白"的状态出现，这是司法者怀着那种强烈社会责任感和道德热忱，对于案件事实未知状态的调查；二是如果确实存在"争点"事实无法查清的情况，那么只能按照"无罪推定"原则的要求，疑罪从无。①这也是"排除合理怀疑"为什么可以叫作"道德确定"的主要原因，"道德确定"实际上就是一种"信仰确定"。因而关于"信仰"的知识，并不是"谨慎""认真""仔细"这些表明事实审理者对待案件事实的心理态度的语词所能替代或者概括的，"谨慎""认真""仔细"只是"信仰"的一个基本面向或者基本要求。在这个意义上，"信仰"实际上是"排除合理怀疑"这一证明标准的中心词或者说实质蕴涵。没有对法治的"信仰"，"排除合理怀疑"是无法发挥认知刻度功能的，它只是一厢情愿的"乌托邦"。

第三，什么样的案件事实可以"信"或者"不信"，什么样的事实可以"疑"，洛克提供了一个基本的参照谱系。这就是前文所分析的"信""不信"以及"疑"的三个层次。需要注意的是，这三个层次都是对最终案件事实调查结果"心理认知状态"的描述。这种心理认知状态，也是作为动词来使用的，它不仅仅意味着对案件事实在现有证据材料呈现状态下的"被动"接受，

---

① 在英美的刑事审判中，对于"疑罪从无"的司法代价，布兰克斯通有一个经典表述："宁可错放十个有罪的人，也不能冤枉一个清白的人。"这一点我国很难理解，它涉及"无罪推定"的要求和制度性落实问题。如果我国刑事诉讼中要真正落实这种意义上的"无罪推定"原则，有可能由于"报应"观念的根深蒂固，而将面临许多质疑。

更为重要的是，它意味着事实审理者，经过主动探求案件事实，竭尽所有证据调查手段以后，案件证据材料所能呈现的状态，即便事实审理者，如同在英美法国家那样，没有积极的证据调查手段，法官和陪审团在听审过程中仍然保持一种"主动"的心理认知态势，也是非常重要的。在英美法中，这也是靠制度来保证的，其中最为重要的，是刑事证明责任的分配、质证规则的确立，以及法官在庭审结束以后对陪审团成员所作的关于证明责任和证明标准的指示。因而，洛克所提供的"盖然性分级"标准，按照前文所述的芭芭拉教授的说法，也成为英美刑事审判中的一种知识。

第四，怎样确保案件事实的"信""不信"和"疑"三种状态以案件事实的本来面目出现，洛克提供了一种概括的调查方法。这就是前文所提到过的，"第一要考察数目多少，第二要考察忠实与否，第三要考察证人的技巧，第四要考察作者的原意，如果我们引证书中的证据，第五要考察所说的各部分各情节是否一致，第六要考察相反的证据"。

因而，英美刑事证明标准最终以"排除合理怀疑"证据规则面目出现，它的思想渊源于 15 至 16 世纪自然科学取得巨大成就的情况下，人类面对"上帝"是否存在或者面对"未知"事实的理性探知过程中，所保持的巨大理论热情和对于种种"盖然性"问题的不懈思考。其中，17 世纪末到 18 世纪中期，英国的神学、经验哲学和法学思想的交织，对于解答英国刑事审判中于 15 世纪中期开始出现的法律"盖然性"问题，具有决定性的影响。经验哲学家洛克对于刑事证明标准的盖然性分级，是其中集大成者。"排除合理怀疑"对案件事实的认知，具有正面的指导意义，它的实质内容是以"信仰"为中心词，它的作用条件需要制度来保证，它的具体操作需要参照对案件调查结果的"心理描述"状态谱系，它的功能发挥需要经验理性方法。

关于英美刑事证明标准中蕴含的经验理性思想与方法，对我国学界与司法实践的借鉴意义，笔者想强调三个方面。

首先，尽管我国与英美国家在刑事审判构造、证据制度方面存在着不同，甚至可以说是存在本质的差异，但是怎样通过证据裁判来正确认知案件事实，是我国与英美国家共同面对的、必须加以解决的问题。这个问题首要的理论属性是认识论的，这并不是其他的价值论、本体论、人性论等哲学理论可以代替的，因而认识论作为证据（法）学的理论基础不可动摇。我国学者在证据学与证据法学、认识论是不是证据（法）学的理论基础等问题上，存在过一些争议。这些争议并不能改变通过证据探知案件事实的问题属性。不论事实探知的手段——证据需规定怎样的证据能力，经过怎样的证据排除，不论事实探知的诉讼场景怎样特殊，需要怎样的庭审时空限制，不论证据提出方式怎样不同，经过怎样的质证，通过证据认知案件事实的认识论属性都是无法改变的。因而，在证据法学研究中，不是我们要不要认识论作为证据（法）学的理论基础，而是怎样研究证据（法）学中的认识论问题。这是证据法学研究中学者无法回避的事实问题，并不是依靠学者的"价值选择"就能够解决的。

其次，英美刑事证明标准中蕴含的理性思想所提供的解决方案是一种经验理性论。我们通常认为，近代英美的经验论者，如笛卡尔、洛克、贝克莱、休谟都是观念论者，他们希望通过带有经验内容的观念演绎，来获得关于这个世界的确定性知识，带有正统辩证唯物认识论所提到的那种唯心成分，笛卡尔、贝克莱与休谟都用激进的方式表达过，除了思想、观念的状态是确定的，思想、观念的对象与内容则是可怀疑的，但是他们都正确地指出了欲消除一种错误或者不确定的观念，需要认真地考察影响确定性观念生成的各种因素以及它的生成原理，洛克所用的"简单观念"、休谟所用的"印象"与"观念"等概念，无非想为确定性观念的生成提供一个可靠的经验基础，这种基础主义认识论的思想，正是我国在解决案件事实探知过程中可能存在不确定性观念问题时所需要的。此外，英美经验论者所提示的观念，是他们的研究对象或者说研究内容，而不是他们研究成果的属性，这两者很容易混淆，因而这些经验论者的一些激进的说法，需要站在"确定性与盖然性知识"的立场上才能正确理解，在这个意义上，英美经验论者那些研究成果的唯心成分，也许没有我们想象的那样大。

最后，英美刑事证明标准中的经验理性的最重要的特点是含有信仰或者道德的内容，不论信仰或者道德源于上帝、知识或者法律，它总可以在人们困于客观条件或者认知条件限制，在认知特定事实举棋不定的时候，提供一种依据或者帮助，防止法官的主观恣意大行其道。而这正是我国司法实践中存在的一个突出问题，一些法官在司法实践中彰显权力的霸道，严重漠视当事人的合法诉请，似乎他想怎么认就可以找到什么理由来认，想怎么判就可以找到什么证据来判，证据的取舍、证据规则的运用，基本根据"案情需要"，司法诚信在当今社会已经降到了最低点。当事人缺乏信用、法官缺乏信念、整个社会缺乏信仰的支撑，在特定地区并不鲜见。因而明确刑事证明标准当中信仰与道德的内容，不仅具有重要的理论意义，同时具有重大的实践价值。它表明，依靠依据认识论基本规律支撑的相关法律完善建议，并不足以帮助或者约束法官完成对案件事实的正确认定，因为这些因素仅仅是制度层面的、是案内的。怎样规制一些不在制度层面的案外因素，同样值得我们去研究、去思考。

不过，英美刑事证明标准中的以信仰作指导的、具有基础主义意味的经验理性论，是否真的能够在满足操作性的前提下，达致对特定案件事实的正确认识，对此，现代英美国家的学者不无疑问，他们提出了种种改革完善的哲学方案。有的学者基于科学主义的认知立场，认为传统经验哲学认识论根本就是一伪问题；有的学者基于现实实用主义哲学观，突显认知对象的法律语境，从而消解了案件事实认知当中的认识论问题；有的学者认为基础主义认知符合论是一种错误的观念，要达致案件事实正确的认识，需要各种认知信念相互支持的非基础主义融贯论；还有的学者从逻辑哲学的角度，采用既不同于基础主义又不同于非基础主义的第三种立场，区分案件事实认知状态的因果问题和案件事实认知内容的逻辑问题，希望以此解决"认知为真"与"相信为真"之间所出现的认识论鸿沟。①如何来对英美传统经验理性思想加以补充、完善，进而做出反对甚至消解的方案，那是另一篇论文的任务，不过，它表明如下事实：作为一项法律规则或者制度的指导理论，即便它的表述再精致、再深入，也有一适用范围和适用限度，它只针对特定法律问题具有有限指导意义，希望它解决案件中出现的所有认知疑难，是不切实际的。

---

① 哈克. 证据与探究：走向认识论的重构 [M]. 陈波，等译. 北京：中国人民大学出版社，2004：3.

第十一章

论科学证据的概念

随着现代科学技术的发展，刑民事案件中出现了许多科学证据，如指纹鉴定、笔迹鉴定、测谎检验、DNA检验、毒品分析、醉酒检验、精神病学分析结果等。它们的共同特征是与自然科学诸学科领域专业知识的运用有关，具有很强的专门性。从世界范围来看，法官对于科学证据应当运用什么样的证据规则来认定，存在着较大的争议。而学界对于科学证据的认识也有较多的模糊之处，这极大地影响了科学证据的学理研究、立法规制和司法运用。本章利用"语义结构—证据功能"这一分析工具，对科学证据的基本含义进行分析，希望通过揭示科学证据的基本内涵，发现运用科学证据的基本规律，为在立法上建构科学证据规则以及司法中正确评估科学证据的证明力有所助益。

一、问题的重大意义：科学证据评估构成对现代证据法原则的三大挑战

法官应当如何准确评估科学证据的证明力，是近三百年来科学技术高速发展带给法庭的一个古老而又常新的司法实践难题，是科学技术的发展对法学，尤其是证据法学领域所提出的最有力和最持久的挑战。法官准确评估科学证据证明力的难点在于，判断科学证据所需要的知识大大超过法官自身的智识与经验范围。正如美国著名证据法学家麦考密克所言，法官对科学证据的证明力的判断，是一种"力所不能及"的判断：法官在没有相关科学专业知识背景的情况下，被迫要准确评估案件中有关科学证据的证明力，以确定它们能否作为定案的根据这是强人所难的。法官评估科学证据证明力知识不足的问题，直接影响了现代证据法的基本原则——证据裁判原则和自由心证原则的运用。

证据裁判原则和自由心证原则是现代诉讼合理主义在证据法领域的集大

成者。证据裁判原则认为，认定案件事实能够而且只有依靠人的理性而非神的神性，证据是人类理性的产物，是了解过去事实的最佳方式。因而证据裁判原则宣示了"只能依据证据才能认定案件事实"这一基本理念。但是对于"什么是证据""怎样判断证据""判断依据是什么"这类问题，证据裁判原则并没有给出具体的答案，这就需要自由心证原则来回答。自由心证原则认为"什么是证据""通过证据怎样认定案件事实"这两个问题的解决，应当从法官是否形成内心确信这一特定的视角来予以考虑。这一视角的基本思想是法官对证据的判断可以而且应当得到当事人和社会公众的承认。其合理性来源于法官的良心和理性，良心是对法官伦理的要求，理性是对法官智识的考量。换言之，法官在正直无偏私的状态下，可以凭借经验法则与逻辑法则正确地认定什么材料可以成为证据，什么证据具有较高的证明力，从而正确地认定案件事实。可以说，证据裁判原则的理念宣示和自由心证原则的实践确立，二者相得益彰，是人类经过不懈探索和追求才获得的裁判智慧。但是，法官评估科学证据知识不足的问题，使得"法官可以凭借自身经验和知识正确认定案件事实"这一反映现代证据法原则精髓的理念，正在受到前所未有的挑战。

挑战之一：法官囿于经验与知识的不足，可能在甄别科学证据的证据能力问题上做出错误判断，甚至把一些貌似科学的论辩当作科学证据加以确认，因而有可能消解证据裁判原则宣示的基本理念。这在现实生活中相当普遍，最为常见的貌似科学的推论表现是，对发生在同一时间序列、前后事项具有直接因果关系的判断。理查德·艾伦·波斯纳（Richard Allen Posner）认为，科学家想要运用诡辩时，他们比其他人更有资格，他们增强自己权威性的办法多种多样，利用数学的精确性施加影响，使用能唬人的行话，压制疑问，在评析、试验统计或观察结果时隐瞒个人判断方面的因素等。[①] 据美国哈佛大学法学院实验法学研究部主任威斯科西教授判断，科学证据已经成为美国诉讼案中最具投机性和主观性的成分。目前如何提高法庭上科学的客观性是人们争论的一个话题。

挑战之二：法官于经验和知识上的不足，严重影响了法官对于科学证据

①　福斯特，休伯. 对科学证据的认定：科学知识与联邦法院 [M]. 王增森，译. 北京：法律出版社，2001：247

的自由判断与心证，使自由心证原则的运用变得非常困难。这集中表现在以下问题上：科学证据是否一定是科学的，法官是否只能无条件地承认它？按照一般理解，之所以把特定证据材料称为科学证据，其根本原因在于这类证据利用了科学的普遍原理解释案件事实构成的本质特征及其内在联系，从而拓展和提升了人们探求过去事实的理性能力。科学证据不仅满足于回答案件"是什么"，还要回答案件"为什么是这样"，减少了法官探求案件事实囿于认识手段和能力不足所引起的心理不适与焦虑，给予法官"哦，案件事实原来如此！"的心理满足感。因而"科学证据就是科学的证据""科学证据就是可靠的证据"这类观念在案件审判中深入人心。这种对于科学证据的崇尚有其合理性的一面，但是过度相信科学证据的证明力容易导致对科学证据的轻信与盲从。与之相对的是，由于法官守成的思维及其对科学证据认识案件事实能力的怀疑，法官往往对科学证据的作用予以拒斥。这种极端的态度是对科学证据的轻率与无知。轻信盲从与轻率无知，是对科学证据证明力评价的两个极端，其根本原因在于法官没有正确认识科学证据，这样，对科学证据的"自由心证"既不可能，也不合理。

挑战之三：法官于经验与知识上的不足，可能使人们对法官能否正确认识科学证据之证明力产生怀疑，从而削弱了法官对科学证据裁判的权威性和合理性。目前对于科学证据的评价主要有两种方法，即形式性的和实质性的。形式性的判断方法的思路是通过科学同行的"普遍接受"来认可科学证据的证据能力。实质性的判断方法的思路是通过增加法官在某一领域的专业知识以代替同行的承认，将"科学合理"作为科学证据是否可采的重要判断标准。这两种方法都有自身无法克服的缺陷，形式性方法可能导致"科学垄断司法"、法官与科学家的角色错位。实质性方法不一定适用于所有领域的科学问题，而且容易受到当事人与公众的质疑。法官应采取哪些方法评价科学证据，仍是一个有待深入研究的课题。

二、问题的解决思路："语义结构与证据功能"的分析框架

法官在科学证据判断方面存在经验与知识不足的现象，不得不促使我们深入思考如下问题：究竟是科学证据的什么性质造成法官知识与经验运用的不足？科学证据为什么会存在这些性质？科学证据的含义是什么？它在现代证据法制度中的定位是什么？我们应当怎样正确评价科学证据发挥的作用与

功能？有没有一种方法或规则来保证法官能够正确认定科学证据的证据能力和证明力？科学证据判断的合理方法和途径是什么？……这些问题都可以抽象地概括为科学证据是什么。这是对科学证据进行理论研究必须回答的首要问题，也是对科学证据进行立法规制和司法运用的基础性问题。

科学证据是什么？基于不同的研究目的和研究方法，我们可以得出不同的答案，这对于深化科学证据的认识不无裨益。在本章中，笔者尝试用"语义结构与证据功能"这个分析框架，作为回答"科学证据是什么"的特定方法。

"语义结构与证据功能"的基本思路是通过分析特定证据形式在不同语用环境（如日常生活环境、法律环境、证据法环境）中语义的变化，探讨特定证据形式在证据法中的合理内涵，以此作为建构证据采用规则的应然基础。这套分析框架的意义在于，任何一个证据规则都存在适用条件的问题，其中大部分条件都是通过界定证据规则的适用对象来得到。① 既然如此，在没有明确特定证据形式相应证据规则的情况下，我们也可以反其道而行之，通过界定特定证据形式的合理语义，来为一些具有相同属性的证据创设必要的证据规则，以达到发挥这些证据应有作用和功能的目的。这套分析框架的主要特点在于"语义—语用"的语言分析方法和"结构—功能"主义的研究思路，是将语言分析方法运用于证据规则建构的理论尝试。

从语言分析角度看，科学证据是一"用以表示者"的语言能指符号，它的意义需要通过它的指称范围来确定。指称范围的确定一般有两种方法：一种是经验式的，即罗素所谓的"实指的定义"，"人们无须借其他的字而学会理解一个字的意义的方法"。② 例如，对于 DNA 证据和证人证言，我们可以很容易地将 DNA 证据与科学证据联系起来，将证人证言放在科学证据的范围之外，其原因在于我们凭经验就可以断定 DNA 证据属于科学证据，而证人证言不属于。另一种是分析式的，即通过研究语言能指符号的构成及其意义指涉范围，来表明科学证据可能具有的本质特征以及与其他证据形式之间的区别。这两种确定方法有着内在的关联：分析式的确定方法建立在经验的基础之上，

---

① 例如，传闻规则的适用前提在于明确什么是传闻，什么不是传闻（非传闻），传闻与非传闻的区别是什么；自白规则的适用前提在于明确什么是自白，什么不是自白；相关性规则的适用前提在于明确什么是相关性等，这类例子在证据制度中比比皆是。

② 罗素．人类的知识［M］．张金言，译．北京：商务印书馆，2003：76.

是对我们已有经验的提炼与抽象。本章主要通过分析"科学证据"这一语言能指符号，来回答科学证据是什么。

三、科学证据的特定内涵：语义、语法与语用的分析

按照分析的方法，"科学证据"这一符号是由"科学"与"证据"两个单词构成的，单词"科学"指示了"科学证据"的基本内涵及其属性，单词"证据"则指示"科学证据"的语用环境是在证据法领域。因而要确定"科学证据"的基本语义，应当经过三步：第一，从语义学的角度，确定指示"科学"一词的基本含义；第二，从语法学的角度，确定"科学"一词在"科学证据"中的作用；第三，从语用学的角度，分析科学证据在证据法语境中的宏观定位，明确科学证据的证据特征。

第一，对于科学的基本含义，康德在《自然科学的形而上学起源》一书中认为是"按照一定原则建立起来的一个完整的知识系统"。① 康德定义的科学有三层意思：首先，科学是一套陈述系统，即由一系列陈述语句堆积起来的陈述系统；其次，这套系统要求每一陈述语句是正确的、真实的、相互有联系的，是按照一定原则、通过相应程序和方法建立起来的，并不是单一陈述语句的简单堆积；最后，这套系统必须具有说理性和论证性，能够解释和论证特定的自然和社会现象。知识系统、构成系统的陈述以及系统的解释功能，成为构成科学的三大必备要件。其中，科学的解释功能被认为是构成科学的最重要因素。波塞尔指出，科学的任务是解释世界，而且解释的形式必须保证客观性与说理性，必须排除任何形式的随意性。② 要达到这一目的，必须在对科学解释的模式以及所使用的方法进行研究的基础上，提出保证科学解释客观性的相应条件。

康德、波塞尔等人定义科学的方法在本质上是分析的，即通过研究科学的构成因素以及相互作用来确定科学的基本特征。除此以外，一些学者还从方法论的角度来阐明科学与非科学的区别。如亨普尔认为，科学关注的是发展一种关于世界的观点，这种观点与我们的经验关系清楚、符合逻辑，因此有能力进行客观的检验，即科学系统必须满足所谓的解释的相关性和可检验

---

① 波塞尔. 科学：什么是科学 [M]. 李文潮，译. 上海：上海三联书店，2002：11.
② 波塞尔. 科学：什么是科学 [M]. 李文潮，译. 上海：上海三联书店，2002：33.

性的要求。科学的方法论的现有基础是产生假设、检验假设，看假设的错误能否证实，事实上，正是这一方法论把科学与人类探索的其他领域区别开来。① 波普尔则采取了一种更为复杂的方法来讨论科学与非科学的分界问题。他认为，培根认为大多数学者所持的"科学的特征在于它的观察基础，或它的归纳方法，形而上学的特征在思辨方法"这一观点是不正确的，其根本原因在于现代物理学的高度思辨性和高度抽象性表明科学可以离开实证观察而存在，而伪科学总是声称它们的"科学"建立在大量归纳材料的基础上。因而实践科学的最大特点在于其体系的错误的可证明性，而不是可证实性。②

亨普尔提到的证实与波普尔提到的证伪，均表明科学与非科学（包括哲学）的重要区别可以从方法上来进行比较。刘大椿认为，科学在认识论和方法论方面的特点是"（1）具体性。科学研究的对象是具体的、特殊的物质运动。（2）经验性。科学以经验作为出发点和归宿。（3）精确性。科学要求得到的结论是具体而明晰的，一般能用公式、数据、图形来表示。（4）可检验性。科学的最终结果是个别、具体的命题，它们在可控条件下可以重复接受实验的检验"。其中，可检验性是科学方法最为关键的因素，它意味着实验方法是区别科学与非科学的标志。科学家总是从已有的理论体系和观察结果出发，提出能够包含原有理论、解释新的观察结果的科学假说，通过实验的方法加以证实或证否，在修正假说的过程中不断提出新的见解，从而对科学理论的发展做出自己的贡献。过去 300 年经典物理学、化学和生物学的巨大成就，充分显示了实验方法的巨大功效。除此以外，可检验性还意味着实验结果的可重复性，这是保证科学家提出的新理论、新假说能够得到同行专家认可和社会承认的前提条件。总之，通过对"科学证据"的语义分析，我们可以得出两个重要结论。一是科学证据在认定案件事实中发挥的作用与功能是解释性的，科学证据通过解释案件事实的构成及其内在关联，拓展人们对于案件事实的认识手段，深化人们认识案件事实的主观能力。二是科学证据是运用实验方法的结果，科学证据之所以具有解释能力，就在于其可检验的性质。这意味着在给定的检验条件下，科学结论可以重复出现，可检验性是科

---

① 福斯特，休伯. 对科学证据的认定：科学知识与联邦法院 [M]. 王增森，译. 北京：法律出版社，2001：43.

② 波普尔. 猜想与反驳 [M]. 傅季重，等译. 上海：上海译文出版社，2005：366-367.

学证据可靠性的保证。①

　　第二，"科学"一词在"科学证据"中的作用，从语法学角度看是修饰和限定。这种修饰与限定作用，根据笔者的研究，可以有"客观的"和"主观的"两种理解方式。按照"客观的"理解方式，"科学"是对"科学证据"指称的证据的可采性和证明力在客观上持完全肯定的态度，简言之，"科学证据"应理解为"实际上是科学的证据"。按照"主观的"理解方式，"科学"是对"科学证据"指称的证据的可采性和证明力在主观上持完全肯定的态度，简言之，"科学证据"应理解为"我认为是科学的证据"。从前文所述的科学功能的解释性特征和科学方法的可检验性特征来看，"实际上是"这种客观的理解方式和"我认为是"这种主观的理解方式，具有天壤之别：如果按照"客观的"理解方式，"科学证据"应理解为"实际上是科学的证据"，法律只能无条件地承认这种证据方法的可采性和对待证事实的证明力。这样，所有的科学证据都成了认识案件事实的绝对真理，不容人们置疑。近现代科学技术发展的曲折历程以及诉讼中有关科学证据的可采性和证明力的现实论争，均表明"客观的"理解方式是一种错误的认识。因此，对于"科学"在"科学证据"中所起到的修饰与限定作用，只能按照"我认为是"这种"主观的"理解方式，即从科学证据的采用者"我"的角度来理解"科学"在"科学证据"中的作用和意义。换言之，在诉讼中"我认为是科学的证据"，只是表明"科学证据"指称的证据具有两个明显的特征，在功能上这类证据是解释性的，在方法上这类证据是可检验的，这是识别"科学证据"与"非科学证据"的宏观标志。"我认为是科学的证据"，只是此类证据采用者"我"的判断，是"我"主观上相信此类证据能够发挥其解释性的功能，别人也可以用和"我"同样的实验方法加以检验。但此类证据实际上是不是"科学的证据"，并不能由"我"说了算，应当经过实验方法加以检验。总之，通过分析"科学证据"一词的语法结构，可以得到一个很重要的结论：将"科学"与"证据"联系在一起，构成"科学证据"这一特定语词，掺杂了科学证据举证主体人为的主观判断，这些证据能否对待证事实具有证明作用以及有多大的证明作用，需要客观性的检验方法加以检审。只有这样才能真正区分什么是科学的证据，什么是非科学的，甚至是伪科学的证据。这才是对待科学证

---

① 刘大椿. 科学哲学 ［M］. 北京：人民出版社，1998：7-8.

据的一种真正的科学态度。对科学证据的轻率无知与轻信盲从，都是不正确的。

第三，从语用学的角度来看，科学证据在证据法语境中具有特殊的定位。在证据方法上，科学证据属于科学领域内的专家意见类证据。这具有三层意思：首先，从言词证据与物证据的分类来看，科学证据均表现为专家意见这种言词的方式，属于言词证据。其次，科学证据与一般的言词证据（如证人证言、当事人陈述等）不同的地方在于科学证据以"专家意见"方式作证，其他言词证据只能以其所见所闻作证，不可能以"意见"的方式出现。最后，专家意见有科学领域与非科学领域之分，① 只有科学领域内的专家意见才属于科学证据。

在证明原理上，科学证据通过解释事物之间的本质联系来发挥其证明作用，因而科学证据属于解释性证据。科学解释的类型，随着事物之间本质联系的形式不同而有所变化。据内格尔研究，科学解释有因果解释、结构解释、功能解释和发生学解释四种类型。因果解释是对事物、现象存在与发生的原因进行阐释。结构解释是通过分析事物的构成及其相互联系来揭示事物的特征与属性。功能解释是通过分析事物构成的相应功能来揭示事物的属性。发生学解释的主要任务在于揭示同一时间序列的事物发展变化的行为原因。②

在证明构成上，科学证据是结合了普遍定理和解释条件对于待解释现象进行的推论，因而科学证据属于推论性证据。这种推论的过程，亨普尔和奥本海姆早在 1945 年就提出了著名的"亨—奥"模式，用语言可以表达为"根据什么原始条件及什么规律出现了事态 E。回答是，以原始条件 Aj 为前提，结合普遍定律 Gi，可以引申出对事态 E 的解释"。因此，保证科学解释客观性的条件应当由以下四个部分构成：（1）推论条件，即要从解释的现象到解释条件的推论必须正确；（2）定律条件，解释条件必须至少含有一条普遍定律；（3）特征条件，解释条件必须带有经验内容；（4）真理条件，组成解释条件

---

① 科学与非科学领域的区分标准，据笔者的研究不是前文所述的科学方法论特征与功能，而应当是是否系统与是否运用。因而非科学领域是指技术运用领域，它不具备理论的系统性、自洽性，也没有多少深奥的理论原理，但是日积月累的技术操作使得操作者积累了相当深厚的操作经验，当其以操作经验作证时，应属于专业意见。英美专家证人即有这种划分。参见斯特龙. 麦考密克论证据 [M]. 汤唯建，等译. 北京：中国政法大学出版社，2004：第二十章.
② 张继成. 论命题与经验证据和科学证据符合 [J]. 法学研究，2005（6）：33-51.

的句子必须真实。① 总之，通过科学证据的语用分析，我们清楚了科学证据的证据属性属于科学领域内的专家意见类证据，从证明原理看属于解释性证据，从证明构成看属于推论性证据。

科学证据是什么？科学证据就是运用具有可检验特征的普遍定理、规律和原理，解释案件事实构成的变化发展及其内在联系的专家意见。

---

① 波塞尔. 科学：什么是科学 [M]. 李文潮，译. 上海：上海三联书店，2002：32-33.

第十二章

论科学证据、专家证言、鉴定意见
三者的关系

与科学证据有关的法律概念主要有两个，一个是主要在大陆法中使用的"鉴定意见"，另一个是主要在英美法中使用的"专家证言"。目前对于这两个法律概念及其相关制度，我国学者已有一定的研究成果。本章将就这三个概念之间的关系作一分析，以期能够厘清我国法中的科学证据、鉴定意见以及这两者之间的关系。

一、大陆法国家的鉴定意见

大陆法国家中"鉴定"的一般意义，按照德国学者罗科信的说法，是指鉴定人以其专业知识协助法官就证据问题加以判断的行为。鉴定的方式有三种：一是向法院提供一般性的经验知识；二是对某些事实只能利用鉴定人特有的专业知识加以深入理解、判断，进而认定；三是对以专业知识调查后所获得之事实进行认定，并借学术性的推衍规则，将该认定之事实导向一结论。① 在德国，这三种鉴定方式的存在，是由鉴定人的法律地位——"纯粹是法官的助手"决定的。如果罗科信教授对德国法中鉴定人的鉴定方式之描述正确，我们会发现，这三种鉴定方式的共同特征是鉴定人提供了超过法官

---

① 罗科信教授以鉴定人确定新生儿被杀害的时间为例，具体说明了这三种方式的区别与联系。如果一位鉴定人向法官表明，"新生儿在出生 6 小时后，其腹部及肠内将充满空气"，那么他是在"提供经验知识"，此为鉴定方式一；如果他发现被杀害的新生儿肠内并无空气，那么他是在"利用他特有的专业知识对案件事实进行认定"，此为鉴定方式二；如果他结合鉴定方式一中的经验知识以及鉴定方式二中的事实认定，做出"新生儿是在出生后 6 小时之内被杀害的"，那么他是在"根据事实认定，借由学术性推衍规则，将该认定之事实，导向某一结论"，此为鉴定方式三。罗科信．刑事诉讼法．第 24 版 [M]．吴丽琪，译．北京：法律出版社，2003：261.

一般经验范围的知识。第一种情况，专家单纯提供了知识；第二种情况，专家不仅需要提供知识，而且需要利用这种知识对特定案件事实进行认定；第三种情况，专家不仅提供知识，对特定案件事实进行认定，还要根据他所提供的知识和事实认定，推导出相应的结论。①

从证据法的角度来考察，可以把上述第一种情况叫作"认知型鉴定"。因为在这种情况下，专家所提供的知识主要涉及某一学科事实认定的原理部分，这些原理尽管对法官而言是陌生的，但在相关的科学领域是"众所周知的常识"，证据法上解决这类问题的一般方式是司法认知。与此类似，可以把第二种情况叫作"勘验型鉴定"。这是因为，鉴定人在这种情况下利用知识的主要目的，是要发现仅仅依靠"常识性"经验不可能发现的案件事实。② 在检查的对象是尸体或者特定的痕迹，需要借助鉴定人的专业知识时，情况更是如此。因而在德国法中鉴定证据与勘验证据存在交错。③ 德国法中鉴定的第三种方式，可以叫作"结论型鉴定"。这种情况下，专家"名副其实"地在做鉴定，他需要根据相关领域的普遍原理，根据观察到的案件事实——包括依据

---

① 另外一个"典型"的大陆法国家——法国，根据英国学者卡托的转述，法国专家进行鉴定的方式也是三种，即报告（report）、咨询（consultation）和专家意见（expert opinion）。法国专家，与德国一样，由法庭聘请，主要作用是回答法庭提出的专业性问题。在法国的司法实践中，专家意见最为常见。以报告的形式存在的鉴定，不提供专家意见，只提供专家所观察到的事实，这类似于罗科信所说的第二种情况。咨询是提供法官认定相关问题所需要的专业知识。PECKELS B. Experts in French Litigation and Arbitration [D]. London：Oxford，1999.

② 依照罗科信教授举的例子，在新生儿尸体勘验活动中，判断肠内究竟有空气还是没有空气，是需要相关法医学知识的，如果没有这种法医学知识，就弄不清楚解剖部位所表明的事实是什么。这类例子在法医学鉴定过程中比较普遍，例如人体内脏表面的"瘀点"，一般表明的事实是"缺氧或者呼吸窒息"；在死者脸脸部位出现的"青肿"，一般表明头部遭受过严重打击等。罗科信. 刑事诉讼法. 第24版 [M]. 吴丽琪，译. 北京：法律出版社，2003：261.

③ 德国法中的勘验证据泛指所有对象，包括活人与尸体，亦即只要能够由存在、位置或状态而能影响法官之确信者均属之……勘验之进行可经由每一感官完成，例如，由视觉（对犯罪现场、尸体之位置、伤口、血迹、指纹、足印等的观察），亦可经听觉（吵闹的投币式音乐自动播放器）、经由嗅觉（已腐烂之食物、未加掩盖之肥料坑穴）、经由触觉（刀刃之利度）。罗科信. 刑事诉讼法. 第24版 [M]. 吴丽琪，译. 北京：法律出版社，2003：268. 从勘验的角度，根据勘验人是否需要特定专业知识来发现案件的"显在事实"，可以把德国法中的勘验分成"鉴定型的勘验"和"非鉴定型的勘验"。"勘验型的鉴定"与"鉴定型的勘验"，描述角度不同，意思一致，但是在证据法中的意思大不相同。前者是鉴定，后者是勘验。因此笔者认为，德国法中的鉴定证据与勘验证据，存在交错。

他自身专业知识观察到的，以及非依据他自身专业知识观察到的——来做出专业判断，给出专业意见。而在日本法中，按照《日本刑事诉讼法》第223条第1款之规定，鉴定似乎只有一种，即德国法中的第三种鉴定方式——"结论型鉴定"①。

二、英美法国家的专家证言

英美法国家中的专家证言，有时也被称作专家证据。关于它的一般意义，按照美国学者罗纳德·艾伦的说法，"专家证人基于通过专业学习或特殊培训而获得的知识和经验提供证据，这些知识和经验允许他们以某种方法对事实认定者感到不明白的数据进行拼合或者解释"②。专家在事实认定过程中所起的主要作用表现在以下三方面：（1）专家可以生成证据性事实本身，一个例子是对物质进行分析的化学家，在涉及水污染或者毒品的刑事诉讼中，对实物的化学成分进行分析。另一个例子是从事血液或组织分析的医务工作者。这些个人为事实认定者提供基本事实。（2）专家可以教导陪审团有关得出证据性事实的推论所需要的专业或者科学信息。例如，就汽车结构的安全性问题，工程师可针对构件的金属张力作证。又如，医学专家教给事实认定者相关疾病症状的含义。（3）最常见并且在我们看来最不合理的是，专家会向事实认定者提供他们也许会服从的推论和结论。对刑事被告的精神是否健全作证的心理学家是一个例子；就水污染损害健康作证的科学家是另一个例子。而在两位专家做出的都高深且相互冲突的科学结论之间，事实认定者也许不得不多少根据一时的灵感来选择服从和接受其中一位专家的结论。③ 其他英美学者有关专家证人的作用及界定，与此类似。④ 艾伦教授所谈到的这三种情

---

① 该款规定，鉴定就是由有特别知识经验者根据有关事实定律或者将该定律应用在具体事实上而获得的判断报告。田口守一. 刑事诉讼法［M］. 刘迪，等译. 北京：法律出版社，2000：70.

② 艾伦，库恩斯，斯威夫特. 证据法：文本、问题和案例［M］. 张保生，王进喜，赵滢，译. 北京：高等教育出版社，2005：721.

③ 艾伦，库恩斯，斯威夫特. 证据法：文本、问题和案例［M］. 张保生，王进喜，赵滢，译. 北京：高等教育出版社，2005：721.

④ 斯特龙. 麦考密克论证据［M］. 汤维建，等译. 北京：中国政法大学出版社，2004：31；麦克埃文. 现代证据法与对抗式程序［M］. 蔡巍，译. 北京：法律出版社，2006：206；PECKELS B. Experts in French Litigation and Arbitration［D］. London, Oxford, 1999.

况：（1）类似于罗科信所说的"勘验型"①；（2）是罗科信所说的"认知型"；（3）应当是罗科信所说的"结论型"。因而，英美专家证言的共同特征，与大陆法一样，仍然是专业知识的法庭运用。

三、关于两者的关系

我国学者对大陆法国家的鉴定意见与英美法国家的专家证言作过不少比较研究，本章将引用对英国法和德国法素有研究的两位德国学者的认识，考察一下在他们眼中、在英国与德国学者眼中"专家"的不同之处。②

这两位德国学者的研究领域是民事诉讼。他们认为，要理解德国"鉴定专家"的作用，需要首先了解德国民事诉讼与英美民事诉讼的差异。尽管德国民事诉讼与英美民事诉讼制度都被表述为"对抗制"审判（adversarial trial），但是德国的"对抗"与英美国家的"对抗"至少有以下两点差异。

一是在德国的民事诉讼中，德国律师很少像英美国家的律师那样，考虑解决案件争议所需要的法律框架、提示有关争点以及先前的判例，因为他们没有义务来提示这些"法律问题"。德国律师需要做的是，在诉辩文书（pleading）中详细地列明案件的事实以及证明这些事实所需要的证据。因而在德国司法实务中，"一个很好的做法是把案件事实分成两个部分，一部分是描述的段落，另一部分是提示证据方法（如证人的名单、地址，书证，提示法官在这部分事实中需要听审的专家）"③。对于以上内容，这两位学者都强调了只需要书面形式，并不像英美那样需要证人亲自到庭做出口头陈述。因而律师只需要提供书面形式的证据及诉答文书。有一则轶事比较形象地说明了德国"书面"审理的极端情况。④

---

① 怎样来理解这种情况是"勘验型"，它涉及"勘验型"与"结论型"的区分问题。表面上，前者以"事实陈述"的面目出现，后者以"专业意见"的面目出现，似乎可以很清楚地区分这两种鉴定方式；但实际情况要复杂一些，它涉及对证明对象以及专家运用知识的理解问题。

② PECKELS B. Experts in French Litigation and Arbitration［D］. London：Oxford，1999.

③ PECKELS B. Experts in French Litigation and Arbitration［D］. London：Oxford，1999.

④ 一位来自慕尼黑的德国律师和别人打赌100马克。在法庭证据调查阶段，他能够不说一句话，在需要证据时，只是当着法官的面适时地点头、摇头，或者提供书证，以此法来打赢官司，结果他赢了。PECKELS B. Experts in French Litigation and Arbitration［D］. London：Oxford，1999.

二是在德国民事诉讼中，法官的主动性更强。按照这两位学者的说法，德国法官不能像英美陪审团那样，在事实审理过程中扮演"无知者"的角色，而必须在庭审过程中居于支配性的地位。这主要表现在"他们要准备口头听审，他们被当作精通法律的专家，需要确定听审过程中诉辩的时间限制，对不遵守这些限制的当事人给以惩处，要在口头听审阶段确定案件的事实情况。更为重要的是，他们必须确定证据调查的种类、方法、顺序，因而这需要他们在听审阶段前，就仔细研究律师的诉辩文书，形成对案件事实的看法"①。

基于上述两点，在特定争点事实的证明问题上，是否需要提交证据以及需要提供什么样的证据，在德国民事诉讼中，似乎更多的是"法官"的事情而不是当事人的事情。德国律师需要做的，则是从法官角度进行"预测"：如果我是法官，对于本案的争点事实，需要提供什么样的证据来证明，用这样的证据是否能证明得了案件事实。因而，我们就能理解，无论民事诉讼还是刑事诉讼，为什么德国法官使用口头证据受到很大的限制。②

对于德国鉴定专家的使用也是这样。在一般情况下，只存在法庭聘请（而不是当事人聘请）的一位鉴定专家，他被看作法庭获得正确判决结论的一个独立来源（an independent supporter of the court incoming to the right decision）。③ 依据 1986 年德国《民事诉讼法》的规定，专家被当作"法官的助手"，他的主要职责有以下三项：（1）向法庭提供科学、技术或在特定专业领域中他拥有的经验和专业知识；（2）在"速决案件"（instant case）中运用科学或者特定领域的"非法律型"规范（non-legal rules）；（3）确定法官凭借日常经验不

---

① PECKELS B. Experts in French Litigation and Arbitration［D］. London：Oxford，1999.

② 这可以凭借所谓的"当事人主义"和"职权主义"的诉讼结构来解释。笔者认为日本学者田口守一"以庭审主导权"标准来划分诉讼结构是合理的，当事人主导庭审为当事人主义，法官主导庭审则是职权主义。田口守一. 刑事诉讼法［M］. 刘迪，等译. 北京：法律出版社，2000：17. 德国民事诉讼中法官的庭审主导权以及他的客观义务，决定了他可以不受当事人证据方法的限制，可以以他认为合适的办法来查明案件事实。如果书面证据能够证明案件事实，证人就没有必要出庭，法官也没有必要询问证人。当然这里会涉及民事诉讼中当事人的主体性，在法官主导庭审的诉讼中如何体现的问题。笔者认为这是民事诉讼辩论主义应当体现的内容，简单地说，当事人提交的"诉因"应当限制法官调查事实的范围，但是对法官调查事实的"程度"不应有影响。并且这种限制应当针对"主要事实"，而非"间接事实"。黄国昌. 比较民事诉讼法下的当事人图像——由审理基本原则、证据收集权及证明度切入［J］. 政大法学评论，2003（76）.

③ PECKELS B. Experts in French Litigation and Arbitration［D］. London：Oxford，1999.

能判定的案件事实问题。①

由此可见，德国专家与英美专家最大的不同在于，德国专家被当作拥有特定领域专业知识、能够帮助法官解决超过法官自身经验知识范围之问题的"中立第三人"。对于这一点，我们可以从三方面来理解：第一，是否在案件特定事实问题上聘用专家以及从什么地方来聘用专家，属于法官的审判职权。当事人只有建议或者说申请对特定事实问题进行鉴定的权利。对于当事人的建议或者申请，德国法官会根据案件具体情况斟酌处理。第二，即便在案件中存在专业问题，如果法官认为不需要聘请专家，恰巧他具有这方面的专业知识，那么他可以在不聘请专家的情况下，自行决定案件的专业问题。不过在德国法中，如果他凭借自己的专业知识对案件的专业问题认定错误，这可以成为当事人的上诉理由。第三，如果当事人自行聘请一位专家来解决案件的专业问题，法官可以不采纳当事人聘请专家做出的"鉴定意见"，他甚至可以拒绝当事人自行聘请鉴定专家的申请。

德国刑事诉讼的情况与民事诉讼稍有不同，这是由德国检察官的法律地位决定的。德国的检察官，从刑事诉讼的角度来看，"既不属于行政体系，亦不属于第三种权力体系，而是介于两者之间的独立司法机关"②。一种比较形象的说法认为，检察官是"站着的法官"。这就意味着，对刑事案件的事实发现，即便不能认为检察官具有同法官相同的客观义务，他至少也要承担部分客观义务。这也意味着，德国检察官同法官一样，也具有聘请专家的法定权力，只要他承担客观义务的职责要求他这样做。对于检察官的聘请，法官应无权拒绝。因而罗科信认为，德国检察官"有时"会聘请鉴定专家。

在我国有一种普遍的观点认为，英美法国家的"专家"的范围比大陆法国家的大。其主要原因是英美法中有关"专业知识"的解释比大陆法国家的

---

① PECKELS B. Experts in French Litigation and Arbitration [D]. London: Oxford, 1999.

② 罗科信教授以鉴定人确定新生儿被杀害的时间为例，具体说明了这三种方式的区别与联系。如果一位鉴定人向法官表明，"新生儿在出生6小时后，其腹部及肠内将充满空气"，那么他是在"提供经验知识"，此为鉴定方式一；如果他发现被杀害的新生儿肠内并无空气，那么他是在"利用他特有的专业知识对案件事实进行认定"，此为鉴定方式二；如果他结合鉴定方式一中的经验知识，以及鉴定方式二中的事实认定，做出"新生儿是在出生后6小时内被杀害"的结论，那么他是在"根据事实认定，借由学术性推衍规则，将该认定之事实，导向某一结论"，此为鉴定方式三。罗科信. 刑事诉讼法. 第24版 [M]. 吴丽琪，译. 北京：法律出版社，2003：261.

宽，而且英美法当事人能够自行聘请专家，与大陆法国家所特有的"鉴定专家名册"制度相比，在感觉上似乎有更多的自由和空间。笔者认为，不宜过多地强调这种区别，也许可以这样认为，与英美法国家陪审团成员那些"无知者"相比，大陆法国家的法官也许拥有超过日常经验范围的专业知识。而且，大陆法国家法官的审判更为积极主动，确定哪些案件问题属于专业问题、是否需要聘请专家以及从什么地方来聘请专家等，完全属于法官审判职权的范围，取决于法官查明案件事实真相的需要和自由裁量。因而，从诉讼结构和诉讼主体的法律地位来讲，英美法国家的"专家证言"与大陆法国家的"鉴定意见"不具有可比性，或者说这是一个伪命题，两者的运用系基于不同的法原理。它们的共同特征倒是非常明显，即都是针对超过事实审理者经验的"专业"问题所提供的专业意见。

四、英美法中科学证据与专家证言的关系

如果一定要得出英美法国家的"专家证言"范围比较宽泛这个结论，笔者认为用于比较的合理对象是"科学证据"，而非大陆法国家的"鉴定意见"。依据《联邦证据规则》第 702 条的规定，"如果科学、技术或其他专业知识，将辅助事实裁判者理解证据或裁断有争议的事实，因其知识、经验、培训或教育而具备专家资格的证人，可以意见或者其他形式对此作证，但须符合下述条件：（1）证言基于充足的事实或数据；（2）证言是可靠的原理或方法的产物；并且（3）证人将这些原理可靠地适用于案件的事实"。对于这一条规定，艾伦教授的评论是"使可采纳的证言涵盖了事物众多的来源和广袤的范围。包括科学、技术和医学专家，而'其他专业知识'这个断语更将该规则的范围远远地延伸到超出科学技术和医学的领域"①。这样在英美法中专家的范围相当广泛，"在某一特定商业或工业领域拥有丰富实践经验的人，可以对那些实践领域作证。……联邦调查局探员被允许根据他们的执法经验对各类刑事犯罪图谋的构成作证。农民对他们受损庄稼的可能价值作证"。可以这样认为，英美法中的专家证言，或者说"专家证据"，总的说来是一个需

---

① 艾伦，库恩斯，斯威夫特．证据法：文本、问题和案例［M］．张保生，王进喜，赵滢，译．北京：高等教育出版社，2005：735.

要事实审理者作"非日常经验型"专业判断的证据方法。① 在这个总的概念下面，包括两种类型的专家证据，即"科学型"专家证据和"非科学型"专家证据，前者可以简称为"科学证据"，它是指《联邦证据规则》第 702 条所言的第一种"科学"的情况；后者可以简称为"准科学"证据，② 它是指第 702 条所言的第二、三种情况，即"技术或其他专业知识"的情况。科学证据的可采性和证明力评价方法问题，在美国是由 Frye 案和 Daubert 案解决的，Kumho Tire 案将 Daubert 案的意见拓展到了技术和其他专业知识领域。

需要注意，在美国法中，凭借"技术或其他专业知识"所得到的专家证据，尽管不具有"科学知识"所具有的"解释功能"特征和"检验方法"特征，③ 是一种"非科学型"的专家证据，但是在美国法中，由于 Kumho Tire 案要求将这种"非科学型"的专家证据作为"科学型"的专家证据来对待，两者在可采性和证据判断方法上应当具有相同的"法律地位"。因而美国法中的"非科学型"专家证据，尽管它的科学含量没有典型的"科学型"证据那么高，也被看作一种"科学"证据，这是笔者把这类专家证据称为"准科学证据"的原因。这样，美国法中的"专家"证据问题，在宽泛意义上都可以被看作"科学证据"问题。或者说，专家证据就是科学证据。④ 我们在做这类表述的时候一定要注意，这里的科学并不是真正的"科学"，而是"专业知识"的代名词。笔者参阅的英国学者对专家证据的解释，情况与此类似。⑤

因而在英美法国家，科学证据有宽泛的和严格的两种理解方式。宽泛意义上的科学证据与专家证据（证言）同义；而严格意义的科学证据是专家证据的下位概念。

---

① 张斌. 科学证据采信基本原理研究［M］. 北京：中国政法大学出版社，2012：56.

② "准科学"证据，是笔者"发明"的一个分析概念，它统称有着一定技术含量，但是不能通过严格科学方法验证的专业证据。参见本章第三节第三种分类方法。

③ 这是自然科学的一般特征。张斌. 论科学证据的概念［J］. 中国刑事法杂志，2006（6）：48-52.

④ 因而在美国法中，学者研究的科学证据，就是专家证据。布朗. 麦考密克论证据. 第 7 版［M］. 王进喜，译. 北京：中国人民大学出版社，2023.

⑤ ROBERT P，ZUCKERMANA. Criminal Evidence［M］. London：Oxford University Press，2004：7.

五、大陆法国家科学证据与鉴定意见的关系

在大陆法国家，科学证据与鉴定意见的关系，尽管从广义的角度，与英美法国家有类似之处，可以认为科学证据与鉴定意见同义，都是超过法官日常经验范围的专业经验在民事、刑事诉讼中的运用。但是，这个问题在大陆法国家有其特殊性，其中主要的影响因素是鉴定行为的法律性质。

在英美法中，专家运用自身专业经验的主要途径，是接受双方当事人的聘请，以专家证人的身份出庭作证，因而英美的"专家证言"一定是作为一种"证据方法"出现，进而将专家证言看作广义的科学证据是没有问题的。但是在大陆法中，专家运用自身专业经验的途径，是接受法院的咨询或者聘请，以法官的"专业助手"面目出现。严格地讲，鉴定方法在这里首先表现为法官在事实调查过程中所运用的"专业解惑"方法，因而我们会看到德国法的鉴定，居然有罗科信所说的那种"奇怪"的表现方式——专家仅仅提供一种专业知识，而不提供对任何特定事实的认定或者专业意见，也算作一种鉴定方法。按照我们的一般理解，这种"认知型鉴定"仅仅是在帮助法官运用专业知识认定特定案件事实，并没有真正在做"鉴定"，因此它不应当作为一种"证据方法"而存在。德国学者 Volker Triebel 和 Heiko Plassmeier 认为，德国民事诉讼中专家答疑的范围是非常广泛的，它甚至包括在速决案件中怎样运用外国法律。因而，将鉴定作为一种"专业解惑"手段，与将鉴定作为一种"证据方法"来看待，二者之间存在一定的矛盾。日本学者松冈义正详细研究过这个问题。① 这就意味着，如果我们认同专家提供专业知识这种"认知型鉴定"并不是一种证据方法，它只是法官在认定案件事实过程中存在的专家咨询方式，那么在德国法中，"鉴定意见"的范围要比"广义的科学证据"的范围大。

日本刑事诉讼中的情况正好相反。日本法中的鉴定，主要是作为一种侦查方法而存在，依据《日本刑事诉讼法》第223条第1款的规定②，这里不存在德国法中那种"认知型鉴定"的鉴定表现形式，鉴定的结果通常作为一种

---

① 松冈义正，民事证据论：下册 [M]. 张知本，译. 北京：中国政法大学出版社，2004：第五章第二目.

② 这款规定，鉴定就是由有特别知识经验者根据有关事实定律，或者将该定律应用在具体事实上获得的判断报告. 田口守一. 刑事诉讼法 [M]. 刘迪，等译. 北京：法律出版社，2000.

证据方法而存在，这部分的内容可以看作"科学证据"，它包括（1）测谎器检查结果；（2）警犬气味鉴别结果；（3）声纹鉴定和笔迹检验；（4）DNA 基因鉴定。① 不过，在日本法中，与"鉴定型"侦查类似的物证收集手段——科学侦查方法的结果，也是科学证据的一个来源。② 这类科学侦查手段包括（1）拍照、摄像；（2）采集体液，包括采尿、采血、采信呼气等；（3）监听。③ 通过这类侦查方法得到的结果，有照片、录音带、录像带以及鉴定、勘验笔录，等等。④ 因而，在日本刑事诉讼法中，科学证据的范围要比鉴定意见的范围大。

总之，大陆法国家的科学证据与鉴定意见之关系，与各国法规定的鉴定行为的法律性质密切相关，需要具体分析。

六、我国法中的科学证据与鉴定意见的关系

在我国，鉴定意见的载体和书面表达方式是鉴定文书。鉴定文书"是鉴定委托、鉴定过程和鉴定结果的书面表达方式，是鉴定人将鉴定所依据的资料、鉴定的步骤与方法、鉴定的依据与标准、分析得出的数据图像等用文字和图片的形式表述出来的一种法律文书"⑤。它有鉴定书、检验报告书和鉴定意见书等形式。做出肯定或否定鉴定结论的为鉴定书，叙述检验过程和检验结果的为检验报告书，提供倾向性、可能性分析意见的为鉴定意见书。⑥ 鉴定书是基本的法律文书，其他各类均为派生性文书。⑦

如果把我国法中规定的鉴定文书与德国、法国的鉴定方式作一比较，会发现二者有类似之处。以鉴定书形式存在的鉴定，似乎应归属于"结论型鉴定"中，在此，鉴定专家对特定案件问题做出了相应的结论性意见。而检验报告书应归属于"勘验型鉴定"中，鉴定意见书似乎应更多地归为"认知型

---

① 田口守一. 刑事诉讼法 [M]. 刘迪，等译. 北京：法律出版社，2000.
② 此外还存在法院委托的鉴定。田口守一. 刑事诉讼法 [M]. 刘迪，等译. 北京：法律出版社，2000：238.
③ 田口守一. 刑事诉讼法 [M]. 刘迪，等译. 北京：法律出版社，2000：239.
④ 田口守一. 刑事诉讼法 [M]. 刘迪，等译. 北京：法律出版社，2000：239.
⑤ 马宏俊. 法律文书与司法改革 [M]. 北京：北京大学出版社，2005：20.
⑥ 金光正. 司法鉴定学 [M]. 北京：中国政法大学出版社，1995：103.
⑦ 张斌. 鉴定文书效力的法理分析：关于鉴定文书加盖公章的思考 [J]. 四川师范大学学报（社会科学版），2006，33（5）：37-41.

鉴定"。因而，我国三大诉讼法规定的"鉴定意见"，同样有"认知型""勘验型"和"结论型"三种。只有在这个意义上认识到我国三大诉讼法中的"鉴定意见"并不仅仅是一种"结论"，也不仅仅包括"结论型鉴定"，而是作为一种证据方法而存在，才具有证据法上的重要意义。

但是我国法与德、法两国不同的地方在于，我们并没有明确鉴定人纯粹是"法官的助手"，相反，我们明确鉴定人做出的鉴定报告是一种证据方法。单纯提供倾向性、可能性分析意见的鉴定意见书能否作为一种证据方法而存在，或者有无需要完善之处，都是值得思考的问题。因为从证据方法的角度来看，似乎可以认为单纯提供"意见"的行为并不是真正意义上的"鉴定"。

如果结合上述对大陆法国家的鉴定意见和英美法国家的专家证言的分析，我国的科学证据似乎可以从广义、中义和狭义三种维度来理解。广义的科学证据，要排除德、法国家的"认知型鉴定"方式，只包括"勘验型鉴定"和"结论型鉴定"，这种科学证据的作证方式有"描述"和"意见"两种。中义的科学证据，则要排除德、法国家的"认知型鉴定"和"勘验型鉴定"这两种形式。"勘验型鉴定"问题可在勘验这种证据方法中去解决。因而科学证据与"结论型鉴定"同义。但是这种结论型鉴定，包括具有"科学知识"特征，即前文所述的"解释功能"特征和"检验方法"特征的"科学型"鉴定意见；也包括不具有这种"科学知识"特征的"非科学型"鉴定意见，它的作证方式没有"描述"只有"意见"。这种"意见"涉及实验科学和经验科学两大领域。狭义的科学证据只包括实验科学领域的"意见"，这也是科学证据最严格的定义。要确定科学证据的证据法属性只能取中义。

总之，与科学证据有关的法律概念主要有大陆法国家的"鉴定意见"以及英美法国家的"专家证言"。由于证据法原理不同，鉴定意见与专家证言是不具有可比性的，对两者进行比较是一个伪命题。在英美法国家，严格意义的科学证据应是专家证言的下位概念；在大陆法国家，科学证据和鉴定意见之间的关系与鉴定的法律性质密切相关，要具体国家具体分析。明确这一点，有利于厘清我国科学证据的相关法律定位及其与鉴定意见之间的关系。

第十三章

科学证据采信的基本原理

有这样一个案例。某一用无机化合物 "$NH_4Al(SO_4)_2$" 漂白苔粉丝的甲公司打广告，称 "他们所生产的粉丝无明矾"。这则广告的言下之意，是他们生产的苔粉丝没有添加化学试剂，食用他们生产的粉丝是安全的。另外一家生产粉丝的乙公司，在媒体上公开指责这家公司 "生产粉丝无明矾" 的广告是虚假广告。因为生产粉丝的 "地球人" 都知道，"明矾" 是漂白粉丝必须添加的一种化学试剂，这家公司生产的粉丝颜色那么白，不可能不含有明矾，因而甲公司欺骗了消费者。甲公司以乙公司侵犯本公司商誉为由，提起诉讼。在诉讼过程中，甲公司公开了他们漂白粉丝的配方，主要化学原料是 "$NH_4Al(SO_4)_2$"。

这个案件的焦点，可以简化为一个化学问题，"$NH_4Al(SO_4)_2$" 究竟叫不叫 "明矾"？如果是，那么甲公司的广告，是欺骗消费者的虚假广告，乙公司胜诉；如果不是，那么甲公司的广告，尽管有误导消费者的嫌疑，但从字面意思上讲是真实的，乙公司的指责是没有道理的，乙公司败诉。

这只是诉讼中有关科学问题的一个极简单案例。"明矾" 究竟是什么，它的分子式，它的化学构成，它与性质相近的离子化合物的区别 ……这些化学知识，都是有定论的，在化学专业领域内不会引起争议。因而关于明矾的化学知识可以直接运用于审判，作为法官解决 "明矾是什么" 这个科学问题的知识基础。

但是，司法实践当中的不少科学知识问题，不像 "明矾是什么" 这样简单。与我们日常生活走得比较近的，如合同中的签名是否伪造，签名的形成时间先后，秘密录音的声音识别，交通事故中车速的判断，商品（包括房屋）使用中的质量缺陷，医疗事故中的责任划分，醉酒检测……以及与我们日常生活相隔比较远的，如民事案件中的知识产权侵权、技术合同转让、高精电子仪器故障、火灾原因，刑事案件中的法医检验、伤害评级与认定、精神病鉴定、测谎分析、身份识别、被盗物品估价、可疑相片的真伪、毒品学、毒理学、病理学、弹道学、爆炸物鉴定、理化检验分析等领域，对于很多问题，即便是相关领域的知名专家，他们的分析结论也存在着尖锐对立，更不用说没有相关专业知识的普通法官、检察官和当事人。

在证据法上，专业知识的运用，有"司法认知"和"证据方法"两种途径。前者针对的对象，是专业知识诉讼运用没有争议的部分。这部分内容，如同明矾的化学知识一样，可以作为科学公理、科学定理、科学常识，直接由法官加以认定和适用。而后者针对的对象，是专业知识诉讼运用有争议的部分，它们形成本章所谓的"科学证据的采信问题"。这一问题的要点在于，为了得到公正的判决，作为"科学外行"的法官，应当通过什么样的法律方法，合理地评价作为"科学内行"的专家就案件专业问题出具的报告和意见。或简言之，科学外行评价科学内行的法律方法是什么？

一、科学证据采信的疑难之处

怎样评价科学证据是一疑难。表面上看，如同美国证据法学者麦考密克所言，法官采信科学证据是要做"力所不能及"的裁判。[①] 作为科学外行的法官并没有相关科学知识，却要求他来合理评价相关科学知识的诉讼运用结果——科学证据，这显然有些勉为其难。因而，德国证据法学者罗科信才有"当用自然科学的知识可确定一事实时，此时法官的心证即无适用之余地"的断言。[②] 这表明，科学证据采信的疑难，直接影响了现代证据法的基本原则——证据裁判原则和自由心证原则的运用，使得"法官可以凭借自身经验和知识正确认定案件事实"这一反映现代证据法原则精髓的理念，受到前所未有的三大挑战。[③]

如果细究科学证据采信疑难的深层次原因，可从以下三方面着手。

（一）从证据方法来看

从证据方法探知科学证据采信的疑难有一个前提，即要明确科学证据与

---

① 斯特龙. 麦考密克论证据 [M]. 汤维建，等译. 北京：中国政法大学出版社，2004：400.

② 罗科信. 刑事诉讼法. 第24版 [M]. 吴丽琪，译. 北京：法律出版社，2003：121.

③ 张斌. 论科学证据的概念 [J]. 中国刑事法杂志，2006（6）：48-52.

证人证言的区分。作为一种证据方法，通常认为科学证据与证人证言一样，同属于言词证据，即它们的内容与形式都具有语言陈述的性质。[①] 但是，对于同样具有语言陈述性质的科学证据与证人证言，[②] 如德国证据法学者罗科信教授所言，从作证活动的外观、作证形式或者过程加以区分，[③] 不仅复杂，而且不充分、不清晰。

实际上只需要根据作证主体的陈述对象，辅之以陈述依据，就能准确判断出作证主体究竟是证人还是专家（鉴定人）。因而专家与证人在证据方法上的区别只有两条：（1）证人陈述的对象，是其亲身感知的案件发生时的情况。专家陈述的对象，不是他亲身感知的案件发生时的情况；（2）证人陈述的依据是他的日常经验，这就决定了他所看到的，只能是五官所能感知的案件"显在"事实，由于他是案件发生的见证，他的感知是独一无二的，因而他不可替代。专家陈述的依据是他的专业知识，这就决定了他能看到普通证人"五官"所不能感知的案件"潜在"事实，由于他不是案件发生的见证，他的知识不是独一无二的，因而是可被替代的。

科学证据采信疑难在证据方法上的原因有二。其一，专家陈述的对象，都是仅凭五官不能感知的案件事实之间的内在关系，是一种潜在的案件事实。犯罪现场提取的指纹、精斑、各种微小的痕迹证据，如果不经过专家的分析检验，我们不清楚这些东西能够表达出什么信息，它是怎么留在犯罪现场的，是何人留下的；病人经过特定的医疗手术，却留下终身残疾或者由于手术不成功而死亡，如果不经过医疗事故鉴定，我们不清楚这些结果究竟是出于病人的病因，还是源于医生玩忽职守和极端不负责任；电脑突然出现故障、高压锅突然发生爆炸、高速行驶的汽车轮胎突然脱落、轴承突然断裂，如果不经过相关的检验，我们不清楚究竟是出于操作的失误还是因产品的固有缺陷。这类事实在案件中不胜枚举，这表明专家的陈述对象，科学外行"不可感"。

其二，专家陈述的依据，是仅凭日常经验所不能把握的科学知识。一个化学分析人员可以向法官解释同样是光谱，在分析结果同样准确的情况下，原子光谱（AS）为什么可以进行"超痕量"分析，而分子光谱（FS）只能进

① 何家弘，刘品新. 证据法学［M］. 北京：法律出版社，2004：124.

② 张斌. 论科学证据的三大基本理论问题［J］. 证据科学，2008（2）：138-146.

③ 罗科信. 刑事诉讼法. 第24版［M］. 吴丽琪，译. 北京：法律出版社，2003：262.

行"微量"或"痕量"分析；解释同样是原子光谱，为什么有的金属元素要用原子发射光谱（AES），而金属元素钴（Co）需要用原子吸收光谱（AAS）；以及同样用原子吸收光谱测定人体毛发中的微量金属元素钴，为什么用电热原子吸收的办法（EAAS），比用火焰原子吸收的办法（FAAS）更准确一些。一个测谎专家可以向法官解释测谎有认知心理科学上的依据，特定人说谎会诱发不受大脑控制的身心异常信号，这些信号通过特定仪器检测出来，并可由 RIT、CQT 或者 GKT 等测谎技术来进行判断。或者一个精神病专家向法官解释案件中的"剩余杀人"现象，极有可能表明杀人者有严重的心理、精神残疾，或者出于心理臆想而不能控制自己的行为。一般情况下，法官能够听懂这些化学分析人员、测谎专家或者精神病专家的分析吗？他听不懂。一种极端的情况是，一化学分析人员即使向法官刚刚解释了只能用电热原子吸收光谱测定人发中的钴，另一个化学分析人员又马上推翻这种结论，认为电热原子吸收光谱的办法不可靠，只要有合适的显色剂，紫外分子光谱的办法更为可靠。对于这些解释和解释的异议，法官只能试着去"理解"而不会"判断"，因为他没有相应的知识储备，对于相关专业知识他没有任何判断能力。这表明专家的陈述依据，科学外行"不可知"。

这样，科学证据在证据方法上，由于陈述对象的不可感、陈述依据的不可知，从而使得法官无法像对证人证言那样，直接运用经验方法来进行评价和判断。

（二）从认知结构来看

上述证据方法的分析有一潜在前提，即法官采信科学证据疑难的基本原因，是法官作为科学外行没有相关科学知识。如果对某一科学证据进行裁判的法官，恰巧是这一科学证据所属领域的专家，即法官是科学内行，他是否能够从根本上解决科学证据采信的疑难问题呢？要明确这一点，需辨析科学证据采信的认知结构。

科学证据的采信，实际上发生了两次认知活动。第一次是"科学证据"表达的内容。它是科学家就相关专业问题所作的专业解答，即科学认知。第二次是"科学证据的采信"表达的内容，它是法官对科学家专业解答正确性的评价，即诉讼认知。如果我们认同科学认知与诉讼认知具有共同的认知目标——追求专业问题的正确解答，那么这两者就具有相互比较的基础、必要和可能。两者之间的区别如表 13-1 所示。

表 13-1 诉讼认知与科学认知比较

比较项目		诉讼认知	科学认知
认知思维	宏观模式	证据裁判主义	科学实证主义
	技术要求	证明对象、证明责任、证明标准	科学假说、实验设计、具体操作
	规范要求	证据与证明规范主要内容包括证据问题如证据可采性、证明力，证明问题如证明对象、证明责任、证明标准	科学与实验规范主要内容是保证实验设计能够准确体现科学假说的全部内容，具体操作要完全依据实验操作规程
	时空条件	有庭审时空的限制，证据裁判必须在法律规定的期限内完成	无时空条件的限制，科学发现完全依靠科学家的学术热情和科学假说
	基本属性	被动、衡平	主动、热忱
认知方法	载体	证据	数据
	表达	证据判断	实验观察
	法则	经验法则	实验法则
	属性	判断范围的不变性	判断范围的扩张性
认知逻辑	表达	将认知问题转化为证明成立与否的判断问题	将认知问题转化为科学假说能否得到实验支持的确证问题
	形式	直言三段论推理	假说演绎推理
认知结果	表达	法律裁判	科学知识
	形式	只有信，而无知	知或者信，主要是知
	属性	以盖然性表达的准确结果	以准确性表达的盖然结果
	功能	定分止争	解释未知现象
	要求	法律权威	可重复检验
	误差	证明标准	误差控制
	意义	具体，能够显著影响当事人的权利义务关系	抽象，有些科学成果要多年以后才能显示出它的应用价值

比较项目		诉讼认知	科学认知
其他认知因素	动力	法律要求的正义，法治信仰	科学研究的求知欲，科学真理
	复核	上诉、再审	科学同行的实验复核
	错误	能够马上发现，因为存在当事者	不能马上发现，因为科学同行都有自己的科研任务，无暇顾及他人研究，只有当某人的科学研究引起大家重视并且需要重复时，才有可能发现是否存在问题
	价值	存在价值选择，有利益倾向性	大多数时候奉行价值中立原则
	社会	易受影响	不易受影响

通过比较科学证据采信中的认知，可得出以下结论。

首先，科学证据采信中的两次认知，具有本质的差异。"科学证据"折射出来的认知是科学认知，"科学证据的采信"折射出来的认知是诉讼认知。科学认知的实质方法是实验方法，诉讼认知的实质方法是经验方法。科学认知所用的实验方法与诉讼认知所用的经验方法，反映了两种完全不同的认知思维模式。诉讼认知的思维模式是证据裁判主义，科学认知的思维模式是科学实证主义。这种思维模式的差异，外化为两种认知思维的属性、所需要的技术、所存在的规范、所要求的时空条件，都存在本质上的差异。这些差异又具体表现为两种认知在认知结果、认知方法、认知逻辑以及其他认知构成因素方面的差异。

其次，科学认知与诉讼认知之间的差异，决定了科学证据采信中法律认知思维与科学认知思维之间有巨大的张力，这种张力并不会因为认知主体同时懂得这两种认知活动的基本逻辑与知识规律而有丝毫改变。这就意味着，即便法官恰巧是他所裁判的科学问题的专家，他也会因受"诉讼认知与科学认知基本认知逻辑与知识规律的不同表达"这种客观条件的限制而在特定科学问题上无法做出恰当的判断。具体表现为如下四方面。

1. 在认知思维上，诉讼认知思维是证据裁判思维，它有特定的法技术、法规范要求，有时空条件的限制，它着重于判断而非探索，着重于衡平各种利益要求，最终目标是解决案件纠纷，非常具体。而科学认知思维是科学实证思维，它也有自己的技术特点和规范要求，没有时空条件的限制，着重于探索而非判断，着重于主动进取、积极的思考，最终目标更为宏观。

2. 在认知方法上，诉讼认知案件专业问题的手段是"科学证据的采信"表达的内容，运用经验方法，遵守经验法则；科学认知案件专业问题的手段是"科学证据"表达，要运用实验方法，遵守实验法则。其中的矛盾在于，科学家在认知案件专业问题时，他所运用的原理、方法和具体操作，存在较多的非经验甚至反经验的内容，这是法官所运用的经验方法和经验法则在案件专业问题上失灵的地方。

3. 在认知逻辑上，诉讼认知的逻辑表达是直言三段论，因而不认同科学认知的那种假说演绎的方式。法官甚至还可能把科学假说当作非科学的内容加以摒弃。法官从来没有如下认知逻辑，即科学原理、科学方法的真理性，都是附条件、有范围的，如果没有所附的条件，超过相应的范围，科学也就成为非科学或者伪科学。

4. 在认知结果上，对待案件的专业问题，诉讼认知要求确定的科学结论，科学家因受检验原理、方法和具体条件的限制而（1）不能给出确定的结果；（2）只能给出表明准确度的可能结果；（3）只能给出附条件的检验结果；（4）只能给出表明自己意见的结果。在这四种情况下，法官都无法得到案件专业问题的确定答案。由于法官不太理解科学家在科学检验结论中有关误差的分类以及控制问题，因而对科学家这四种检验结论，他只能做出信或者不信的"非黑即白"式的选择，忽略这些结论当中的误差控制及其他附带条件。一旦他这样做，很显然他就"改变了"科学家的检验结论，因而法官的认知结果可能成为一种独断的非科学结论。

总之，诉讼认知与科学认知之间存在的客观性差别，决定了"以诉讼认知这种法律思维来评价科学认知所有的科学思维"这种所谓的科学证据采信活动，先在地具有不同程度的不可解决的疑难之处。

（三）从专家角度看

如果进一步考虑专家在科学证据生成当中可能存在的主观性问题，即便法官是相关科学领域的权威专家，他也可能不能合理地判定欲通过科学证据方法解决的专业问题。这可从两方面来解释：一方面，如果辨析一下"科学证据"当中"科学"一词的语法功能就会明确，科学证据的生成，是专家在运用他主观上认为（"我认为是"）科学的知识来解释案件事实构成的变化发展及其内在联系。① 在此过程中，他运用的知识是不是真正的科学知识，他运用科学知识的方法对不对，他能否将科学知识运用到特定的问题之上，他在特定问题上运用相关科学知识的操作是否规范……都会对最终结果有较大的影响。因而，专家运用科学知识的"我认为是"的性质，与"客观上是"的科学知识存在一定的距离。这样，"专家运用科学知识解释案件内在联系及因果规定是否具有客观真实性"这一问题，就转化为专家运用科学知识的主观化程度应当保持在什么样的限度内，我们才能够放心地将"我认为是"的专家结论当作"客观上是"的科学结论，法官采信科学证据证明力大小的判断问题，就转化为对专家运用科学知识生成科学证据是否具有主观随意性的识别问题。

另一方面，可以从误差、错误对科学证据最终影响的角度，对不同程度的专家主观性进行分类，分类具体情况如表 13-2 所示。

表 13-2　科学证据生成中专家主观性的分类

项目	科学家态度	性质描述	分类	形成与表达	主观恶性
误差	科学	检验结果与真实结果之间的客观性差异	随机误差	统计学上的；随着检验统计次数的增加会逐渐减少，被平均掉；不需要表达	没有误差的形成是科学原理、方法、操作固有的
			系统误差	实验设计上的；与实验设计所依赖的原理、方案有关，不会随着检验次数的增加而减少；一般用置信区间表达	
疏忽	准科学	检验结果与真实结果之间的客观性偏差	没有固定的分类标准和统一方法	实验设计上的；与实验设计原理、方案、操作、实验环境等可能影响检验结果的因素都有关系	较小疏忽的形成并不是科学家有意为之的

① 张斌. 论科学证据的概念 [J]. 中国刑事法杂志, 2006 (6)：48-52.

续表

项目	科学家态度	性质描述	分类	形成与表达	主观恶性
缺陷	非科学	检验结果与真实结果之间的主观性偏差；一般表现为高估自己研究，低估别人研究，并为此不惜牺牲科学原则	没有固定的分类标准和统一方法	实验设计上的；与实验设计原理、方案、操作、实验环境等可能影响检验结果的因素都有关系	较大缺陷的形成是科学家有意为之的
错误	伪科学	检验结果与真实结果之间的主观性偏差；表现为极端仇视或贬低同行的研究以抬高自己，为达到科学承认目的不惜使用任何科学或者非科学手段	没有固定的分类标准和统一方法	不仅仅表现为实验设计上的；与各种科学与非科学的因素都有关系；伪科学家是一类科学骗子和学术流氓	最大错误的生成是科学家有意为之的

此表格当中，误差与疏忽之间、疏忽与缺陷之间的差别实际上比较小。因为疏忽可以用误差的方式表达，缺陷也可以粉饰成误差或者疏忽，从而隐瞒其中的非科学因素。即使在科学证据中存在"伪科学式"的错误，伪科学家也能够以科学的外观和内容来进行表达，极力掩盖错误，甚至还可能比缺陷、疏忽掩盖得更好，因为在伪科学家的眼中没有任何科学原则和道德操守。况且不同的学科领域具有参差不齐的发展水平，这就决定了专家主观性的识别，总体上并没有一个放之四海而皆准的标准。因而在诉讼中识别专家主观性，需要根据科学证据采信的具体问题，分领域、分性质、分方法、分情况区别对待。

二、科学证据采信的问题域

（一）科学证据采信问题的一般性

从证据方法上看，科学证据面临的采信问题，与证人证言、书证、物证等证据方法一样，即为了获得对证据方法欲证明事实的正确认识，需要考虑这些证据方法采信的几个问题，这是科学证据采信问题的一般性。对此可从三方面进行解析。

1. 需明确证据方法这一概念。证据方法在一般意义上是一种事实探知方法。这种方法在日常生活中有广泛的运用。例如，历史学家对某一历史事件的考证、医生对患者病情的诊断、新闻记者对新闻事件的调查、法官对案件事实的裁判、科学家的科学研究，等等。他们都是通过其手中掌握的既定证据探知已经发生过的事实。证据法意义上的证据方法，是指一种程序过程所依赖的基本方法原理。这种程序过程主要指法官通过庭审调查获得案件事实信念的过程，即法官在审判过程中对当事人的举证、质证行为进行判断和评价，选择特定材料作为定案依据，以此来确立案件事实的真实状况。证据方法的思考立场在法官，思考重心是证明力。这是证据方法的主观性问题。

2. 需明确证据方法的特点。证据方法有三个特点：（1）目的性。法官利用证据查明事实、裁判案件的主要目的，是要尽快平息当事人之间的纷争，给双方当事人一个使之较为信服的法律解决方案。（2）法定性。主要表现在，证据资格有严格的法律规制，法律严格规定了证据收集、出示、对质和认定的程序以及举证责任的分配和负担原则，有严格的程序规定及配套制度。（3）回溯性。由于时间的不可逆，已经发生过的案件事实不可能再重新回复。法官只能根据已发生案件在特定时空条件下留下的证据碎片来认定事实。而证据数量的有限性和证明力强弱程度的不稳定，决定了证据方法从逻辑上讲是"以偏概全"，即不完全归纳的方法。这是证据方法的可能性问题。

3. 需明确证据方法关注的基本问题。法官怎样在资源有限、证据有限的情况下，在法律规定的时限内正确地认定案件事实，是证据方法关注的基本问题。这是证据方法的操作性问题。

（二）科学证据采信问题的特殊性

科学证据作为一种证据方法，它的采信同样由主观性、可能性和操作性三大问题构成。只不过，科学证据采信的疑难，决定了科学证据采信的主观性问题、可能性问题和操作性问题，具有不同于其他证据方法的特殊性。

首先，科学证据的专业知识特点，决定了法官所拥有的日常经验与逻辑知识并没有直接用武之地。这就决定了在科学证据的主观性问题上，思考的重心并不在于法官评价科学证据可能出现的主观随意性，而是法官对于提供意见的专家有没有一定的识别、预见和判断能力。识别针对专家的资格，预见针对影响专家做出结论的案内与案外因素，判断针对科学证据的证明力。在此意义上，尽管法官采信科学证据的时点是在法庭审理阶段，但科学证据主观性关注的重心是在科学证据的生成过程，它要解决的中心问题是专家在科学证据生成过程中是否存在主观随意性。

其次，科学证据采信的可能性问题，要分成三种情况。（1）依据自身经验判断。法官仅凭自身的普通人经验，由于科学证据陈述对象的"不可感"，陈述依据的"不可知"，因而不可能客观评价科学证据。（2）依据自身学习判断。法官通过学习获得了足够的科学知识，客观评价科学证据是否可能。对此，本章认为有可能，但是可能性不大。这要看法官学习特定科学知识的能力，以及科学证据所依赖原理的客观性程度。科学证据的陈述依据，是科学同行都认同的"公理"，并且法官的学习能力非常强大，在这两个条件都具备的情况下，法官有可能对科学证据的证明力做出客观的评价。（3）借用专家经验判断。法官借助专家的经验，通过专家的协助获得了足够的科学知识，客观评价科学证据有无可能。对此，本章认为有很大的可能性，但是仍要注意法官在运用专家经验的过程中，可能存在的主观随意性问题。从这三种情况我们可能看出，科学证据采信可能性问题的解决，仍然依赖科学证据主观性问题的解决。

最后，证据方法的诉讼过程性质，决定了我们只能在具体的诉讼架构中讨论上述问题，必须把上述的指导思想和原则落实到具体的诉讼原则和诉讼制度上来。因而科学证据评价的操作性问题，是怎样根据科学证据的证据方法特点，调动和配置相应的诉讼程序资源，并且将这部分的内容通过相应的规范制定出来。

（三）科学证据采信问题的划分

科学证据采信在主观性、可能性和操作性三大问题上的特殊性表现，可以分解为两个部分：　是在科学证据生成过程中的科学知识运用问题，其重点在于识别专家在科学证据生成过程中可能存在的主观随意性。这部分称之为科学证据采信的知识问题。二是在法律层面探讨科学证据的评价问题。尽管可以笼统地把法律和科学都看作"理性"的学科，有着客观不变以及可以认识的运用规律，但是法律方法和科学方法的不同特征，决定了法学家（法官）和科学家思考问题和解决问题的方式有不小的差异。怎样看待这种差异，分析这种差异，并通过有关的诉讼资源配置合理运用这种差异？这些问题，都与诉讼规范的运用有关，它是法官评价科学证据证明力所需要的法律环境。这部分，可称之为科学证据采信的法律问题。

三、科学证据采信的知识问题

（一）知识问题的划分与特点

在科学证据生成阶段，专家运用科学知识的主观性，按照科学证据生成的层次性特点（原理、方法、操作），可以分为知识分界、知识确证、知识误用、知识复核四大问题。这些问题的基本特征表现在以下四方面。

1. 抽象性。抽象性表现在知识问题可以脱离科学知识运用的具体法律环境，在一个相对抽象的层面上来探讨科学知识的检验问题。它先将影响科学证据运用的法律因素暂时搁置一旁，探讨法官评价科学证据证明力会遇到哪些知识障碍，这些知识障碍怎样用知识的方法加以解决。它的方法论意义是，法官评价科学证据证明力所遇到的知识障碍，首先不是法律问题，而是知识问题，因此应当考虑知识层面的解决办法。法律中的诉讼模式、调查规则、程序设计等问题的提出，需以知识层面的解决办法为前提条件。正因为如此，知识层面的解决办法才具有最广泛的适用性。只要是科学证据的证明力评估，不问它来源于大陆法还是英美法，知识的解决办法总是需要首先考虑的。

2. 复杂性。知识问题的复杂性来源于科学知识运用的多样性。科学证据所属的专业领域是比较多的，根据美国加州大学哈斯汀分校法学院 David L. Faigman 教授等四人编著的《现代科学证据：专家证言的法律与科学》一书（四卷本，2006—2007 年版），科学证据的类型有经验科学领域、精神心理科学领域、生物医学领域、法庭科学领域等 37 种。[①] 我国规定的法医类、物证类、声像类和其他类鉴定项目有 160 余种。

3. 层次性。层次性指科学知识的运用可以有多种层次。科学证据是专家运用可检验特征的普遍定理、规律和原理解释案件事实的专家意见。具有可检验特征的普遍定理、规律和原理是第一层次的知识。专家运用第一层次知识所形成的各种操作方法也属于知识，但是与第一层次知识比较起来，明显

---

① KAYE D H , SAKS M J, SANDERS J, et al. Modern Scientific Evidence The Law and Science of Expert Testimony [M]. Berkeley：Thomson West Press, 2007：143.

属于原理的运用，可以看作第二层次。专家在运用第二层次知识进行操作的过程中，对于其程序、步骤、特定现象的出现，由于反复进行又会形成个体的经验和特定技能，这种方法的个体感悟与第二层次的知识具有一定区别，可以看作第三层次的知识。因而科学证据的生成，实际上是科学原理、科学原理的运用（方法）、特定操作主体经验综合的结果，即第一、二、三层次知识综合运用的结果。知识问题的层次性特点，首先意味着不同层次的知识问题具有不同的着重点。第一层次着重于原理的可靠性，第二层次着重于方法的效用性，第三层次着重于操作的正确性。其次意味着知识问题的解决有时序性的问题。第一层次的原理问题必须首先解决，在此基础上才谈得上原理的运用效率，即找到最佳的原理运用方法。

4. 探索性。科学探索是没有止境的。科学是人类文明发展最为重要的推动力量，已经而且将继续为人类文明做出巨大的贡献。这在证据法中就体现为出现了越来越多的新兴科学问题。例如，随着计算机技术的网络化与家用化，计算机病毒、木马的发现和固定是一重要问题，它是确定嫌疑人实施了相应计算机犯罪的前提条件，因而相应计算机证据的固定和分析，成为能否打击计算机犯罪、维护网络安全的关键问题。女性为了形体美观，利用硅胶填充物来隆胸，这在现代社会中似乎比较普遍，但是硅胶填充物对人体是否具有危害性，是一个极富争议的科学问题。诸如此类的问题，在医学领域也不少见，如手机辐射与脑癌、吸烟与肺癌之间的关系，特定的医疗事故鉴定等。知识问题的探索性特征，决定了不少知识问题极富争议。

（二）知识分界

知识分界主要关注的问题，是科学证据的操作原理是否具有科学基础。在多数实验科学领域，科学证据的操作原理已得到社会公众和同行承认，多数操作原理都是人们经过反复试错、实验论证发展起来的，这些原理的技术性运用在科学研究、日常生活中发挥着稳定而又可靠的作用，成为科学理论界的公知知识，对这些公知知识原理，不需要考虑知识分界问题。例如，（1）DNA证据所依赖的科学原理——DNA分子碱基配对在任意两个人之间的不可重复性以及"DNA探针"约束DNA分子的有效性，这在DNA分析中已成为公知知识；（2）测试车辆运动速度的视觉平均速度电脑记录技术（VAS-CAR技术）和雷达测量技术；（3）指纹分析技术；（4）通过刹车痕迹与距离能够推断车辆行驶速度；（5）武器和工具痕迹鉴定；（6）弹道学分析；（7）声纹鉴定；（8）火灾事故分析；（9）爆炸物检验；（10）检测醉酒所用到的气相色谱分析原理；（11）毒品检测所用的分子光谱；等等。

在一些经验科学领域，相当多的科学操作原理可能会引起人们较为广泛的争论。最有代表性的领域是对于事关人类健康的环境、食品、药物所作的风险评估以及相关因果关系的研究。例如，（1）电磁场危害，手机辐射电波与脑癌的关系；（2）烟草危害，吸烟会不会导致肺癌；（3）石棉危害，是否为尘肺病的病因；（4）环境污染物危害，特定毒性排放物，如废水、废气、废渣所引起的疾病；（5）日常药物危害，使用抗生素、精神安定药物、有明显反应的药物的副作用；（6）硅胶填充物危害，前文谈到的隆胸；（7）食品添加剂危害，有三聚氰胺的牛奶、加了苏丹红的盐蛋、避孕药催肥的黄鳝、地沟油炒的菜肴所引起的食品安全问题；（8）流行病学调查；（9）各种统计性证据；等等。在这些领域，科学家的研究往往是各说各话，并没有一个明确的结论。此外，心理分析和精神病鉴定的有关结论，由于带有明显的主观经验性质，其结论也容易引起争论，以至于有人怀疑心理分析和精神科学的科学性质。例如，（1）心理投射技术；（2）家庭暴力中的妇女综合征及其他心理症状；（3）家庭暴力中孩童综合征、其他心理症状和虐待；（4）强奸创伤综合征；（5）测谎与催眠；（6）目击证人（心理）测验；（7）孩童记忆和证言（心理）测验；等等。

在这些领域，科学证据的采纳与采信，首先应解决科学证据据以产生的科学原理是否科学和可靠的问题。如果科学原理是科学的，那么科学证据可能是有效的，能够对特定的现象发挥一定的解释作用。如果科学原理是不科学的，科学证据则不可能是有效的，它对特定现象发挥解释作用就无从谈起。因而，就科学证据的运用而言，首先应辨明其操作原理的科学成分与非科学成分。

（三）知识确证

1. 知识确证问题关注的焦点——检验方法的可信性及其问题构成

知识确证主要研究科学证据蕴含的检验方法可信性问题。它是从方法的角度，将知识分界问题在科学知识层面的具体化展开。知识分界问题的最终解决，要通过知识确证问题的分析。这是因为，解答特定领域科学证据的科学原理是否具有科学基础，需要通过科学观察和实验来进行验证。这种检验方法是具体的、可见的，并不是抽象的。科学证据所蕴含的原理是否可行，最终要体现在科学证据生成中所确定的科学检验方法之上。一般情况下，我们首先看到的是科学证据生成所用的科学方法。只有科学方法在特定科学领域存在重大争议的情况之下，我们才会考虑特定科学方法所蕴含的科学原理是否具有科学基础，才会考虑知识分界问题。在这个意义上，知识确证是知识问题的核心所在。检验方法的可信性，可以从两个角度来进行：一是"我者"的角度，即站在科学结论检验者自身的立场上，检验结论的可重复性；二是"他者"的角度，即站在第三人（其他科学同行）的角度，检验结论的有效性。其中，可信性是一总的概念，它包含了可靠性和有效性。可靠性针对科学结论的可重复性而言，即别人利用和检验者同样的检验方法，能否得出与检验者同样的科学结论。有效性则针对科学结论的客观性和正确性而言，即假设有一个绝对客观、绝对正确的科学结论，那么科学结论与这种假想的客观结论之间存在多大的距离。这三者的概念，可以用表 13-3 来表示。

表 13-3 可信性、可靠性与有效性

概念	问题属性	主要针对的问题	主要评价指标
可信性	总的评价	整个科学证据采信的知识确证	可靠性与有效性
可靠性	具体的评价	方法的可重复性问题	检验方法——误差 检验结论——贝叶斯估计
有效性	具体的评价	科学结论的客观性问题	逻辑的有效性 科学的有效性

2. 检验方法的可靠性问题

评价检验方法是否可靠，与检验方法的"量化"可能与难易程度有关。"量化"的可能与难易，指两方面问题：一是科学检验的过程是否可以框定出特定的检测对象，是否需要检测特定检测对象的成分或者含量；二是指科学结论形式是一个数量还是一种"是或否"的判断。

如果需要检测特定检测对象的成分或者含量，科学结论形式是一个数量，那么可以归为定量分析，其他的归为定性分析。

定量分析的方法特点，是可以在特定系统中标定出特定的检测对象，是以特定检验对象在特定系统中所处的位置、所占的比重、所具有的关系来确定特定检验对象的最终结论。我们把这种需要标定出来的特定检测对象，称之为目标对象。这就意味着，定量分析确定目标对象的方法，是将目标对象与目标对象所在的系统进行比对，以目标对象与系统的所属关系，来确定目标对象的本质特征。例如，在醉酒仪检验中，酒精含量是目标对象，血液是酒精所在的系统，得到酒精含量的方法，是确定酒精在血液中的浓度。此外还有一种可以以数据直接表现出来的目标对象，如车速。这一类定量分析可以看作一种极端情况，即目标对象与其所在系统完全同一，这仍然是一种对比。

定性分析的方法特点，是主要观察目标对象的自身状况，它并不需要通过比对目标对象与目标对象所在的系统，来确定目标对象的结论，相反，它需要描述出目标对象的整体特点，这种描述的方法主要是语言的，而不是数据的。例如，精神病鉴定中，目标对象是被试者的精神状况。被试者精神状况正常还是异常，不可能通过精神状况与精神状况所在的系统的比对来得出最终结论，相反，它需要对被试者每天的活动情况进行忠实记录，甚至用各种仪器来检验被告人特定神经系统是否受损，但无论是记录还是仪器的检验，都不是最终的定性结论，而是为最终结论服务的，是最终结论的判断依据。因而，定性分析方法不是一种比对方法。

明确这一点的意义在于，定量分析与定性分析的可靠性评价方法不同。在可以量化的科学领域，可靠性评价方法有两种，即利用误差理论对检验结论进行科学控制，以及利用贝叶斯定律对检验结论所用的操作方法进行科学估计，尽管这两种方法的评价思想有较大的差异，① 但是这些评价方法总是"外显"的，总是可以通过相应的知识规范表现为相应的评价标准。因而可以量化领域的可靠性评价思想是用"外显"的可控标准来评价定量方法的科学性和正确性。与之相反，在不可量化的科学领域，对分析方法的可靠性评价则要复杂得多，它的原因在于我们无法找到如利用误差控制或者贝叶斯估计原理确定的"外显"标准。一个精神病鉴定专家确定某个犯罪嫌疑人有或者没有精神病，"科学外行"无法理解他是怎么得出确定性结论的。毋宁说，在诸如此类的定性分析领域，检验结论的可靠性更需要检验专家的"专业自觉"

---

① 例如，误差控制需要用统计科学的原理，需要区分检验方法误差和具体操作误差，需要找到操作方法当中的非随机性的固有缺陷。而贝叶斯估计条件概率这一概念，使我们明确背景信息的条件概率，对单次科学检验结论所声称的方法正确性有重要影响，这主要表现在检验方法的正确性并不等于最终检验结果的正确性，在背景信息发生概率可能性很低的情况下，单次检验结论的错误率可能很高，因而在无法进行科学结论有效性评价的前提下，对检验结论的贝叶斯估计具有一定的应用价值。

和"道德自觉"，更需要通过规范检验方法本身来确保检验结论的科学性。①
因而，定性领域的可靠性评价需要更多的知识规范。

3. 检验方法的有效性问题

既然有效性涉及检验结论的客观真实性，很显然，从科学结论依存的检
验方法系统内部是无法做出相关判断的，它需要一个科学检验系统外部的、
我们确切知道真实检验结论的"目标对象"来进行参照。因而在知识确证的
有效性问题上，目标对象有两个重要概念，已知的样品和未知的检材。已知
的样品是确切知道真实结果的参照物，未知的检材是我们在分析检验过程中
所针对的对象。检测过程是通过标准样品在校正检验仪器的检验值，保证检
验仪器在未知检材的检测过程中能够统一方法和标准。

检验方法的有效性，同样与检验方法的"量化"可能与难易程度有关。
在定量领域，通过确定已知目标对象来判断检验方法科学性的办法，比较容
易达到。定量领域最常见的就是用"标准样品"来校正我们所用的检验仪器
和方法。这种标准样品通常是一组含量从低到高的已知目标对象，通过检验
这一组标准样品，我们可以得到与标准样品相对应的"分析结果值"，然后以
标准样品的含量为横坐标，以标准样品相对应的"分析结果值"作为纵坐标，
画出标准样品的标准检验曲线，以此得到测量未知目标对象所用的工作曲线。
未知样品的含量，一般就在那一组含量从低到高的标准样品的范围之内，我
们用测量标准样品同样的办法去测定未知样品，可以得到一个"分析结果
值"，再由标准检验曲线可以确定未知样品的含量。在定性领域，由于标准对
象不存在，有效性的评价要复杂得多。一般只能通过专家资质的认证、方法
标准的设定、日常例行检测来确保检验方法的有效性。专家资质的认证，保
证科学检验人员有按照特定检验方法所设定的标准进行正确操作的可能性。
方法标准的设定，保证不同的专家能够按照同样的检测方法来进行检测。日
常例行检测，则是保证以前已用过的检测方法在今后的科学检测当中继续
有效。

（四）知识误用

知识误用指专家有意或者无意地误用或者滥用科学知识，它是科学证据

---

① 需注意，笔者在此没有否定定性分析领域的专业性和科学性，只是表明定性领域检验结
论的可控性比定量领域的困难。

生成过程中专家错误或者专家缺陷的主要形式。

专家有意地误用或滥用科学知识叫作专家错误，表现在对科学问题的伪科学态度上。马丁·加德纳（Martin Gardner）认为，一个真正的伪科学家的偏执狂倾向可能通过 5 种方式展示出来：（1）他把自己当作天才；（2）他把同事无一例外地看作无知的笨蛋。除了自己，别人都不正确……（3）他认为自己遭到不公平的指责……（4）他有极大的冲动，专门攻击那些伟大的科学家和牢不可破的理论……（5）他经常试图使用复杂的专业术语写东西，在许多情况下，他运用自创的术语措辞……① 这些伪科学家总是采用貌似科学的语言工具、貌似合理的原理和方法、貌似没有缺陷的操作，来进行相应的学术诡辩。

专家无意地误用或滥用科学知识叫作专家缺陷。一般表现为对待某项实验研究结论所持有的一种非科学态度，表现为不能正确估计自己和别人实验中可能存在的误差或者错误。这有两方面：一方面，是会低估自己研究所存在的误差或者错误。例如，在法庭上 DNA 检测结果的展示中，一般会强调犯罪现场提取物的 DNA 分析结论的错误率只有几十亿分之一。实际情况不是这样，由于取样操作和分析方法上的问题，DNA 检验结论远远没有这么绝对的确定性。实验表明其中的错误可能在百分之一到千分之一之间，② 因而其出错的可能性远远大于检验人员声称的几十亿分之一。另一方面，是会高估别人检验的操作问题。例如，夸大取样的操作瑕疵。

（五）知识复核

知识复核的主体，应当而且只能是与科学证据检验主体同属一个专业领域的科学同行。这是因为（1）只有科学同行才能认定科学证据所依赖的基本原理是否正确，是否经过科学界的公认，因而能够判定科学证据所依赖原理的科学性质。（2）只有科学同行才能够判断科学证据所运用的检验方法是否可行，是否为科学检验所依赖的科学原理的正确体现。（3）只有科学同行才能够发现科学结论所依赖的原理、检验方法和具体操作是否存在错误。

知识复核的基本方法是科学同行的实验验证。它是指科学同行运用科学

---

① 福斯特，休伯. 对科学证据的认定：科学知识与联邦法院［M］. 王增森，译. 北京：法律出版社，2001：221-228.

② 福斯特，休伯. 对科学证据的认定：科学知识与联邦法院［M］. 王增森，译. 北京：法律出版社，2001：14.

主体同样的实验方法或者技术手段进行科学实验，能否得到科学主体既有的科学实验结果（结论），从而确定科学主体所声称的科学结论是否正确。这里涉及科学结论的期刊发表问题。一般而言，科学结论能否在科学同行认可的科学期刊上发表，是科学主体的科学结论是否为科学同行承认的一个必要阶段。但是，科学期刊上发表的科学结论，是否都是真正的科学知识呢？那也未必。在特定的科学领域，大部分学术期刊所刊登的科学发现或者科学结论，都会存在有意或者无意的学术不端或造假行为，这说明，期刊发表只是科学结论复核的一个参考因素。

四、科学证据采信的法律问题

科学证据采信的法律问题，包括科学证据采信应有的法律思维、所在的法律环境和运用的法律方法三个方面。科学证据采信的法律思维是一种诉讼认知思维，这在本章第二部分已作过辨析。本部分研究所在的法律环境与运用的法律方法这两方面的问题。

（一）科学证据采信的法律环境

科学证据的采信，在不同的法律环境中所需要解决的法律问题并不一样，由此决定了科学证据具有不同的法律属性。在当事人主义模式之下，科学证据的生成、提出、作证策略等所有问题的解释，同其他证据方法一样，属于当事人的事情，需要由当事人聘请相关专家，就案件中的专业问题做出解释，并由对方当事人对本方当事人聘请的专家进行质证。如果案件的专业问题属于对案件胜负有决定意义的争点问题，那么当事人之间的争斗会演化为专家的争斗。当事人聘请的专家，由于当事人可以自主选择，专家的最终意见总是倾向本方当事人，最终结论总是对本方当事人有利，因而不存在本方当事人聘请的专家去帮对方当事人说话的这种假想情况。如果有这种情况，当事人根本不会花钱来聘请他，他可以去聘请其他愿意帮他说话的专家来出庭作证。当事人主义模式之下的专家，是当事人通过"聘用合同"选择的、对于自己相当有利的专家，是"合同制"的专家。总之，在当事人主义模式之下，科学证据先天地就具有当事人性。当事人模式对于科学争议问题，具有一种放大作用。

在职权主义模式之下，是否需要聘请专家以及专家证据的最终评价，与当事人主义模式正好相反，属于法官的职权范围。这种专家与"合同制"专家的最大不同之处在于，专家的解答先天地不具有当事人性，它具有更多的中立色彩，法庭会选择那种在特定科学领域比较权威的专家来解答相关的专业问题。因而这种专家可以被看成是"荣誉制"的专家，专家作证更多的是一种荣誉，是自己在相关领域研究成果获得社会承认的一种标志。因而职权主义模式对于科学争议问题，没有当事人主义模式下那样的放大作用。

在这两种诉讼模式之下，法官对科学证据的评价态度和心理倾向有区别。在当事人主义模式之下，法官对科学证据倾向于不相信，他具有科学证据当事人性的心理预期。而在职权主义模式之下，法官对科学证据倾向于相信，他更有可能认同专家作证的中立地位。因而这两种模式之下，评价科学证据的机制以及相关的程序设计并不一样。关于科学证据采信环境更为深入的分析，可参见笔者的另一篇论文。①

（二）科学证据采信的法律方法

科学证据采信的法律方法，涉及如何设定科学证据采信的方法标准，以及探讨这些方法标准的相互关系。本章认为，科学证据采信的方法标准，有两个方面的内容，一是具有科学方法"格式化"特征的技术操作指南，二是使用这些技术操作指南的有关专家。

1. 在抽象的意义上，科学证据生成所依赖的科学方法，构成科学证据能够发挥科学解释功能和相应证据作用的知识基础。"格式化"的科学方法，系指将影响科学检验结论正确性的系列要素，通过比较分析，形成特定检验对象的科学技术操作指南。它的特点有四方面：（1）择优性，包括"方法的择优"和"条件的择优"两部分。方法的择优是指在特定科学检验对象依据相关科学原理存在多种检验方法的情况下，选择最优的检验方法。例如，DNA分析依赖的原理是人体遗传基因排序的特定性，但是怎样将这种特定性通过分析检验技术固定下来，目前所用到的检验方法主要有 PCR 和 RFLP 两大类，PCR 方法更为可靠。条件的择优是指通过科学比对实验，探索在特定检验方法之下存在的最佳分析条件，以此修正现有的分析检验条件。分析检验科学的绝大部分内容，都是在探索特定原理指导之下的最佳分析方法和最佳分析检验条件。（2）规范性。它体现在影响科学检验结论的所有操作要素上，通

---

① 张斌. 两大法系国家科学证据采信结构评析：从事实认知的角度 [J]. 环球法律评论，2011，33（2）：79-86.

过所谓"技术操作要求"和"技术操作步骤"的方式加以固定，分析检验人员据此操作就能够确保获得正确的科学结论。（3）纲领性。操作指南并不需要规定特定检验方法的方方面面，它只需要将影响检验结论的最重要的技术要素，通过操作要领加以提示，而其他的技术条件和影响因素，简单地表述成相应的技术要求。例如，在实际分析检验当中，实验环境要素可能简单地以"温度、湿度、洁净度"等指标的技术要求加以提示，至于怎么来保持有相应的"温度、湿度、洁净度"，在所不问。（4）成熟性。特定检验的操作指南，是经过科学家群体千百次试错、分析和探索的结果，它能够确保特定的检验方法有很高的灵敏度、[1] 较好的稳定性、[2] 较宽泛的线性范围[3]以及较为可靠的分析检验结果。[4] 所有的科学检验领域，都存在相应的科学检验方法，但不一定存在这种格式化意义上的科学操作指南。这是因为对许多科学检验项目依赖的检验方法如何进行优化和规范，仍处在实验探索阶段。即便现在看来比较"成熟"的科学检验方法，由于实验样品条件的变化，仍然可能具有潜在的不足和缺陷。[5] 因而科学操作指南的制订与修正，是优化科学检验方法的主要目标和基本任务。采信标准的设立，是想通过"法律规范"的形式，吸收那些科学方法能够格式化的操作指南和评价标准（技术规范），将这种法律归约化的操作指南和评价标准，作为评价科学证据证明力的基本依据。

2. 在科学证据证明力静态的构成要素当中，专家资格可谓重要的因素，它的基本意思是"专家意见可采的前提条件，是专家必须具备相关专业知识"。作为衡量科学证据证明力的基本依据，专家资格也可以叫作专家标准。专家标准与采信标准有共同之处，即都针对科学证据问题，都要求科学证据具有相应的证明作用，都对科学证据提出了相应的法律要求。但是从采信这个角度来讲，专家标准与采信标准则有较大的差别。一言以蔽之，这种差别

---

[1] 即针对微量的样品，也能通过相应检验方法检测出来。

[2] 即对同一检验样品可以做出随机误差范围内的重复。

[3] 即在定量分析当中，能够同时检测出含量差异的分析检验样品；在定性分析当中，能够适应种种不同的检验样品条件。

[4] 即用标准样品进行复核检验，也可以得到与标准样品真实结果同样的检验结果。

[5] 例如，在指纹分析检验技术当中，最重要的技术是怎样发现、提取和固定特定物上的潜在指纹。目前的指纹发现与提取，大致解决了一般光滑表面遗留指纹的发现和提取问题，但是如何发现和提取那些不光滑表面的指纹，是疑难问题。

是主观标准与客观标准的差别。

（1）专家标准是形式的。在科学证据评价中，专家标准只是"入门级"的问题，换言之，专家不具有相应资格，他所做的科学结论根本就不会拿到法庭上来讨论。相反，如果他具有相应资格，他所做的科学结论只具有"形式上的"证明作用，实质上是否具有相应的证明力，还需要法庭通过质证或者聘请他的科学同行来进行鉴别。但是采信标准，直接针对科学证据证明力大小这一问题，由采信标准我们可以判断出专家对科学问题的解答，所依赖的科学原理、方法、操作中究竟有多少科学成分，由此正确判断科学证据能否作为定案依据。

（2）专家标准是不可见的，具有主观性。本章第四部分有关科学证据采信知识问题的解析，其中一个最为重要的目的，是要剔除科学证据当中的主观任意性。这种主观性在科学证据当中是存在的，其原因在于专家对科学问题的把握，尽管具有公认的原理和规则，仍具有人各不同的特点，这既是科学发展的动力，也可能成为科学研究失却客观性的诱因。而采信标准，是将特定门类科学问题的科学方法进行格式化，从中选出最好的科学操作方法，这样便具有较大的客观性。

（3）专家标准不一定具有代表性，而采信标准不存在这个问题。既然专家标准在科学证据判断中只是"入门级"的问题，那么只要具有相应资格条件，这些专家就可以解答相应的专业问题。从科学外行的角度看，某个科学领域中专家的解答就是科学的解答，这个专家代表了这个科学领域。但是在科学同行看来，特定专家的解答也许根本不符合这个领域当中公认的一些原理和规则，有可能存在违背这个领域"科学常识"的情况，因而专家标准可能不具有本部门的代表性。而采信标准，是本领域许多专家试错演进的科学结晶，因而具有较强的代表性。

从另一角度来看，采信标准也不可能替代专家标准，因为科学证据的采信，必须借助具有相应资质条件的专家才能完成。科学外行，无论在科学证据生成过程中还是在科学证据评价过程中，即便手里有种种科学操作指南，他也是看不懂、做不来、审不了的。

五、结论

本章的基本问题是，科学外行评价科学内行的法律方法是什么。详言之，对于科学知识诉讼运用具有争议的科学证据问题，为了做出公正的判决，作为科学外行的法官，应当通过什么样的法律方法，合理地评价那些"科学内行"——鉴定专家就案件专业问题所出具的报告和意见。

本章的基本结论是，它应是一种经验化的科学实验方法。这种方法首先是科学的，或称作知识的，需要遵循科学实验研究的特定法则，这具有一般性和公理性；其次是法律的，需要按照法律解纷的具体目标设置，谨慎吸收科学实验研究中那些虽有争议、但能有效解决讼争中专业问题的成果，这具有特殊性和语境性。这种经验化的科学实验方法的外化，在法官采信科学证据的问题结构中可分解为两大部分，即科学证据采信的知识问题与法律问题。

科学证据采信中的知识问题产生于科学知识的证据法运用。其原因在于做出科学结论的专家存在主观性。从易于理解的角度，根据科学证据生成的层次性特点（原理、方法、操作），可将上述所有问题分成知识分界、知识确证、知识误用、知识复核四个部分讨论。

在法律层面解决上述知识问题所能达成的共识，是用事后可检验的科学方法标准固定科学证据的生成，用懂得这些方法标准的专家帮助法官评价科学证据的生成。科学方法标准是知识外显的，因而是客观的；专家评价是知识内隐的，因而是主观的。前者构成客观标准，后者构成主观标准。科学证据采信标准的设立，即是这种客观标准与主观标准的统一。在相关的科学领域能否寻找到这样的主客观相统一的判断标准，是科学证据采信疑难能否解决的关键。

第十四章

两大法系科学证据采信结构评析

——从事实认知的角度

一、英美法国家的科学证据采信结构及问题

英美法系国家审判结构的特点，如达马斯卡所说，主要表现为陪审制、对抗制与集中制。① 其中，与科学证据判断有关的审判结构特点，主要是陪审制与对抗制。

（一）二元法庭之下的科学证据可采性

陪审制的要旨在于将所有的案件问题分为法律问题与事实问题，法律问题由法官负责，事实问题由陪审团负责。在证据法上，证据的可采性属于法律问题，证据的证明力判断属于事实问题，因而法官对双方当事人提出的证据从法律的视角先做出一般性的审查，然后交由陪审团判断。在科学证据问题上同样如此。以美国为例，科学证据的可采性取决于该证据的相关性，这主要由《美国联邦证据规则》第702条及第401~403条规定。②麦考密克将这些内容总结为"关联性加有用性"的审查。③

在美国，关于专家证据的可采性，不同的司法辖区适用不同的可采性规则。美国共有29个司法辖区适用道伯特规则，有17个司法辖区适用弗莱依规则，有8个司法辖区适用其他可信性检验规则。④北卡罗来纳州采用第三类规则，该州的布朗法官从"实战"的角度，列出了法官在审查科学证据可采

---

① 达马斯卡. 漂移的证据法 [M]. 李学军，等译. 北京：中国政法大学出版社，2003：第二、三、四章.

② 艾伦，库恩斯，斯威夫特. 证据法：文本、问题和案例 [M]. 张保生，王进喜，赵滢，译. 北京：高等教育出版社，2006：148，723.

③ 斯特龙. 麦考密克论证据 [M]. 汤维建，等译. 北京：中国政法大学出版社，2004：395.

④ GIANNELLI P，IMWINKELRIED E. Scientific Evidence [M]. Lexis Nexis，2003：13–15.

性时应当考虑的问题,① 布朗法官的问题清单比较完整地表明了美国法官有关科学证据可采性问题的思考过程。这份问题清单既包括科学证据审查所特有的知识问题，也包括美国法庭审查判断科学证据时所用到的一般相关性检验办法，还包括在美国陪审制之下特有的防止陪审团滑向不公正的排除规则。这意味着，美国法官对科学证据所作的可采性判断是一个相当复杂的体系，其目的是防止不可靠的而又带有科学面具的证据进入法庭，误导陪审团，为此需要法官在判断科学证据时发挥"法律守门人"的作用。

（二）对抗制之下的科学证据攻防

科学证据通过法官的可采性审查以后，其证明力交由陪审团判断。陪审团判断科学证据证明力，是在双方当事人交叉询问科学证据提供方即专家证人这一过程中进行的。如果说法官对科学证据可采性问题的审查体现出典型的陪审结构，那么，双方当事人对专家证人的交叉询问则反映了科学证据判断中的另外一个特征，即典型的对抗制。

英美对抗制的实质是证据的攻防与对抗，它的最大特征在于整个庭审调查的展开由双方当事人控制。换言之，当事人对证据的收集、保全、提出、质证具有主导权。有关争点事实的冲突由于当事人主导证据调查而得到强化。其原因是，案件事实调查由当事人主导，案件的争点会以一种"非黑即白"、截然两分的形态出现。对抗双方就争点事实分别提出证据加以证明或者证否，形成针锋相对的两种观点，并由法官居中做出判断。这种将案件争点事实裂分成对抗双方不同主张的做法，优点和缺点都同样明显。

一方面，陪审团可以很清楚地知道对抗双方对于案件事实的争点究竟在什么地方，从而有针对性地对双方当事人就争点事实提出的证据加以权衡并做出裁判，证据作为案件事实的认识手段的功能得到加强。另一方面，双方当事人围绕着争点事实的冲突，有可能由于当事人主导民事程序而演变成一场真正的"战争"，当事人在"胜诉就是一切"的观念指导下，千方百计削弱对手证据的分量，对对方所提出的证据穷追猛打，在细节问题上吹毛求疵，证据作为双方当事人的攻击防御手段的功能同样得到加强。

因而在庭审程序中如何保证双方当事人的对抗能够有序进行以及最终得

---

① BROWN J. Scientific Evidence and Experts Handbook［M］. New York：Aspen Law & Business，2002：22.

到公正解决，就成为对抗制程序需要考虑的核心问题。为了保证当事人就案件事实的对抗集中、有序和理性，在审前不仅需要独立的证据调查程序来保证当事人相互了解彼此的诉讼主张和出示的证据材料，在庭审中也需要为当事人提供足够的程序权利来保证双方当事人有充分的机会进行证据的攻防活动，法官的作用被限制在保障当事人在审前和庭审中的争斗不至于混乱和无序。

这样一套证据调查程序的建立是依靠技术化特征强烈的举证规则、质证规则和证据可采性规则完成的，因而只有通过熟谙程序法和实体法规范的律师来代理诉讼。

案件事实的专业问题调查，在对抗制之下同样如此，这突出地体现在科学证据的交叉询问上。双方当事人提交科学证据，在进行交叉询问中所关注的中心问题是，怎样让陪审团相信自己聘请的专家证人，通过主询问确立专家证人对案件专业问题解释的可信性。或者反过来说，怎样让陪审团不相信对方聘请的专家证人，通过反询问暴露对方专家证人在这方面的解释所存在的问题。

由于科学证据包含其他证据方法所没有的专业知识，因而无论是本方当事人还是对方当事人，对要不要提出专家证据、怎样提出专家证据、怎样暴露对方专家证人的问题，都需要仔细思考和精心准备，这是充满科学知识特征和诉讼策略的证据调查活动。科学证据的攻防对双方当事人而言都是一把双刃剑。

（三）英美法系国家科学证据采信结构的四大问题

现代英美法国家，尤其是美国，希望通过法官加强对科学证据证明力的实质性审查，通过可采性规则限制那些貌似科学的专家证据充斥法庭，抵消专家证人由于当事人的聘请而产生的"当事人性"以及对陪审团的误导，这种思路是对英美法系国家特有的二元审判结构和对抗制的合理反映。

英美法国家科学证据采信结构的优势，理论上在于双方当事人都有平等利用专家证人解决案件科学问题的机会，这一点对刑事诉讼的被告人而言尤其重要。在英美法国家，刑事诉讼被告人至少可以通过两个渠道获得专家协助。一是自行聘请专家协助其进行案件科学问题的调查，形成对自己有利的专家意见；二是通过审判开示程序，拿到控方的专家证词，从控方的专家证词的漏洞中，找到合适的辩护方案。依据美国《联邦刑事诉讼程序规则》（以下简称《规则》），专家证据的开示可以因被告人的要求而启动，该《规则》第16条规定："检查和测试报告。因被告人的要求，政府应该允许被告人对政府所掌握的或控制的任何心理或精神检查、科学测试或实验等的结果或报告进行查阅、拷贝或照相……只要这些信息对于被告方的诉讼准备工作有实质意义，或者政府打算在审判中将其作为证据使用。"①

但是这种审判结构所带来的问题也是明显的。最为突出的就是专家证人的当事人性，"胜诉就是一切"的观念消解了科学证据应坚持的科学立场。在对抗制之下，正如双方当事人的律师不会关心案件的真相一样，他们也不会关心科学证据是否具有真正的科学含量，打赢官司才是硬道理。"他们可能都向没有利害关系的事实认定者——法官或者陪审团——介绍自圆其说的关于真相的说法，听着听审各方当事人提出的证据，并以一种超然的方式来决定实际上发生了什么事，以及因此而做出什么样的裁决才是适当的"②。在对待科学证据的问题上同样如此，律师需要做的，就是用看似极为公正、极为清晰、极富激情的话语，说服和打动那些坐在陪审席上的"无知者"相信他所说的科学"故事"，让陪审团成员对他们所说的有更加深刻的印象。因而在科学证据的出示与质证的过程中，即便是一个眼神、表情或者其他肢体语言的不当，都可能决定最终官司的成败。个中缘由如同英美学者所言，当事人"天生的倾向就是选择最佳证人，而非最好的科学家 ……"③ 当事人在乎的是对自己是否有利，而非事实或科学。

第二个问题是法官的实质审查也许名不符实。艾伦教授在对科学证据和道伯特案进行反思的过程中谈到过这一点。根据艾伦教授所述，可以从科学证据所特有的"二次认知过程"——科学认知与诉讼认知之间的差别来理解。无论法官或者陪审团，由于缺乏相关的专业知识，也不可能亲身经历案件所涉及的科学问题的解决过程，因而对待专家证人的证词，要么相信，要么不相信，因而，科学证据的诉讼"认知结果形式"表达，"只有信而无知"。法官或者陪审团要正确选择"信"或者"不信"，只有通过双方当事人的充分

① 1993年对该条的修订中，开示的内容增加了"专家证词"。斯特龙. 麦考密克论证据 [M]. 汤维建，等译. 北京：中国政法大学出版社，2004：8.
② 艾伦，库恩斯，斯威夫特. 证据法：文本、问题和案例 [M]. 张保生，王进喜，赵滢，译. 北京：高等教育出版社，2006：100.
③ 斯特龙. 麦考密克论证据 [M]. 汤维建，等译. 北京：中国政法大学出版社，2004：41.

质证，才可能发现作证专家的问题。但是在英美法的事实与法律二分审判结构中，法官既没有相关专业知识，专家证词也没有经过双方当事人的充分质证，就直接裁判科学证据的可采性问题，这显然有武断和非理性之嫌。因而，法官对科学证据所发挥的"守门人"作用，有可能名不符实。

英美科学证据采信的第三个问题是，双方当事人的过分对抗有可能引入审判法庭根本无法解决的科学问题，从而导致法律诉讼的纠纷解决机制失灵。英美审判的基本理念是尽可能把所有争议的社会问题诉讼化和法律化，通过法院裁判解决绝大部分社会问题，这对公民利益和权利的维护是非常必要的，也是法治社会的应有之义；但是，英美审判结构中所存在的自由主义倾向——全力维护公民为了争取自身权益而尽可能充分利用诉讼手段，有可能由于双方当事人的过分对抗而引入法院根本无法解决的科学问题。这一点在侵权伤害领域有着突出的表现。例如，某一癌症患者要起诉烟草公司或手机经营商，由于长期用某一品牌的烟草或者手机，而得了肺癌或者脑癌，其中的关键问题是长期用某一品牌的烟草或者手机，是不是肺癌或者脑癌的主要病因。这个问题在医学上都悬而未决，很显然无法通过审判解决相关的争点。类似问题，同样存在于美国这样一个"所有社会问题法律化"的国度。当专家证据成为案件关键因素时，有可能造成法院纠纷解决机制的失灵。

英美法科学证据采信的最后一个问题，是当事人的现实条件决定了他通过聘请专家证人确保他的诉讼权益这种所谓的公平诉讼机会，有可能并不平等。英美法关于专家证人的可采性要件看起来非常全面和完备，但是这种可采性要件毕竟是专家证据进入法庭的"条件"，从科学的角度来看，实质上是比较低的。因而，英美"专家大战"拼的并不是专家证据本身的科技含量，而是专家证人本身的荣誉、权威和学术声望。即使不考虑当事人选择"最佳证人"这一因素，单从专家本身而言，不管案件的专业问题对当事人有利还是不利，只要当事人有经济能力，就有可能请出某一领域最有名望的专家来进行诉讼。因而，只要专家在诉讼争斗的过程中，就不要指望他是一个专家，他只不过是捍卫维护当事人利益的一个具有特定专业知识的"战士"。

二、大陆法国家的科学证据采信结构及问题

大陆法系证据调查所奉行的职权主义理论，不同于英美法国家的诉讼竞技理论。因而，科学证据的采信反映出不同的法律问题。

（一）大陆法国家的"职权调查"原则

大陆法国家所奉行的"职权调查原则"是区别于英美法国家法律制度的标志之一。所谓职权调查，是法官在整个诉讼过程中主导证据调查。刑事诉讼中的职权调查原则，按照罗科信教授的说法，是指"法院自行对犯罪事实加以调查（主动"指挥"调查之），不受诉讼参与人之声请或陈述之拘束"①，民事诉讼中的职权调查原则，由于民事诉讼中辩论主义和处分主义的"帝王条款"，因而需要受到双方当事人诉讼主张及其申请范围的限制。大陆法国家的职权调查原则，主要有以下三个特点。

一是法官超然于双方当事人的审判地位及其客观义务的要求，使得职权调查所获得的证据具有更多的中立性。大陆法国家职权调查所获得的证据有"法院的证据"一说，同英美法国家那种"当事人的证据"相比起来，利害倾向性更小。

二是法官的职权调查是主动为之的调查。根据案件事实应当调查的范围、方法等，完全是法官审判职权范围内的事情，当事人对于证据调查只有申请权，没有最终的决定权，因而法官调查的主动性有利于消除当事人之间过分的争斗，当事人希望通过诉讼策略和技术打胜官司的倾向受到较大的限制。

三是法官的调查是一种审判提纲式的调查。同英美法系国家那种在交叉询问中通过控制证人回答问题的做法不同，大陆法国家法官的证据调查更接近于案件事实的本来面目，法官追求的不是当事人的"自圆其说"是否合理，而是案件的真实情况，因而法官的调查似乎更有利于查明事实真相。

（二）大陆法国家的专家证据形式与自由心证

在大陆法国家，法官对于案件科学问题的调查，一般是通过聘请专家（大陆法国家叫作鉴定人）来完成的。以法国为例，法国专家证据的形式有三种。② 第一种是专家检验报告。这种形式的专家证据，只需要专家依据他的专业知识，将他所观察的案件事实，以书面或者口头形式提交给法庭。书面形式更正式，也更常用。第二种是专家咨询意见。专家咨询介于专家报告和专家最终结论之间。在这种情况下，法官可以在程序的任何阶段要求专家提供对特定问题的咨询，这种解答是法官判断特定问题所依赖的专业方法。最后

---

① 罗科信. 刑事诉讼法. 第 24 版 [M]. 吴丽琪，译. 北京：法律出版社，2003：114.

② BRISAC M. Experts In French Litigation [M]. New York：Aspen Law & Buoiness, 2001.

一种是专家的结论意见。法庭会选任一名或者多名专家就特定专业问题提供他们的"鉴定结论"。

德国的情况与法国类似，鉴定的方式有三种：一是向法院提供一般性的经验知识；二是对某些事实只能"利用其专业知识加以深入理解、判断、认定"；三是对调查后所获得之事实，借学术性的推衍规则所得出的结论。① 从证据法的角度，可以把上述第一种情况叫作"认知型鉴定"，把第二种情况叫作"勘验型鉴定"。鉴定人利用知识的主要目的是要发现仅仅依靠"常识性"经验不可能发现的案件事实。第三种情况可以叫作"结论性鉴定"。这种情况下，专家需要根据相关领域的普遍原理，依据观察到的案件事实做出专业判断，给出专业意见。

在职权主义体制之下，法官认定证据的证明力，奉行自由心证原则。这一原则是对大陆职权主义传统的刚性证明标准规则的反动，它强调法官在评价证据证明力的过程中，不应受到任何既定规则的约束，"对事实之调查，法院乃就全部审判过程所获得之确信决定之"② 。因而，法官不受专家所作的"认知型鉴定""勘验型鉴定"或者"结论型鉴定"的拘束，他可以结合全案的证据情况，甚至根据自己所掌握的知识，综合进行判断，加以取舍。只不过，如果不采信专家的鉴定结论，必须说明理由。③

（三）大陆法系国家的科学证据采信评析

在职权主义体制之下，科学证据的认知，既由法官的职权调查完成，也依靠法官的自由心证。同其他证据方法一样，科学证据没有英美法系国家那种由于当事人聘请而存在的当事人倾向性，而是完全作为一种中立的证据方法出现，从而有利于科学证据的调查并以科学证据的本来面目出现。这是职权主义体制之下科学证据采信的主要特点。

不过，在职权主义体制之下，在科学证据采信问题上也存在着一些难以解决的问题。主要表现在，法官通过聘请鉴定人完成案件科学问题的调查与自由心证奉行的理性原则有一定的冲突。在德国的刑事诉讼中，案件的专业问题一般是由法官聘请鉴定人完成，在对待鉴定人的鉴定结论时，德国法强调"法院对鉴定人所完成之鉴定必须自己再加以独立的判断、确信，不得任

---

① 罗科信. 刑事诉讼法. 第24版 [M]. 吴丽琪，译. 北京：法律出版社，2003：261.

② 罗科信. 刑事诉讼法. 第24版 [M]. 吴丽琪，译. 北京：法律出版社，2003：118.

③ 罗科信. 刑事诉讼法. 第24版 [M]. 吴丽琪，译. 北京：法律出版社，2003：262.

由鉴定人的鉴定结果不经检验即用于判决"①，但是奉行经验法则的自由心证原则，按照德国法的诉讼理论，对"当用自然科学知识可确定的一事实"并没有任何适用的余地，② 这样就形成一个法律悖论，对于鉴定人的鉴定结论，在不能明确根据什么标准或原则进行判断和取舍的情况下，依照鉴定人的中立性，法官很容易相信鉴定人的鉴定结论，法官不可能对鉴定结论的准确性加以独立判断，尤其是进行取舍。更为重要的是，在自由心证制度之下，法官对科学证据问题的独立判断和自由取舍，似乎有盲目之嫌。

以德国法为例，被告人可以通过"证据声请"和"证据调查之声请"手段寻求解决案件中的专业问题。前者指"对一特定之事实，期望得以用一诉讼法上容许的特定证据方法来加以证明"，后者指"透过一单纯的且远比证据声请更不具必要性（比较不严格）的方式以刺激法院就罪与刑之问题之澄清续行证据之调查"③。对于调查声请，法官可以根据案件具体情况加以权衡，如果拒绝声请，需要存在下列情形："当法院本身即具有该必要的专业知识时"；"当案情已为另一鉴定报告说明清楚时"；以及"对于为进行勘验所提出之证据声请"。④ 因此，需不需要就案件专业问题加以调查，被告人只有申请鉴定权而没有决定权。就被告人的质证手段而言，依据德国《刑事诉讼法》第 220 条和第 240 条第 2 项的规定，在庭审调查中被告人有权直接传唤鉴定人，这项权利"非只有在法院拒绝传唤该证人及鉴定人时，才有其适用……即该被告依刑诉法第 220 条所传唤并到场之证人及鉴定人在证据调查时，原则上均应被询问"⑤。被告这种申请或者询问的质证手段只是"形式上的"，终归要以法官对案件的专业问题能否形成"内心确信"为准，如果法官认为鉴定结果不充分，法官可以要求原鉴定专家或其他鉴定人或专门机关重新鉴定。因而，在鉴定专家的申请、传唤、质证等过程中，维护被告人诉讼权益的手段仅为"申请权"，而非自行决定权，这样，有可能对被告人权益保护不足。

---

① 罗科信. 刑事诉讼法. 第 24 版［M］. 吴丽琪，译. 北京：法律出版社，2003：261.

② 罗科信. 刑事诉讼法. 第 24 版［M］. 吴丽琪，译. 北京：法律出版社，2003：121.

③ 罗科信. 刑事诉讼法. 第 24 版［M］. 吴丽琪，译. 北京：法律出版社，2003：418.

④ 罗科信. 刑事诉讼法. 第 24 版［M］. 吴丽琪，译. 北京：法律出版社，2003：418-421.

⑤ 罗科信. 刑事诉讼法. 第 24 版［M］. 吴丽琪，译. 北京：法律出版社，2003：140，361.

三、结语："事实认知"特征

在事实认知的意义上，科学证据是一种"科学认知"的结果：它是科学家按照特定科学领域规定的科学原则和方法，以特定领域所应有的科学思维，对于案件事实的专业问题所进行的科学认知。很显然，这种科学认知活动需要遵守前面所谈到的在科学认知活动中存在的认知逻辑与知识规律。科学证据的采信，本质上是一种"诉讼认知"：它是法官对科学家的科学认知结果的审查判断，这种审查判断需要特定的庭审时空以及相应的程序规则，这也是把科学证据的采信称为"诉讼认知"的根本原因。从事实认知的角度来看，两大法系科学证据采信所存在的问题，需要从以下四点来认识。

第一，科学认知与诉讼认知两个语词当中的"认知"的含义，是指案件事实的认识与发现，在英文当中用"find fact""discovery fact""investigate fact"这样一些说法来表明其意义。因而这里所说的"认知"与证据法上的免证方法——司法认知没有关系，后者的英文表述是"judicial notice"，其含义是法官出于诉讼经济与便利对于公知事实的确认办法。在科学证据的采信结构当中，从国外的相关资料来看，可以对部分科学证据的原理进行司法认知，如指纹比对、DNA 分析的科学原理，但是对于这些原理的运用过程及其结果——科学操作及其结果，要在庭审中进行相应的调查与审查判断。在这个意义上，"科学认知"与"诉讼认知"中"认知"的含义是在认识论的意义上来说的，并不特指证据法当中的司法认知方法。

因而，科学认知与诉讼认知作为一种事实认知活动具有共性。主要表现在，认知活动的目的是追求真相；产生于认识主体不清楚特定现象的实际状况；基于特定原因而需要调查了解；均须依靠特定的认知手段；都具有自身特定的认知逻辑和知识规律。

第二，科学认知的基本方法是实验方法，诉讼认知的基本方法是经验方法，这两者之间的差异是认知思维模式的差异，诉讼认知的思维模式是证据裁判主义，科学认知的思维模式是科学实证主义，它具体表现在两种认知思维的属性、所需要的技术、所存在的规范、所要求的时空条件的不同，此两种认识方式在认知结果、认知方法、认知逻辑以及其他认知构成因素方面都有巨大的差异。因而，科学认知与诉讼认知的不同思维模式，反映出两种不同的认知智慧。

第三，科学证据采信的认知疑难，根本原因在于科学认知与诉讼认知在科学证据采信结构当中"共处一室",相互之间具有巨大的张力,表现在以下四方面。

在认知方法上,诉讼认知案件专业问题的手段是科学证据,运用经验方法,遵守经验法则,科学认知案件专业问题的手段同样是科学证据,但是要运用实验方法,遵守实验法则。其中的矛盾在于,科学家在认知案件专业问题时,他所运用的原理、方法和具体操作存在较多的非经验,甚至反经验的内容,这是法官所运用的经验方法和经验法则在面对案件专业问题时失灵的地方。

在认知逻辑上,诉讼认知的逻辑表达是直言三段论,科学认知的逻辑是假说演绎的方式。法官甚至还可能把科学假说当作非科学的内容加以摒弃,这是因为在法官的认知逻辑当中缺乏这样一种认识,即科学原理、科学方法的真理性,都是附条件的,都是有范围的。没有所附的条件、超过相应的范围,科学也就成为非科学或者伪科学。

在认知结果上,对待案件的专业问题,诉讼认知要求确定的科学结论,但是科学家受到所检验的原理、方法和具体条件的限制,或不能给出确定的结果,或只能给出表明准确度的可能结果,或只能给出附条件的检验结果,或只能给出表明自己意见的结果。在这四种情况下,法官无法得到案件所涉及的专业问题的确定答案。同样在认知结果上,法官不能正确认识科学家在科学检验中误差的分类以及控制问题。但是,由于法官不能自行解决案件的专业问题,他不得不依赖科学家,因而对于科学家的检验结论,他只能选择信或者不信。

在认知思维上,诉讼认知思维是证据裁判思维,它有特定的法技术、法规范要求,有时空条件的限制,它着重于判断而非探索,着重于衡平各种利益要求,最终目标是解决案件纠纷,非常具体。科学认知思维是科学实证思维,它有自己的技术特点和规范要求,但是没有时空条件的限制,着重于探索而非判断,着重于主动进取、积极思考,最终目标更为宏观。

第四,两大法系国家不同的诉讼结构,对于科学证据采信的认知问题有不同的影响。英美法的陪审制和对抗制之下的科学证据采信,从认知角度来讲,主要有"认知错位"和"认知过度"两个问题。认知错位,是指当事人竞技式的事实认定方式,使得科学证据的诉讼认知偏离了它的科学认知方向——科学证据本应当解决的科学问题方向。庭审的专家大战又使得法官和陪审团只能在有限的时空条件下、在不具备辨别相应专业知识正误能力的情形下，听着专家证词以及对方专家对它的"进攻"。英美的"审判中心主义"不允许法官及陪审团成员在庭审之外了解案件的信息，包括案件的科学问题，因而，在双方专家近乎白热化的科学证据攻防中，一些微小的科学缺陷可以说成非常严重的科学错误，而一些很严重的科学错误又可以说得有相应的科学道理，这种"认知过度"的问题同样存在。而在大陆法中，专家证据的主要问题是"认知不足"：双方当事人对专家的鉴定报告没有充分的质证机会，这在刑事诉讼中有可能造成对被告人权益保护不足的结果。

第十五章

论美国测谎技术研究的进展及法律态度

意大利犯罪学家龙渤罗梭（Lombroso）也许没有想到，他在 1895 年发明的在侦查讯问中通过量化犯罪嫌疑人情绪变化来确定证言真假的方法，会在此后的 100 多年里引起如此激烈的反响和争论。尽管美国心理学家拉森（Larson）和他的学生伦纳德·基勒（Leonarde Keeler）早在 20 世纪 20 年代，结合龙渤罗梭以及美国人马斯顿（Marston）的工作成果，制造出具有现代雏形的多个测谎仪，① 并且在第二次世界大战以后将之运用在犯罪调查、政府职员忠诚度测试以及公司雇前调查等多个领域，② 但是赞成或反对运用这项技术的声音从来没有停止过。在测谎技术运用最为频繁的美国，目前对测谎技术仍明显地存在学术观点的严重对立。美国加州大学哈斯汀分校法学院教授戴维·L. 费格曼（David L Faigman）等四人编著的《现代科学证据：专家证言的法律与科学》一书最新一版，围绕着美国主流的 CQT 测谎技术，将支持方查尔斯·R. 杭特斯（Charles R Honts）和戴维·C. 拉斯金（David C Raskin）等学者与反对方亚科诺（Iacono）和莱肯（Lykken）等学者的观点一并罗列，可看到双方观点之尖锐、言辞之激烈，甚至达到相互攻讦的地步。③ 本章就美国测谎技

① 关于测谎技术的历史，参见 BARLAND. The Polygraph in the USA and Elsewhere ［M］// GALE A. Polygraph Test：Lies，Truth and Science. Thousand Oaks：SAGE Publications，1988：73.

② National Research Council，et al. The Polygragh and Lie Detection ［M］. Washington：National Academies Press，2003：the Preface，about the Descriptions of Main Purpose of the Polygraph Test.

③ KAYE D H，SAKS M J，SANDERS J，et al. Modem Scientific Evidence The Law and Science of Expert Tes-timony ［M］. 2006 - 2007 Edition，Volume 4，Berkeley：THOMSON WEST，2006：chapter 40. 其中第 40：20 到 40：44 小节列出赞成 CQT 技术的观点及理由，第 40：45 到 40：105 列出反对 CQT 技术的观点及理由。另外，本章的有关数据资料若无特别注明，均出自这本书中的相关内容，为便于读者查找相关材料，在引用相关数据时，注明相关文献，并且用"in 40：number"的形式，标明在书中的节数。

术研究的主要进展作一简要介绍，以服务于我国司法实际。

一、三个前提性问题

在介绍美国测谎技术的研究进展以前，需要明确以下三个前提性问题。第一，美国评价测谎结果的准确性有一套完善的指标和方法。[①] 从指标看：（1）评价指标分为有效性和可靠性。有效性是指检测结果的一致性，即提供相同的试验条件和方法，针对相同的被测对象是否能够得到相同的实验结论。可靠性是指检测结果的客观正确性，即当被测对象说谎时给出说谎的实验结论，当被测对象说真话时给出诚实的实验结论。可靠性是比较正式的说法，一般可以理解为准确性。就两者的关系而言，有效性是可靠性的必要条件，但不是充分条件。如果提供同样的实验条件和方法，针对相同的被测对象，如果本人或者他人没有做出同样的实验结论，显然实验结果的客观正确性很差。（2）有效性分重复度和间信度，本人重复检验所得到的有效性叫作重复度，他人重复本人检验所得到的有效性叫作间信度。这里要注意，重复度与间信度有一定区别。如果他人重复本人的实验方法，在相同的实验条件下对同一被测对象做出同样的实验结论，当然这种测试技术的准确性就要比本人单纯重复以前的试验要高。因而间信度表征有效性的效果比重复度好。（3）准确性有两个指标，一个直译为"标准准确性"（Criterion Validity），另一个直译为"结构准确性"（Construct Validiy）。"标准准确性"可以简单理解为某一特定事项测谎检验的准确性，它主要与具体操作有关；"结构准确性"可以简单理解为对同样一类问题所采用的操作方法和技术，它主要与操作方法、技术所蕴含的科学原理或者科学依据相联系。"结构准确性"能够赋予测试主体足够的技术自信，从而坚信自己所做的实验结论是正确的。"结构准确性"由于涉及因素太多，因而实际的评价内容主要关注"标准准确性"这一项，即单次测谎检验的准确性。

测谎检验的评价方法：（1）将测谎检验看作一种信号探测的分析技术，这种技术的准确性主要关注输出结果的假阴性错误和假阳性错误，两者的错误越少，测谎检验的可靠性越高；（2）错误与检验的灵敏性和特定性有关。

[①] National Research Council, et al. The Polygragh and Lie Detection [M]. Washington: National Academies Press, 2003: Chapter 2.

灵敏性指标用来表征假阳性错误，如果所有说谎的人都在测试中出现阳性的结果，那么这项试验的灵敏性非常高，它表明单次试验没有假阴性错误；特定性指标用来表征假阴性错误，如果所有没有说谎的人都在测试中没有出现阳性的结果，那么这项试验的特定性非常高，它表明单次试验没有假阳性错误；灵敏性、特定性、假阳性错误、假阴性错误的定义和关系见表15-1①。（3）根据信号探测理论，基于不同的实验目的（例如，测回答相关性问题的"真假"或者测对犯罪事实生理反应信号的"有无"），和针对不同的事实情况（例如，实际是没有说谎或者实际上是说谎），单次测量准确性的评价方法不同。单次测量的准确性与两个因素有关：一是有关试验本身的情况；二是我们对该实验确定的 PPV 阈值。不同的 PPV 阈值选择，在测"真假"和测"有无"的时候，FPI 与 FNI 有着不同的关系曲线，因而对于实际上没有说谎或者实际上说谎的情况，有着不同的数据处理办法，同样对于测谎检验结果的准确性，也就有不同的评价方法。

　　一般而言，理解信号探测理论可能有一定的难度。可以将这个理论所需要解决的问题，类比为在刑事案件中法官判断被告有罪还是无罪。有关试验本身的情况，相当于案件本身的证据情况，PPV 阈值相当于案件的证明标准，检测说谎相当于裁判有罪，检测说真话相当于裁判无罪，测谎检验中测定"真假"或者"有无"，相当于刑事案件中审理重罪或者轻罪案件。法官要对刑事案件做出正确的裁判，取决于两个因素：一是案件本身证据情况；二是确定的证明标准。证明标准越高，只有更多的证据，才能确保自己的裁判是正确的；标准越低，需要的证据可以少一些。判断被告有罪还是无罪，在不同的证明标准之下，有罪裁判正确率和无罪裁判正确率是不同的。有时法官可能把有罪当作无罪（阴性错误），也可能把无罪当作有罪（阳性错误）。这只是对刑事案件裁判正确率的定性描述。更为准确的应当是定量，这正是测谎评价体系中的信号探测理论。②

---

① National Research Council, et al. The Polygragh and Lie Detection [M]. Washington: National Academies Press, 2003: 39.

② 在 The Polygraph and The Lie Detection 一书中，它的附录 G、H 和 I 分别介绍了测谎检验结论可靠性研究的程序、单次测谎准确性的量化评价办法，以及不同的 FPI 值设定对测谎检验结论正确性的影响。对测试人员而言，要说明检验方法的正确率有多高，需要别人利用本人的检验方法来进行操作，并按照信号探测理论相关定量办法来进行确认。另外，利用证明标准来类比 PPV 阈值，经过反复研读和思考，笔者确信两者原理一样。

表 15-1 表征测谎结果准确性的各种参数定义

试验情况	实际情况		
	阳性（实际说谎）	阴性（实际诚实）	总和
阳性（试验说谎）	A（真阳性）	B（假阳性）	A+B
阴性（试验诚实）	C（假阴性）	D（真阴性）	C+D
总数	A+C	B+D	A+B+C+D

注：A、B、C、D 为测试主体数量。

（1）灵敏性的定义：从实际说谎的情况中检测出来的说谎结果＝A/（A+C），它是对说谎者而言实验结果正确的条件概率（true-positive），或者表明单次实验对说谎者而言的正确比率。

（2）阴性错误率的定义（FNI）：从实际说谎的情况中检测出来的诚实结果＝C/（A+C），它是对说谎者而言实验结果错误的条件概率（false-negative），可以看作对灵敏性的补充指标。

（3）特定性的定义：从实际诚实的情况中检测出来的诚实情况＝D/（B+D），它是针对诚实人而言实验结果正确的条件概念（true-negative），或者表明单次实验对诚实人而言的正确比率。

（4）阳性错误率的定义（FPI）：从实际诚实的情况中检测出来的说谎结果＝B/（B+D），它是针对诚实人而言实验结果错误的条件概念（false-positive），可以看作对特定性的补充指标。

通过对（1）（2）（3）（4）的定义，以下三项指标与评价实验结果的好坏有关系。

（5）预见说谎的正确率（PPV）：在所有实验结果呈阳性的情况下，真正说谎的情况＝A/（A+B）。PPV 与 FPI 之间的数字关系：PPV=1/（1+FPI），PPV 越高，FPI 越低；反之亦然。

（6）预见诚实的正确率（PNV）：在所有实验结果呈阴性的情况下，没有说谎的情况＝D/（C+D）。

（7）假阳性指数：所有错误的阳性结果与正确的阳性结果的比率＝B/A，这是表征预见说谎的正确率所传达信息的另一种办法，是为了看清楚假阳性与真阳性之间的关系。

第二，美国对测谎技术的研究分为实验室研究和实践运用研究两个层面。之所以要作这样的分类，原因在于实验室研究条件与实践运用研究条件大不相同。在实验室研究中，各种技术和环境条件都容易控制，对被测对象可以随机抽样，可以准确地知道被测对象会在什么问题上撒谎，会在什么问题上说真话，由此可以得到被测对象在说谎时和说真话时的"标准"反应图谱，这是实验研究的优势所在。不过，实验研究饱受诟病之处在于：过于"理想"的实验条件与现实条件相差太远，而且所用的案例只是一些模拟案例，不是真实案例。① 根据模拟案例得出的一些规律性认识和试验标准方法，由于其实验条件与实践条件相差较远，因而运用受到一定的限制。而实践运用研究的优势在于实际针对性强，所提出的解决方案的有效性程度高。但是，由于各种变量因素太多，实践运用研究过程不像实验室研究那样，有比较理想的实验条件，测试人员总体上难于掌控所遇到的变量因素。而且，实践运用研究还有一个最大的问题，那就是测试人员事前不能准确地知道被测对象会在什么问题上说真话，会在什么问题上说假话，这样，不能够得到被测对象说真话或者说假话的标准反应图谱，因而对被测对象的判断带有较大的主观性，容易出错，这也是测谎技术受到猛烈批评的重要原因所在。不过，正如 CQT 技术的坚定拥护者查尔斯·R. 杭特斯教授和戴维·C. 拉斯金教授所言："如果在实际案例中测试人员确切地知道被测对象什么时候说真话，什么时候说谎，那么测谎检验就没有必要再做了。"② 正因为如此，美国严格区分了测谎技术的实验研究和实践研究两种情况。

第三，美国在测谎研究中注重区分是否存在"反测试手段"的情况。反测试手段是指被测对象力图通过物理的或者心理的意志行为干扰测谎结果的各种措施。被测对象采用这些措施的主要目的有两个：一是真正有罪的人为了隐瞒罪行，二是真正无罪的人基于对测谎技术的不信任而恶作剧。物理行为的措施包括测前服用相关的精神性药物、高声尖叫或者用脚趾使劲地按地；心理的意志行为则比物理行为措施多得多，诸如，分心、故意欺骗、故意强词夺理、心理放松调节，等等。被测对象运用反测试手段一般有两种情况：一是在事前不知道测试所需调查事项的情况下，概括地确定所需要采用的物理行为或者心理意志行为；二是在事前知道测谎所需调查事项的情况下，在测谎开始之前通过反复的演练，确保在特定问题上得到被测对象力图达到的反应图谱。研究表明，对"反测试手段"的运用，就主体而言，实际上有罪的主体比例要大一些；就效果而言，对于阳性结果影响不大，但是对 CQT（"准绳法"）和 GKT（"情节法"）都有可能增加阴性错误。③ 不过 CQT 技术的

---

① 不过在实验阶段还是具有一定的仿真性，例如，对于被测对象进行经济上的激励，如果他们说谎成功，通过了某一测谎检验，可以得到一定数量的奖金。In 40：26.

② In 40：25.

③ 相关研究鉴于实验目的有可能不合乎法律和道德规范，因而目前只是在实验阶段进行研究。具体参见 In 40：33—In 40：35 小节的内容。

反对派认为这些研究成果根本不可信。

如果把 CQT 看作对 RIT（"相关法"）的替代，把 DLT-CQT（在准绳法中加入"直接诱导性问题"）看作"改良型"的 CQT，那么美国有关测谎技术的研究进展大致可归结为 CQT 的研究和 GKT 的研究两类。前文提及的查尔斯·R. 杭特斯和戴维·C. 拉斯金教授，主要研究 CQT，并不反对 GKT 的运用；而亚科诺和莱肯两位教授主要研究 GKT，反对 CQT 的运用，认为应当用 GKT 来代替 CQT。总体上，1975 年美国犹他州立大学犯罪心理测试实验室首次对 CQT 技术进行了准确性评估的实验室研究。① 到了 1983 年，美国技术评估办公室（OTA）确认了全美 14 个实验室和 10 个实际部门有关 CQT 技术研究成果有效，其中部分成果可用来作为对 CQT 技术实践推广的参考指南。② 1997 年，美国社会科学委员会作为美国联邦法院的"法庭之友"，在 United States v. Scheffer 案中③确认全美 CQT 技术有 8 个高质量的试验研究成果。④ DLT 技术研究开始较晚，在 20 世纪八九十年代有 7 个试验室发表了 DLT 实验研究结果，⑤ 但是最有价值的是霍罗威茨（Horowitz）教授利用 DLT 技术对 CQT 和 RIT 技术的比较研究成果。⑥ 与 CQT 技术比较起来，GKT 技术的研究更早一些，莱肯教授在 1959 年就做出了 GKT 实验室研究报告⑦，伊莱德（Elaad）教授在 1990 年做出了实践研究报告。⑧

---

① BARLAND G H, RASKIN D C. An Evaluation of Field Techniques in Detection of Deception [J]. Psychophysiology, 1975 (12)：32. 转引自 In 40：25.

② Office of Technology Assessment. Scientific Validity of Polygraph Testing：A Research Review and Evaluation [J]. 1983. 转引自 In 40：25.

③ U. S. v. Scheffer, 523U. S. 303, 118S. Ct. 1261, 140L. Ed. 2d413, 48 Fed. R. Evid. Serv. 899 (1998).

④ HONTS C R, PETERSON C F. Brief of the Committee of Concerned Social Scientists as Amicus Curiae, U. S. v. Schef-fer [J]. Supereme Court of the United States. The Amicus was Co-signed by 17 Individuals Holding Advanced Scientific Degrees, 1997.

⑤ In 40：27.

⑥ HOROWITZ S W, et al. The Role of Comparison Questions in the Physiological Detection of Deception [J]. Psychophysiology, 1997 (12). 转引自 In 40：27.

⑦ LYKKEN D T. The GSR in the Detection of Guilt [J]. J. Applied Psychol, 1959 (43)：385. 转引自 In 40：25.

⑧ ELAAD E. Detection of Guilty Knowledge in Real-Life Criminal Investigations [J]. J. Applied Psychol, 1990 (75)：521. 转引自 In 40：25.

二、有关 CQT 和 GKT 研究的具体情况

具体而言，对 CQT 和 GKT 的研究进展，笔者拟从科学原理、实验室研究、实践运用研究和同行争议等四方面进行论述。

第一，科学原理方面，CQT 和 GKT 技术可以看作心理科学知识在犯罪调查方面的应用，它建立在一种心理学假设基础之上，即一个人说谎时具有较大的心理情绪反应，它表征为一系列不受大脑控制的生理变化，而同样的人在说真话时没有这种心理情绪反应。因而可以通过"比对"的办法，先确定被测对象在比对问题（如无关问题、控制性问题或者直接诱导问题）上是说真话还是谎话，然后再将这些生理反应图谱与被测对象在相关问题上回答的生理反应图谱进行比较，以判断被测对象在相关问题上是否说谎。CQT 和 GKT 技术的科学原理需要回答，这种心理学假设究竟有没有科学性以及有多大程度的科学性。对此，全美科学证据（测谎部分）委员会在已有研究成果的基础上，归纳出四种理论假说：情绪冲突理论、条件反射理论、心理设置及关联理论和定位理论。

情绪冲突理论由戴维斯（Davis）教授在 1961 年提出，认为一个人处于矛盾的心理之中所产生的生理情绪反应比在非矛盾的情况下的要剧烈。在测谎时如果有罪的人隐瞒真相，必然会处于矛盾的心理状态，会比无罪的人身心反应更为剧烈，因而可以根据生理情绪反应的剧烈程度判断一个人说话的真假。这种理论后来被否定，很多学者观察到不仅有罪的人在回答相关问题时身心反应剧烈，而且无罪的人由于测试过程所带来的紧张气氛，一样可能产生矛盾的心理状态，从而产生同样剧烈的身心反应。

条件反射理论也是由戴维斯教授在 1961 年提出，认为有罪的人对于犯罪过程具有某种确定的情绪性经验，这些情绪性经验容易受到相关性问题的激发，而产生较为明显的身心反应。此时，相关性问题相当于引发犯罪人身心反应的条件，由此引发的身心反应具有如同条件反射的自发性和难于控制性。这种理论后来受到挑战，主要问题在于相关性问题引起被测试人产生明显的身心反应，并不能够表明仅仅存在一种可能，即只有亲历过这种事情的人才会具有相应的情绪性经验，从而自发产生相应的身心反应。实际上，即使没有犯罪的人，对于某些暴力或者血腥的场面也可能产生同样的情绪反应，或者相关性问题里面的某些因素引起其对过去伤痛经历的联想，同样会引发相应的情绪反应。由此将相关性问题作为产生身心反应的"条件"的理论假设

是有缺陷的。

心理设置及关联理论，它实际上是心理设置理论和心理关联理论的合称。前者认为，被测试者对撒谎后果易受处罚的恐惧，使其不敢在测试过程中撒谎，因为谎言会产生更为明显的身心反应。对于这种理论有许多修正的说法，如"威胁吓阻理论"假定谎言是一种逃避性的心理反应机制，即便撒谎成功的可能性很小，也成为犯罪人企图通过撒谎来逃避处罚的"最后一棵稻草"，正是由于对处罚的恐惧，罪犯在撒谎时很有可能出现剧烈的身心反应。这种理论似乎更加接近测谎实践的现实。后者认为，被测者的心理情绪变化实际上是不同情绪相互作用的综合反应，不同的提问具有不同的信号价值。对于这种理论的修正形成 RIT 技术的理论基础，被测者对相关问题和无关问题的反应是不同的，可以通过图谱比对的办法确定被测者是否在说谎。心理设置及关联理论更像是对前两种理论的补充说明。

定位理论的基本原理与前三种均不相同，前三种理论实际上都建立在"说谎者对相关问题的情绪反应比对无关问题的反应剧烈"的基础之上。换言之，诚实的人对相关问题和其他问题的反应应当相似，不会有较大的差异。这个已经被测谎实践中出现的一些假阳性错误所证否。因而，莱肯教授在 1959 年建立了另外一种"定位"理论，即个体在应激状态下会出现定位反应，最典型的例子是喧闹的鸡尾酒会上，如果谈论某人时，这个被谈论的人能够很快注意到谈论的具体地点。尽管周围谈话的声音很大，该人也能听清别人谈论自己的主要内容。这种定位反应，在身心方面表征为不同的指标变化，如心率、呼吸、感官敏捷性、皮肤导电性、肌肉收缩度、瞳孔放大、血管收缩、脑电流等，并且具有很大的个体差异。在测谎检验中，由于罪犯对过去犯罪情景那种"应激"状态已具有特定的定位反应，因而通过特定情景和具体细节的提问，营造出与犯罪情景相似的"应激"状态。这种状态可以再次唤醒罪犯特定的定位反应，从而达到确定嫌疑、排除无辜的检验目的。定位理论能够较好地解释假阳性错误的问题，即相关性问题的刺激，如果达到一定强度，也可能引起无罪的人产生相应的定位反应。不过这种错误的概率由于是 5 选 1，所以错误率只有 20%，如果用 5 个完全彼此独立的细节问题，如果特定的人对于每个细节问题的"正确选项"都具有明显的定位反应，那么错误率只有 20%×20%×20%×20%×20%，即 0.00032。①

对于这四种理论假说，美国国家科学院研究理事会科学证据分委员会认为：（1）不同的理论假说在不同的场合有不同的运用和侧重。例如，"关联理论"和"定位理论"对于刑事案件中的目击证人证言可信性应用的多一些，而条件反射理论和情绪冲突理论对于犯罪嫌疑人要应用的多一些，② 仅此而已。（2）如果上述心理学假设成立，即对于相关性问题的生理反应信号不受大脑控制，且能够准确表明被测者是否说谎，那么测谎检验应当具有很高的灵敏性和很高的特征性，即很好地区分一个人在说真话与在说假话时的情况，对于被试者使用"反测试手段"也能够很好辨别，但是实际情况并非如此，相关的研究表明这种假设是站不住脚的。莱肯教授甚至认为，没有一个独立的生理信号能够指示说谎。其原因在于，被试者由于个人曾经遭受处罚的经历或者急于摆脱嫌疑的心理，有时也可能对相关问题产生很大的生理信号反应值③，同时，如果测试者不道德或者对于被测者在测试之前具有较强的说谎或者说真话的认知偏见，那么在测试阶段和图谱解释阶段，他可以很容易地把自己的想法传递到最终结论中。（3）各种理论在不同的场景也许具有一定的解释作用和价值，但是均存在程度不同的局限性。例如，所有理论对于测谎检验中测试主体和被测人员的个体差异对测谎结果的影响，并没有相应的解释。测试人员对被测对象是否说谎的心理预期以及被测对象对测试结果准确性的心理定位，对于最终测谎结论都有一定影响。但是这种影响究竟有多大，怎么来解释这种影响，并没有相应的理论依据。又如，心理设置理论认为，对被测对象的刺激越强，被测对象的心理反应就越大，相应的生理信号的表现也就越明显，但是这种假说仍然具有局限性，相反的案例在实践中也存在。同时，各种不同的生理指标对于外界刺激的反应机制不一样，从而无法根据任何一个生理指标对被试者是否说谎做出准确的判断。④ 全美科学证据

① National Research Council, et al. The Polygragh and Lie Detection ［M］. Washington：National Academies Press, 2003：72-79.

② National Research Council, et al. The Polygragh and Lie Detection ［M］. Washington：National Academies Press, 2003：78.

③ National Research Council, et al. The Polygragh and Lie Detection ［M］. Washington：National Academies Press, 2003：78.

④ National Research Council, et al. The Polygragh and Lie Detection ［M］. Washington：National Academies Press, 2003：82.

委员会的这些意见，对 CQT 的支持者而言，当然不赞同，他们认为之所以对测谎结果的准确与有效产生争议，部分原因在于他们缺乏直接的研究以及相关技术经验。①

　　第二，实验室研究方面的进展如表 15-2 所示。② 表 15-2 分成三个部分：第一部分是前文提及的美国社会科学委员会作为美国联邦法院的"法庭之友"，在 United States v. Scheffer 案中确认全美 CQT 技术有 8 个高质量的试验研究成果；第二部分关于 DLT 的实验室研究；第三部分关于 GKT 的实验室研究。

表 15-2　CQT、DLT 和 GKT 的实验室研究情况

实验室研究情况	有罪的情况				无罪的情况			
	个数	正确率	错误率	不确定	个数	正确率	错误率	不确定
1. CQT 研究								
Glinton, et al.（1984）（剔除使用反测谎措施的案例）	2	100	0	0	13	85	15	0
Honts, et al.（1994）（只用传统的 CQT 技术）	20	70	20	20	20	75	10	15
Horowitz, et al.（1994）	15	53	20	27	15	80	13	7
Kircher &Raskin（1988）	50	88	6	6	50	86	6	8
Podlesny &Raskin（1978）	20	70	15	15	20	90	5	5
Podlesny & Truslow（1993）	72	69	13	18	24	75	4	21
Raskin &Hare（1978）	24	88	0	12	24	88	8	4
Rovner, et al.（1979）（剔除使用反测谎措施的案例）	24	88	0	12	24	88	8	4
合计	227	77	10	13	190	84	8	8
2. DLT 研究［Horowitz, et al.（1994）］								
传统的 CQT 实验情况	15	53	20	27	15	80	13	7

---

①　In 40：20.
②　In 40：26.

续表

实验室研究情况	有罪的情况				无罪的情况			
	个数	正确率	错误率	不确定	个数	正确率	错误率	不确定
如果用与个人经验相关的 DLT 重复上述实验	15	73	13	13	15	87	0	13
如果用微差 DLT 重复上述实验	15	54	20	26	15	67	13	20
如果采用 RIT	15	100	0	0	15	20	73	7
3. GKT 研究								
Davidson（1968）	12	92	8	—	36	100	0	—
Honts，et al.（1994）（剔除采用反测谎措施的案例）	10	80	20	—	10	90	10	—
Lykken（1959）	37	86	14	—	12	100	0	—
Podlesny &Raskin（1978）	10	90	10	—	10	100	0	—
Steller，et al.（1987）	47	85	15	—	40	100	0	—
合计	116	86	14	—	108	99	—	—

对表 15-2，有四点要注意：（1）具体的测谎实验按照测试的目的可假设分成两大类，一种类型集中在"特定的事件"，典型的如犯罪事件；另一种类型是"背景信息"测试，如过去一段时间的行为。第一类在刑事调查中运用较多，第二类则主要运用于民事调查。例如，雇用员工以前可能会用到这类背景信息的测试。美国国会在 1988 年通过了《雇员测谎保护法案》，限制对雇员进行相关背景信息的测试。尽管如此，在联邦、州和当地政府一级，对雇员进行雇前行为危害评估的测试，仍然是比较普遍的现象。其原因在于，"根据对伊利诺伊州、俄亥俄州、马里兰州和佛罗里达州四个州 3576 个警员候选人进行雇前行为危害评估测试，发现其中 58% 的候选人在雇前具有种种劣迹，如从事过盗窃、抢劫、贩毒、贿赂、性暴力的活动，不适合当警察"①，因而雇员雇前行为危害评级测试，仍然是确保雇员能够胜任相关工作

---

① American Polygraph Assoc. Polygraph：Issues and Answers［J］. Polygraph, 1996（25）：134-135.

的重要手段。表 15-2 中的 CQT 技术研究主要针对第一种类型，而 DLT 技术研究则主要针对第二种类型。（2）在已知个体真实情况的条件下，CQT 技术的准确率在 77%～84%，[①] 同时存在 10% 的错误率和 10% 左右的不确定性。这是全美社会科学委员会综合 CQT 技术 8 个高质量的试验研究成果，提出的比较客观的看法。（3）DLT 技术的实验室研究，以霍罗威茨教授的成果为代表，他将 DLT 技术与 CQT、RIT 进行对比研究，表明与个人经验相关的直接诱导说谎提问技术，对于提高传统 CQT 技术的阳性正确率有显著作用（见表 15-2 第二部分左半部分数据），但是对于如何减少 CQT "固有的" 阳性错误率似乎未见提及（见表 15-2 第二部分右半部分数据）。此外，美国辩护委员会认可了另外三组有关 DLT 的研究成果，这些成果具有一些军用或者国家安全目的。其中一组表明 DLT 的阳性正确率在 79%。[②]（4）GKT 的实验室研究表明，似乎 GKT 技术的准确率要高一些，在 86%～99%。不过，由于缺乏相关权威机构的认证，是否具有研究者表明的那么高的准确率，是个疑问。此外，赞成 CQT 技术的查尔斯·R. 杭特斯和戴维·C. 拉斯金教授认为，GKT 技术阴性错误要高于阳性错误。

第三，实践运用方面，前文已提及，美国对测谎技术的实验研究和实践研究做出了严格区分，对于实践研究成果的有效性和准确性评估，达成了一些基本标准，主要包括四项：（1）被测对象必须来自实际案例。如果需要评估一个刑事案件中测谎检验的准确性，被测对象必须是犯罪嫌疑人。（2）被测对象必须以一定的方式被随机取样，同时案件要包括测试人员对被测对象的最初评判意见和原始图谱。（3）反应图谱评价结论必须由测试人员独立做出，测试人员要有专业的培训，对于测谎检验评估要有一定的经验，能够在测谎中运用具有代表性的技术和方法，同时测试人员只能依据图谱而不能通过了解案件其他信息来确定犯罪嫌疑人，这样能够保证测谎结论只来源于反应图谱和测试人员对图谱的独立分析。（4）被测对象在测谎调查事项上是说谎还是说真话，要由其他信息来源独立地加以证实。被一些物证证实的口供

---

① 根据表 15-2，查尔斯·R. 杭特斯和戴维·C. 拉斯金认为 CQT 实验研究总体上的正确率在 91%（In 40：26）。

② BADLAND G H. A Validity and Reliabiliy Study of Counterinteligence Screening Test，Unpublished manuscript，Security Support Battalion，902nd Military Intelligence Group ［M］. Fort George G. Meade，Maryland，1981. 转引自 In 40：27.

是实践研究的最佳标准。① 这四项标准,第一项是实践研究的基本要求,即不能用假想的案例和犯罪嫌疑人;第二项主要针对测试人员,即测试人员一旦做出相关结论,不能因为实验外的其他情况"修改"或者"矫正"结论,可称之为测谎的原始性标准;第三项也是针对测试人员,即测试人员做出判断时不能受到实验外信息的干扰,要自己独立做出判断,可称之为测谎的独立性标准;第四项是实践研究的确认标准。

在这四项要求中,测谎的原始性和独立性两项标准非常重要。查尔斯·R. 杭特斯和戴维·C. 拉斯金引用了符合上述标准四组实践研究成果,表明CQT 其准确性在 90.5% 左右(表 15-3 第一部分)。② 美国社会科学委员会除引用上述成果以外,同时引用了另外两组备受质疑的实践研究报告,他们认为 CQT 技术对于针对无罪情况的正确率在 97%,针对有罪情况的正确率在98%,之所以产生这种情况,有学者认为原因在于测试人员不符合"原始性"标准的要求,根据实际案例情况修正了研究结果。

表 15-3 CQT 的实践研究情况

实验室研究情况	有罪的情况				无罪的情况			
	个数	正确率	错误率	不确定	个数	正确率	错误率	不确定
第一部分:符合"独立性"标准的 CQT 实践研究的正确率								
Honts(1996)(被口供或者其他证据证实)	7	100	0	0	6	83	0	17
Honts & Raskin(1988)(结论只立基于传统 CQT)	12	92	0	8	13	62	15	23
Patrick & Iacono(1991)(结果无其他参照,同时符合"原始性"标准)	52	92	2	6	37	30	24	46
Raskin, et al.(1989)(结论独立做出)	37	73	0	27	26	61	8	31
合计	108	89	1	10	82	59	12	29
最终结论		98	2			75	25	

---

① In 40:29.

② In 40:30.

续表

实验室研究情况	有罪的情况				无罪的情况			
	个数	正确率	错误率	不确定	个数	正确率	错误率	不确定
第二部分：实际部门测谎的 CQT 实践研究的正确率								
相关研究	针对无罪的情况				针对有罪的情况			
Horvath（1977）	100				100			
Honts and Raskin（1988）	100				92			
Kleinmuntz and Szucko（1984）	100				100			
Raskin，Kircher，Honts，&Horowitz（1988）	96				95			
Patrick and Iacono（1991）	90				100			
Honts（1996）	100				94			
合计	98				97			

　　DLT 的实践研究情况报道比较少。查尔斯·R. 杭特斯和戴维·C. 拉斯金从 1988 年开始研究运用 DLT 技术对 CQT 技术的改进情况，通过对已有的 25 个案例的分析，他们认为，将 DLT 技术运用在 CQT 中，针对无罪的情况可以减少 0%～20% 的阳性错误率；针对有罪的情况作用较轻微。① 这实际上与前述霍罗威茨教授实验室的研究结论类似。

　　针对 GKT，主要报告见表 15-4。

表 15-4　GKT 的实践研究情况

研究情况	有罪的情况			无罪的情况		
	个数	正确率	错误率	个数	正确率	错误率
第一部分：GKT 的实验研究情况						
Davidson（1968）	12	92	8	36	100	0
Honts，et al.（1994）（排除反侦测措施）	10	80	20	10	90	10
Lykken（1959）	37	86	14	12	100	0
Poldesny & Raskin（1978）	10	90	10	10	100	0
Steller，et al.（1987）	47	85	15	40	100	0
合计	116	86	14	108	99	

---

　　① In 40：31.

续表

研究情况	有罪的情况			无罪的情况		
	个数	正确率	错误率	个数	正确率	错误率
第二部分：GKT 的实践研究情况						
Elaad（1990）	48	42	58	50	98	2
Elaad, et al.（1992）	40	53	47	40	97	3
合计	88	47	53	90	98	2

根据表 15-4 的第二部分，GKT 技术具有很高的阴性错误率，达到 53%，这就意味着实践运用中，几乎有一半真正的罪犯可能通过 GKT 测试，其根本原因在于：一是 GKT 技术需要一系列的"关键信息词"来组织问题，这种关键信息不是在每个案件中都存在的。根据伊莱德教授对 FBI 案例情况的研究，他估计只有 13%～18% 的案件可以用 GKT 技术来提问，① 因而 GKT 技术的实践运用大大受限。二是真正的罪犯也不见得对犯罪的所有细节都记得那么清楚，有些罪犯的"记忆力还很不好"。因而查尔斯·R. 杭特斯和戴维·C. 拉斯金两位教授认为，GKT 技术只是一种针对实验研究有效的工具。② 实际上，这有点忽略 GKT 技术的实践运用意义，在日本刑事诉讼中，运用 GKT 技术排除犯罪嫌疑人很普遍，对此美国学者和日本学者都有论述。③

第四，同行争议。美国有关测谎的争议主要集中在 CQT 和 DLT 技术的科学性上。易言之，对于被测对象，测谎人员能否仅仅通过提问和图谱分析，而不依靠其他案外信息就确定被测对象在相关问题上是否说谎。以亚科诺和莱肯教授为代表的学者认为，这不可能；而以查尔斯·R. 杭特斯和戴维·C. 拉斯金教授为代表的学者认为，这是可能的。这些学者都是应用心理学方面的专家和权威，在美国有着二十多年的测谎经历。

亚科诺和莱肯教授认为，CQT 和 DLT 技术不过是一种诱导性很强的讯问

---

① JOHN A. Podlesny, Is the Guilty Knowledge Polygraph Technique Applicable in Criminal Investigation? A Review of FBI Case Records [J]. Crime Laboratory Dig, 1993（20）：59. 转引自 In 40：32.

② In 40：32.

③ 美国学者：参见 In 40：45；日本学者：参见田口守一. 刑事诉讼法 [M]. 刘迪，等译. 北京：法律出版社，2000：239.

策略，它的作用体现在测谎检验程序之外，而非程序之内，① 测谎程序本身毫无科学性可言。其主要理由有三点：（1）在科学原理层面，CQT 和 DLT 的心理学假设似是而非，控制问题不可能具有相应的控制性功能和作用。针对 CQT 所谓无罪的人对控制性问题的身心反应大于相关问题、有罪的人对控制性问题的身心反应小于相关问题这两个假设，现有研究数据表明第一个假设具有一定的科学道理，第二个假设则没有足够的科学依据。② （2）在科学方法层面，CQT 和 DLT 技术不具有实验性科学的基本特征——确定的标准和统一的结果，因而根本不能算是科学试验。确定的标准指测试人员没有办法获得有关被测对象说真话或者说假话的标准反应图谱，所有问题的设计和结果的评估并没有统一的标准程序，带有很强的主观性，因而对于同一被测对象的检测结果，间信度很低。③ （3）在具体操作层面，即便被测对象对有关问题（包括相关问题和控制性问题）作了真实或者虚假的回答，检测人员通过改变提问的方式或者语气，可以很容易地得到与被测对象原来回答相反的反应图谱。例如，检测主体告诉被测人员他们怀疑什么事项，这样在相关事项的回答中很容易得到被测对象情绪反应剧烈的图谱。④ 因此，检测主体对于被测人员在测试之前的心理预期和相关有罪或者无罪的判断，对于检测结果有重要的影响。对于真正有罪的人，这不失为一种有效的心理威慑工具，可以诱导他们做出相关的供认；对于真正无罪的人，则可能产生较高的假阳性错误。

查尔斯·R. 杭特斯和戴维·C. 拉斯金教授反对上述论点。他们认为，亚科诺和莱肯关于"如果被测人员对控制性问题作了真实的回答，控制性问题则不能发挥严格科学意义上的控制性功能"的观点，是不理解控制性问题发挥作用的基本原理，因而他们的分析根本站不住脚。⑤ 诚然，控制性问题的设计理念的确是通过被测对象对控制问题作虚假陈述，来确定他对相关问题的反应方式和程度，但是亚科诺和莱肯对于控制性问题在具体操作上是如何起作用的理解，"明显具有问题"。主要表现在（1）从理论研究来看，控制性

---

① In 40：98-99.

② In 40：54.

③ In 40：67.

④ In 40：98.

⑤ In 40：40.

问题的"控制性功能"已经得到实验研究和实践研究大量数据支持，而亚科诺和莱肯无视这些研究成果，而且有根据他们的研究需要"裁剪"有关 CQT 研究数据之嫌。与亚科诺和莱肯所称的 CQT 需要很高的提问技术相反，检测人员组织控制性问题并且进行正确提问，只需要心理学方面的基本知识即可。至于他们所说的有罪的人，基于过去的"漏罪"，有可能在回答控制性问题过程中具有更强烈反应（从而通过测谎测验）的观点，实验研究是站不住脚的，即便（有罪的）被测人员存在基于过去"漏罪"对控制性问题反应强烈的情况，但是他们对相关性问题的反应更为剧烈，因而不能通过测谎检验。[①]（2）在实践运用方面，亚科诺和莱肯认为："测谎检验只在两种情况下运用，一是确定有罪的情况，即侦讯人员没有其他的可靠证据确定嫌疑人是否有罪、是否应当采取逮捕措施；二是确定无罪的情况，即对有足够证据表明犯罪嫌疑的已经逮捕的嫌疑人，其辩护律师需要'洗脱'其犯罪嫌疑。"查尔斯·R. 杭特斯和戴维·C. 拉斯金认为，实际情况与他们说的正好相反：侦讯人员有相当理由确定嫌疑人具有犯罪嫌疑、极有可能做出有罪供认时，辩护律师在犯罪嫌疑人还没有被逮捕提交审判的时候，才会经常使用测谎检验。这是因为，绝大多数刑事案件会涉及辩诉交易，如果要进行最后审判常会被判决无罪。因而，无论无罪的人通过测谎检验而没有有罪供述，还是有犯罪嫌疑的人通过测谎检验确定是在说谎，对于被测人员或者其他人的犯罪嫌疑调查都会自动终止，侦讯人员必须在测谎结论的基础上展开新的调查，有罪的人往往在此后的调查过程中做出有罪供认。[②]

对于 CQT 和 DLT，赞成派查尔斯·R. 杭特斯和戴维·C. 拉斯金和反对派亚科诺和莱肯都做过相应的调查，主要情况见表 15-5。

---

① In 40：40.

② In 40：41.

表 15-5 有关 CQT 技术的同行争议

时间	对象	主要内容	主要结论	反对意见
1. 查尔斯·R. 杭特斯和戴维·C. 拉斯金所做的同行评议				
1982 年和 1993 年 (40)	SPR (41)	对委员会的成员提出下列问题：当一个受过系统训练的测谎检验人员解释被测对象是否说谎的时候，哪一种陈述能够代表你对测谎检验结论的观点：（1）是值得充分信任能够做出唯一定论的方法；（2）结合其他可获得证据考虑时，是有效的检测手段；（3）如果与其他可获得证据冲突，则只有很小的证明力，其有效性有疑问；（4）没有任何用处	两次的结论大体相同。大约有三分之二具有博士水平的研究成员选择（2），如果略去不十分清楚测谎技术原理的成员，选择（2）的比例上升到83%。鉴于只有不到10%的成员是真正从事测谎检测的人员，查尔斯和戴维认为测谎检测结论已经得到 SPR 的普遍承认	亚科诺和莱肯认为，这两次调查在方法上具有明显问题。1982 年的调查很难进行评估，原因在于无法知道调查者联系的总人数以及调查的具体细节情况（如多少人拒绝接受电话采访），这对评估 CQT 能否作为测谎证据具有重要意义。对 1993 年调查，调查者联系了 450 个 SPR 成员，实际上只有 30% 的成员作了回应。只是问了一个简单的问题。调查的缺陷在于，没有准确区分 CQT 与 GKT，因而有可能把 GKT 对科学性和有用性的"贡献"加到 CQT 头上③
1982 年和 1993 年①	SPR②			

---

① 更详细的情况，参见 The Gallup Organization. Survey of the Member of the Society for Psychophysiological Research Concerning Their Opinions of Polygraph Test Interpretations，13，Polygraph，153（1984）；SUSAN L. A Survey of The Members of The Society for Psycholphsiological Research Regarding The Polygraphs：Opinions and Implications（1993）（未发表）。

② SPR 是 "The Society for Psychophysiological Research"（美国心理生理研究委员会）的简称，这个委员会的研究成员均是从事身心关系研究方面的专家。

③ 对此，亚科诺和莱肯就同样的问题，就四个选项的详细情况做了一个调查表格，表明仅就回应的 SPR 成员而言，认为测谎是一种有用的发现真实手段的人员比例，也没有支持者所称的那么高，只有44%。In 40：102.

续表

时间	对象	主要内容	主要结论	反对意见
2000年11月	AP-LS①	对于AP-LS成员进行电话调查咨询，电话调查进行大约十分钟，在所有联系人中，有72%的AP-LS成员愿意接受调查。他们每个成员大约阅读了有关测谎研究成果的14篇论文，阅读量是亚科诺和莱肯对SPR成员调查的五倍。主要涉及（1）测谎研究，（2）普遍承认，（3）测谎检验结果的准确性三个方面的问题。针对（1）提出了两个问题：第一个是测谎中的实验假想案例研究主要用于评估测谎技术的科学性，对于与实际情况非常类似的高仿真性实验研究结果，你认为立法者和法官应当如何评估这些成果的实践运用价值：a. 没有；b. 有一点儿；c. 有一些；d. 较大；e. 巨大。第二个问题是，为了评估CQT技术的准确性，你是否认为测谎的实践研究是可行的办法？是或者不是。针对（2）提出的问题是，你是否认为有关测谎研究成果在相关领域的专业刊物上发表，就意味着测谎技术具有普遍承认的科学方法基础？是或者不是。针对（3）有两个问题，一个问题是将测谎结论与其他七种常见的科学证据进行比较；另一个问题是咨询他们对CQT检验结论是否有助于法官确定嫌疑人有罪还是无罪的个人意见	（1）对CQT实验研究成果的实践运用总体上持支持的态度。89%的被调查者认为立法者和法官应当考虑实验研究成果的实践运用价值，其中49%的成员认为立法者和法官应当考虑这些成果有较大或者巨大的实践运用价值。对（1）的第二个问题，91%选择是，认为有用的实践研究成果有可能获得。（2）96%的被调查者认为在诸如《心理—生理》《应用心理学》《普通心理学》等期刊上发表论文就意味着测谎技术的科学基础已经得到普遍承认。（3）绝大多数被调查者认为测谎结论的用途不小于或者大于父母适格的心理学证词、性虐待案的心理学证词、目击证人可信性专家证词、有关危险的心理学评估证词的和，但是其用途小于指纹证据和DNA证据。对第二个问题，52%的成员认为测谎结论对法官有帮助，20%认为没有帮助，28%认为不仅没有帮助，而且还有害处	对这部分内容，亚科诺和莱肯没有回应

---

① AP-LS是"American Psychology-Law Society"（美国心理学—法学委员会）的简称，这个委员会的成员对于不同科学技术（包括心理学）的法律运用很熟悉，也非常了解科学证据可采性的法律规定。

续表

时间	对象	主要内容	主要结论	反对意见
2. 亚科诺和莱肯所做的同行评议				
1994 年 10 月	SPR	为保证调查结果公正,排除这两个专家的"学生"SPR 成员,随机提问卡片附上邮资以便寄回,对于没有回复的 SPR 成员,进行催促。对具有美国通信地址的成员进行随机抽样,抽出 214 个人,91% 的成员回复了所提问题。在所提问题中,每一个问题都附上一封信解释所提问题含义,区分了 CQT 与 GKT 的情况	(1) 64% 的 SPR 成员否认 CQT 技术立基于正确的心理科学原理,相反,认为 GKT 有心理科学基础的成员有 77%。(2) 70% 的成员反对将 CQT 结论作为法庭证据提交。(3) 99% 的成员认为 CQT 容易被击败。(4) 认为 CQT 有很高准确性的成员,无罪的只有 22%,有罪的只有 27%。(5) 只有 17% 的成员认为 CQT 的实验研究成果对于评估 CQT 技术准确性有效	对于这次调查,查尔斯·R. 杭特斯和戴维·C. 拉斯金提出的主要疑问:(1) 所提的很多问题不是"科学的",是"法律的",以测试证据的法律可采性替代了测谎技术的科学有效性,只有其中三个问题真正涉及测谎技术有效性问题;(2) 他们所谓的"随机"抽样也是可疑的,因为故意排除了 CQT 技术的支持者;(3) 有可能在调查抽样中做"手脚"①
1997 年	APA②	同上述调查一样,对在美国的 226 个心理学家发了调查表,收到 76% 的回复。调查内容大致与上述调查一致,提了九个问题	(1) 70% 不赞同 CQT 技术有科学基础;80% 不赞同法庭采纳没有通过测谎试验的证据(阳性结果证据);76% 不赞同法庭采纳通过测谎试验的证据(阴性结果证据);(2) 有 75% 认为可以通过各种措施扰乱 CQT 测谎试验结果。(3) 80% 的人认为 CQT 测谎试验没有标准,90% 的人认为 CQT 结论不客观	对于这次调查结果,查尔斯·R. 杭特斯和戴维·C. 拉斯金给亚科诺和莱肯写信,要求提供原始调查材料,以便独立进行分析,被拒

三、美国国家科学院的评价及法律界的态度

值得注意的是,美国国家科学院研究理事会中的行为、社会科学和教育分委员会在 2003 年就测谎技术的准确性问题,做出相对中立和比较权威的评

---

① 这一点被查尔斯·R. 杭特斯和戴维·C. 拉斯金反复强调,除上述杂志以外,这些学者认为在《心理学》《警察科学与管理》《心理科学现状》《心理学评论》《私人调查》《法律与人类行为》等公开出版的专业杂志上发表论文,也意味着同行承认,他们列出了一些在这些杂志上发表的较重要的测谎方面的论文。参见 In 40：38.

② APA 是"American Psychological Association"(美国心理学联合会)的简称,亚科诺和莱肯对 APA 下面的普通心理学委员会成员就测谎技术科学性问题做了调查。因为他们认为并非所有 SPR 成员都是心理学方面的"权威"和专家。

估分析。① 在科学原理层面，他们认为（1）在关涉国家安全的测谎检验中测谎的科学基础远远小于人们对测谎结果准确性的预期。对于一些经验不足的被测对象，测谎具有一些诊断价值。但是现有科学研究表明，测谎仪所获得的生理信号与企图表明人脑说谎的心理反应之间联系有限，其他因素也可能引起与说谎同样效果的生理反应信号。（2）测谎结果的准确性因具体情况不同而变化。这是因为不同的被测对象有着不同的社会阅历，这些因素较难控制，所以对于所提出的问题具有不同的生理反应。（3）反侦测措施对测谎结果有影响，这有心理科学的依据。（4）即使测试记录手段有较大发展，现有科学知识也表明测谎检验的准确性在科学原理层面有较为明显的上限。（5）尽管基础科学表明测谎就准确性而言存在固有缺陷，但是在实践中仍然有可能通过这种检验来获得较大的准确结果，也有可能提高实践中检测的准确性。在实践层面，测谎准确性的评估可以分为定性和定量两个部分，定性关注整个检验的标准有效性问题，目前的研究质量一般比较低。这种状况部分反映出进行高水平实践研究的固有困难，以及一些先进的数据收集和分析方法的缺失。定量关注影响实验结果的一些具体自变量因素。

正是由于 CQT 技术在学术领域受到广泛争议，美国大多数州法院仍严格禁止测谎结论在法庭上作为证据提交，其主要原因是许多法院都认为测谎结论不可靠，采纳测谎结论所具有的证明价值太低、危险太大。一些严格适用 Frye 规则的法院认为测谎结论仍然没有达到"多数承认"的标准，因而不具有可采性。② 值得注意的是，美国联邦最高法院在 1998 年的 Scheffer 案件中对测谎证据的可靠性所作的评价可以代表目前司法实务对测谎结论的一般性态度："迄今为止，科技领域对于测谎技术的可靠性仍然存在严重的两极化态度。一些研究表明，测谎仪测试总体上精确可靠。另一些研究则发现，利用测谎仪评估案件事实显然不够精确，科技领域的研究表明，'控制提问技术'测谎仪的精确度'与掷硬币的精确度几乎差不多'，即精确度为 50%。科技领域对此缺乏一致的意见，反映在州法院与联邦法院中则是对测谎证据的可采

---

① National Research Council, et al. The Polygragh and Lie Detection ［M］. Washington：National Academies Press, 2003：chaptrt3、4、5.

② 测谎结论的排除规则在美国叫作"per se exclusion"，参见 KAYE D H, SAKS M J, SANDERS J, et al. Modem Scientific Evidence The Law and Science of Expert Tes-timony ［M］. 2006-2007 Edition, Volume 4, THOMSON WEST, 2006：chapter 40。

性与可靠性有不同的看法。"① 这表明，对测谎原理是否具有坚实的科学基础，测试结论是否具有可靠的真实保证，美国的理论和实践仍然没有给出一个令人满意的结论。

四、简要评述

从上述美国有关测谎技术的研究进展来看，对于测谎技术的科学性，笔者认为有两点需要明确。

首先，应当肯定测谎方法本质上是科学的、理性的，不能与占卜、巫术等非理性的方法相混淆。测谎在本质上属于心理科学知识的法律运用，它表明心理科学中一些带有规律性和客观性的系统知识，尤其是关于情绪心理反应机制的研究，对此可以加以利用，为案件事实调查服务。一个人撒谎时的情绪心理与其没有撒谎相比较（可以简称为"撒谎情绪心理"的有无），以及一个人愿意提及过去某些"情景"的情绪心理与他竭力想隐瞒相比较（可以简称为"隐瞒情绪心理"有无），即使从朴素的个体经验来观察和评价，也有很多的不同之处，现代心理学无非宣称这两种情绪心理反应与个体的生理参量的异常波动之间，有着比较牢固的联系，是一种带有规律性和客观性认识的心理学现象而已：个体的撒谎或者隐瞒一定会产生超出他意志的心理焦虑，并通过生理参量的异常波动表现出来。美国主流的 CQT 测谎技术，可以被看作"撒谎情绪心理"反应知识的运用；而 GKT 测谎技术，可以被看作"隐瞒情绪心理"反应知识的运用。这一点是确定的、不容怀疑的，是通过大量的心理学实验观察和研究所得出的。因而这种带有规律性、科学性的知识，当然与占卜、巫术那些伪科学毫无联系，不可同日而语。

其次，测谎的假阴性、假阳性错误，部分缘于测谎方法的理论知识疑难。尽管我们可以承认"撒谎情绪心理""隐瞒情绪心理"一定会产生超出大脑意志的心理焦虑，也一定稳固地引起个体生理参量的异常波动；但是我们不清楚：（1）超出大脑意志的心理焦虑，除"撒谎情绪心理""隐瞒情绪心理"这两种心理原因外，是否还存在其他原因？美国相关的理论争议表明，即使没有撒谎、隐瞒这两种情绪心理，被测对象急于摆脱涉嫌罪行、急于通过测谎检验的情绪心理（可以简称为"摆脱情绪心理"的有无），似乎也能够产

---

① United States v. Scheffer, 523 U. S. 303 [1998].

生与撒谎、隐瞒类似的心理焦虑，这样，在测谎中是否能够正确排除"摆脱情绪心理"的影响，明确撒谎、隐瞒两类情绪心理与摆脱之间的区别，应当是测谎理论着重解决的问题，明确这一点可以有效减少假阳性错误。（2）退一步讲，即使认为可以有效地排除"摆脱情绪心理"对于测试结论的影响，撒谎与隐瞒两种情绪心理的反应机制是不是一回事情，两者的反应机理有没有不同之处，这对于理解测谎方法的科学性和客观性来讲，也是非常重要的。从美国的情况来看，目前关于这些情绪心理的反应机制，仍然是一系列的心理学假定。（3）再退一步讲，即使我们搞清楚了撒谎、隐瞒两种情绪心理的反应机理，需要通过什么样的生理参数将相应的心理焦虑记录下来，仍然是一个需要解决的问题。美国 GKT 找到的参数只有皮肤电，而缺少其他参数意义即为一例。但是除传统的这四个参数外，有没有其他更好的生理参数来判断是否存在相应的心理焦虑？现在最新的研究表明，脑情绪电波也能够表征心理焦虑，即用事件相关电位技术来记录大脑的皮质活动分布和时间顺序，这属于心理认知的神经科学研究领域。因此，测谎方法所用到的心理科学原理和分析科学原理，仍然具有很多的疑难问题。

　　总之，测谎思想的本质是用生理表征心理，用外显行为表征内隐情绪，用可定量化的实验指标表征不可定量化的经验指标。这种表征思想的科学性在于，即使在朴素的个体经验层面，人们也能感受到心理焦虑会引发一些可观察的生理行为异常征兆，只不过当代认知神经科学宣称，心理引发生理、焦虑情绪引发外显行为，具有超出人们意志控制的属性，因而具有知识层面的科学基础而已。不过，即使承认心理焦虑一定会引发异常的生理行为，强调这种因果关系具有非常坚实的心理科学基础，我们也不能够依靠异常生理行为征兆的出现来准确判断心理焦虑情绪的类型，即被测人员究竟是因为说谎、隐瞒而产生情绪焦虑，还是因急于摆脱嫌疑、惊惧案件细节而产生情绪焦虑。我们能够准确测定（生理）信号，但是无法同样准确地判断（焦虑）类型。这是造成测谎技术科学基础不牢固的根本原因。

第十六章

论录像证据可采的基本法理

录像材料可定义为以图像信息动态再现案件事实的证据材料，通常包括录像带和电影胶卷两类。图像信息是诉诸视觉的信息形式，它可以记录拍摄对象的运动、色彩和影调等视觉元素，是对事物光影状态及其变化的连续再现。录像材料具有动态连续性和直观易理解的特点，因而能够真实再现案件有关情况，但有时也可能对人们的认识产生误导。本章拟在比较研究的基础上分析录像证据可采的基本法理。

一、录像证据可采性规定的比较法考察

世界各国对录像材料的可采性主要从两方面加以规定：一是应当如何看待录像材料的证据地位和属性；二是怎样确定录像材料的可采性规则。

（一）美国

美国学者将录像证据看作"活动的照片"，因而照片证据可采性规则也适用于录像证据。照片的可采性规定了相关性、真实性和证明价值三个要件。相关性要件指照片必须证明照相证据所描述内容的相关性；真实性要求必须证明照相证据真实而又准确地代表了它所描述的物或人；证明价值要件要求照相证据的证明价值不应因其可能引发的厌恶或激怒情绪，而导致潜在的不公正偏见被过分强化。[①] 录像证据（videotapes movies）同样如此，其相关性和证明价值要件与照片并无二致，比较特殊的是真实性要件的规定。

依据美国证据法，录像带必须存在可信性基础才具有真实性。录像带在

---

① 华尔兹. 刑事证据大全. 第 2 版［M］. 何家弘，等译. 北京：中国人民公安大学出版社，2004：515.

什么样的情况下具有可信性基础有两种不同的理论。① 第一种是"图像证词"理论（pictorial testimony），也叫"前后相关的"（contextual）理论。这种理论认为，录像带放映的内容仅仅是一个证人证言的解说，录像带只在如下的情况下才具有可采性，即保证证人证明录像带放映的内容，从该证人个人观察的角度来看，公平而又准确地反映了案件主体事实。"图像证词"理论要求录像证据具有可采性的先决条件是必须有证人的证明。换言之，录像带并不具有独立的证明价值，只能作为证人观察所见的辅助性证据，是示意证据（demonstrative evidence）。第二种是"静默证人"（silent witness）理论，也叫作"程序相关的"理论，与"图像证词"理论不同的是，"静默证人"理论认为录像机本身就相当于一个"哑巴证人"，放映录像和听取证人证言所获得的证词没有任何区别。而且在某些情况下，录像带甚至优于证人证言，它更能真实、全面、准确地反映案件事实和细节，这一切仅依赖证人的口头描绘显然不可能做到。因此，即便没有目击证人，只要录像机操作正常、中途没有人为移动，录像带仍然具有独立的证据作用，录像证据是实质证据（substantive evidence）。Gregorz T Jones 分析了两种理论对录像证据可采性的影响。除是否需要证人外，是否经过编辑或者改动以及录制时间，也影响录像证据的可采性。在"图像证词"理论之下，不能因为录像带被编辑或者改动，或者录制时间有延误，就必然否定其可采性；而在"静默证人"理论之下，任何改动和编辑都会影响可采性。② 从美国有关判例看，涉及录像带可采性的大多数案例均同时满足两种理论要求的可信性基础，因而可采性没有问题；但是问题在于，在满足录像证据基本可信性的基础上，如果证人所述内容与录像带记录的内容不一致（更多或者更少），究竟应当相信证人证言还是应当相信录像带记录的内容？如果按"图像证词"理论，当然应当相信证人；而按"静默证人"理论，录像证据可能比证人证言更真实。各州对此做法不一。在 Klan-Nazi 案中，法官拒绝控方出示以前拍录的可能与被告人谋杀罪有关的枪战录像带，主要原因是法官看到了太多的没有经过证实的情节。③

（二）英国

在英国，录像证据更多的是被看作实物证据，因而按照实物证据来确定

① LIEDKE W C. Cases and Materials on the Rules of Evidence [M]. ST. paul. minn：Olin Guy Wellborn III (ST. paul. minn.), 2000：443-445.
② JONES G T. Lex Lies Videotape [J]. U. Ark. Little Rock L. J, 1996 (18)：613.
③ JACK B. Weinstein. Case and Materials on Evidence [M]. London：The Foundation Press, inc. , 1983：125.

其可采性规则。在 The Statue of Liberty 一案中，原告请求采纳一份由某个海边雷达站雷达回波制作的影片作为证据；被告争辩说这份证据是用仪器所制作的，没有人参与，是不可采纳的传闻证据。法庭认为被告的说法不能成立，因为雷达接收的影片不包含传闻，是一实物证据。① 在卡加拿和罗贝一案中，法庭接受了一盒不久前在电视新闻节目播放过程中录下的扰乱秩序罪行的录像带。这盒录像带不是母带，而是由广播公司的一名助理编辑复制的，复制人证实此带保持了母带的真实性和准确性。制作人因另有任务出差国外，不能到法庭作证。还有一名观众证实，法庭播放的录像就是他在电视上看过的。为此，法庭认为，录像带的真实性已经得到证明，具有可采性。②

（三）加拿大

加拿大在录像带证据可采方面与美、英类似。不过，加拿大还详细讨论了影响录像带可采性和真伪判断的三种具体因素。

一是编辑因素。加拿大法庭认为，对录像带的编辑既有必要，也要注意限度。如果不删除录像带中与案件无关的一些录制内容或者纯粹是重复的内容，这盒录像带不可采，这类似于美国规定的相关性要件。但是，过度编辑录像带会带来两个问题：（1）编辑录像带画面可能会损坏录像带画面的连续性和排列次序；（2）编辑录像带的声带，通过滤音改动而转变录像带声带部分，复制出的录音带能使人错误地认识案件事实。因此，在编辑录像带时，法庭告诫应当注意三点：（1）必须删除录像带中与案件无关的或者是重复的内容；（2）可以删除没有联系、没有实质性和曝光不足的部分；（3）慎重对待录像带声音部分的编辑。一般情况下不要通过滤音装置转变录像带的声音。处理不当可能会对录像带的声音部分可采性带来影响，甚至成为不采纳整盒录像带的实质理由。

二是播放速度。在那些时间因素具有重要意义以及与时间密切相关的事件尚存争议的案件中，慢速录像带一般不会被采用。因为慢速录像带与时间的现实性既不连贯又不一致，它可能歪曲事物运动的自然状态。但在时间问题不是争议中心的案件中，如果征求了原告、被告双方律师的意见，符合"这样的失真可以向陪审团解释"的规定，慢速录像带可以被采用。

三是色彩因素。彩色录像较之黑白录像更为生动亦更为自然，同时也容

① 齐树洁. 英国证据法［C］. 厦门：厦门大学出版社，2002：211.
② 艾略特·戈德斯坦. 英国、加拿大刑事法庭上的照片及录像带证据［J］. 白桦，译. 外国法学译丛，1989（1）：48-51.

易激发人的厌恶和同情，因此色彩因素有时也影响录像带的可采性。一般情况下，录像带的颜色失真会影响其证据价值，但对可采性无影响；如果播放证明价值甚微的彩色录像带仅仅是为了引起陪审团的同情心，则这种录像带不具有可采性，除非当事人说明实物或现场的色彩对其欲证明的问题具有决定性意义。反过来看，一盒能激发厌恶或者同情心理反应的彩色录像带，如果以黑白形式播放，录像带再现的事实因素优于可能引发的偏见时，则录像带具有可采性。

（四）日本

日本对录像带证据的讨论更为细致。日本学者普遍认为，录像带是对事实加以观察、记录之后，经记录再生而将该事实状况表现出来的，这与证人对事实加以观察、记忆和叙述的过程类似，因而录像带的证据属性相当于一个目击证人的供述，这有点类似于美国的"静默证人"理论；但是，由于对录像带本身无法作反对询问，并且由记忆到再生的过程主要是借助于外在机械力忠实、详尽地记录对象，这又与证人之证言不同，因此，录像带证据从证据性质上讲是一种"非典型的记录"。它是记录，但又含有"陈述"的成分；它含有"陈述"，但又无法对它进行交叉询问。对此疑难，学者永井纪昭认为，① 录像带的证据能力，应当根据录像带所含信息区别对待。录像由画面和声音构成，录像中声音部分的规定，应当与录音证据相同，也有传闻证据与非传闻证据之分；画面部分，则与相片证据无异。还有学者主张根据录像带证据的不同表现，给出不同的可采性规则。

例如，日本学界探讨了现场录像、供述录像和纯粹作为证物录像三种情况的可采性规则。（1）对现场录像，存在非传闻证据说与传闻证据说的对立。依照非传闻证据说（证据物说、证据物类推说），录像带不适用传闻法则，只要能证明与待证事实相关，就可以承认其证据能力。与此相对的是传闻证据说（"检面调书"类推说），认为录像带从摄影到播放是一种传闻过程，因此，有关报告文书的性质，应当依《日本刑事诉讼法》第320条第3项进行类推适用，只要有摄影者的证言，即认为有证据能力。（2）供述录像，是指侦查机关对证人或者被告人在审判外所为供述进行的录像，用以证明其供述内容与待证事实的关系为真实。日本法认为，这是一种传闻供述，在审判中没有赋予对方反对询问的机会，因而应当适用传闻法则。（3）作为纯粹证物

---

① 张丽卿. 刑事诉讼制度与刑事证据 [M]. 台北：元照出版社，2002：358.

的录像。它是作为犯罪的物证或者犯罪的对象，并不包含传闻，因而不适用传闻法则。只要证明录像带与待证事实具有关联性就可采。

从上述国家有关规定看，有三点值得我们重视：第一，对录像材料证据性质的不同看法会影响录像材料可采性规则的制定。其中的核心问题是把录像材料作为人证来处理还是作为物证来处理。对此，大多数国家将录像证据看作实物证据，适用有关照片的证据规则。第二，与录音证据比较，录像证据的可采性规则有特殊性。录音证据一般被看作文书或准文书，适用最佳证据规则；而录像证据不作为文书来处理，没有最佳证据规则适用的问题。影响录像证据可采性的特定因素是形式真实性要件。真实性是指录像证据再现当时事件发展过程和变化的客观真实程度。真实性可分为实质真实性和形式真实性。录像证据的实质真实性指录像证据再现的案件过程反映此案件发生的客观程度，相当于我国证据理论中的"客观性"概念，它无法直接进行查证。但是，我们可以通过录像时摄像机是否工作正常、录像时是否有证人在场、录像带是否经过剪辑、录像的快慢节奏环境等"形式性"因素，来间接推知录像证据的实质真实性。美国有关录像证据真实性的"图像证词"说和"静默证人"说，无非就是这种形式真实性理论的代表。加拿大规定的影响录像带可采性和真伪判断的编辑、播放速度和色彩三种具体因素，很大程度上也是基于形式真实性要件的考虑。第三，不同表现形式的录像证据可采性规则不同。录像证据可以有不同的表现形式，如监控录像、新闻报道录像、供述录像等，这些录像除满足一般性要件以外，还具有特定的可采性要件。

二、我国有关录像证据规定存在的主要问题

我国有关录像证据的法律规定的主要特点是将录像证据与录音证据放在一起。这种规定有利于保持法律条文的简洁性，防止法律规定的重复和累赘。事实上，录音与录像确有一些共同属性，比如，都具有直观性，对录音和录像都可以进行编辑和加工等；同时，在其他地方也有这种做法，如我国台湾地区1988年7月14日颁布的《通讯保障及监察法》第十三条规定："通讯监察以截收、监听、录音、录像、摄影、开拆、检查、影印或其他类似之必要方法为之。"因此，中国大陆的规定有其合理性。

但是将二者合在一起也带来一些问题。从国外的立法来看，录像证据的运用规则与录音证据并不完全一致，有些证据规则还显著不同。如果将录像证据和录音证据合在一起，有关录像证据运用的特定证据规则就没有办法显

示出来，相关规定就会存在一些"真空"地段，许多因录像而产生的纠纷没有相应的法律规范来调整。问题表现在如下四方面。

第一，没有明确规定有关录像证据可采性及其证明力判断的特殊规则。如前所述，有关录像证据的采用规则有很多特殊之处。从证据性质看，录像证据一般属于实物证据，录音证据一般属于言词证据，因而真实性要件方面的要求存在一些差异；从影响因素看，录像证据可采性有一些特定影响因素，其中较为重要的因素有编辑、色彩、播放速度、摄录仪器类型及工作条件等，这些因素在考虑录音证据的可采性规则时并不存在；从证明力判断看，录像证据的证明力判断比录音证据的复杂，在录像带证据中存在声音、文字、图表、图像等多种信息形式，对于这些信息，既可以按照一个事件发生的前后顺序进行记录式编码，也可以按照一个事件发生的逻辑关系进行组合式编码，采用组合式编码方式就有了艺术加工的可能性，从而影响录像带内容的客观与真实程度。因此，认定录像带证据是否经过了艺术加工、是否经过变造，就存在更多的困难。而录音证据只存在声音一种信息形式，是否经过加工或变造，相对而言比较容易判断。

第二，没有明确规定有关监控录像的可采性规则。我国在银行、邮局、书店、超市、图书馆、高速公路收费站、证券交易场合等公共场所设有监控录像，以防止这些场合可能发生的违法、犯罪活动，保证正常的工作秩序和安全管理。但是，我国对有关监控录像的设置条件和必要限度，并没有相关的法律进行调整。什么机构、在什么样的条件下、出于什么样的目的可以设置监控录像，往往不是很清楚。

第三，新闻现场录像的运用缺乏法律规定。2004 年 2 月 5 日，中国福利彩票中心官方网站有一质疑双色球 2004009 期摇奖过程的帖子，帖子内容是对 2004009 期双色球摇奖过程的真实性提出极大质疑，质疑根据是中彩网提供的双色球开奖实况的视频片段。这个帖子立刻引起彩民的广泛关注。中国福利彩票发行管理中心的解释是，技术问题和补救措施不当，导致 2004009 期双色球开奖的电视特写画面与全景画面不同步；不过管理中心强调，此次摇奖过程由北京市公证处全程监督和公证，可确保结果真实有效。个别彩民对这个解释甚至发出"主持人、摄像师和公证员相互串通，共同操纵开奖结果不是没有可能"的极端言论。彩民因画面不真实而对开奖过程产生怀疑，情有可原，毕竟那涉及广大彩民的切身利益。笔者也相信彩票发行管理中心的解释，"串通"一说只是一种没有事实根据的怀疑；不过，这里涉及在特写画面不清晰的情况下如何进行处理的问题，尤其是在现场开奖这样事关成千上万彩民切身利益的场合，对新闻现场录像的任何变动，都会引起社会各方面强烈反响。

第四，刑诉法没有有关讯问、询问录像问题的规定。国外的经验表明，讯问录像是合法取得犯罪嫌疑人有罪供述的有力保障。英国内政部 1991 年颁布的《录音实施法》及《录音实施法修正案》要求警察在讯问犯罪嫌疑人时必须同时制作两盘录音带和两盘录像带，录音（像）带必须由同一录音（像）机同时录制，开始录音（像）时要先说明被讯问人的姓名、讯问人和在场人的姓名和身份等情况。讯问结束，将其中一盘立即封存，封存标签上注明时间和地点，由被讯问人签名，另一盘供诉讼使用。两盘录音（像）带均不允许拷贝。据笔者实际调查和相关资料介绍，我国实际早已研制出视听资料采证系统。这种采证系统目前在公安、检察机关已开始应用。从技术和经济成本两方面考虑，至少在市一级公安机关和检察系统运用视听资料采证系统不存在障碍，问题是我国法律并没有这方面的强制性规定；从另一方面看，一些大案、要案的犯罪嫌疑人翻供现象十分突出，甚至在一些地方出现每案必翻的现象。此外，我国法律有关证人、被害人保护方面的规定也十分不足，既没有强制证人作证的制度性规定，也没有对易受伤害的证人、被害人的出庭保护措施。这与美、英、德有关可以用证人录像代替证人出庭的规定差距很大。证人录像证言的出示，不仅能够体现法律对易受伤害的被害人、证人的人道主义关怀，而且能够比书面证言更真实、更全面、更感性地反映证人作证的全过程，法官对证人证言的证明力判断显然比书面证言的准确。

三、对我国录像证据规定的完善建议

针对上述问题，笔者有四点完善建议。

1. 在立法中将录音证据与录像证据分开规定，以保证录像证据特殊采用规则的落实，理由如前所述。

2. 设置有关监控录像可采的基本规则。从国外的立法例来看，监控录像要可采，必须满足"设置监控设备必须合理"这一特定要件，它有两个构成要素：（1）具有"监控的必要性"，即主体出于维护自身安全和管理秩序的需要，才能够设置监控录像。对这个构成要素的理解，从积极方面来说，如果设置监控录像，会极大地降低潜在的不安全因素；从消极方面来说，如果不设置监控录像，不安全因素会大大增加。（2）主体具有"监控告知义务"，

即主体必须将监控设备放在显眼的位置上，明确告知进入监控范围的公民，他正受到监控，以此来抵消公民在特定场所可能有的隐私期待。只有满足了"合理监控"这一特定要件，监控录像才具有可采性。

3. 对于事关观众切身利益的新闻现场录像，如前述的开奖型新闻现场报道，不能随意进行删改或者编辑，必须有严格的制作程序规范和运用规范，保证新闻现场录像真实可信。如果在诉讼中就新闻现场录像的真实性产生争议，可以参考国外的做法，将新闻报道录像的内容按照证据法中的"大致推定"原则，确定其表现的真实性。如果对方当事人不提出异议，就认定新闻报道录像具有初步的真实性；如果对方当事人提出异议，法官认为异议合理且对案件事实的认定具有重要影响，则应当就新闻报道录像的内容传唤记者出庭，就其制作来源、经过作证，必要时还可以传唤新闻报道录像中出现的采访对象作证。

4. 从法律的层面规定大案要案讯问全程录音、录像制度。目前，我国沿海一些经济发达地区已经有这样的一些地方性规定。如新华社在 2004 年 9 月 4 日报道，深圳市人民检察院反贪部门对所侦办的职务犯罪案件的讯问过程进行全程录音、录像，以防止被控贪官在法庭上翻供现象大量发生。深圳市人民检察院有关负责人说，对讯问过程进行不间断的录音、录像以应对被控贪官当庭翻供的做法，是从香港廉政公署借鉴来的成功经验，目前已进入具体实施阶段。具体规定：（1）反贪部门侦办的职务犯罪案件，检察人员讯问犯罪嫌疑人除依法在拘留所、看守所进行的外，其余一律在人民检察院的讯问室进行。（2）检察官在讯问室讯问犯罪嫌疑人，除制作常规的笔录外，还必须对整个讯问过程不间断地录音、录像，以视听资料的形式真实记录讯问全过程。（3）录音、录像设备将从检察官进入讯问室那一刻自动开始运作。为保证讯问检察官对讯问过程进行真实记录，检察院要求录像记录必须准确到"秒"。（4）负责讯问的检察官在讯问开始前，必须告知被讯问的犯罪嫌疑人讯问过程会进行全程录音、录像；同时，讯问要使用普通话，只有在犯罪嫌疑人不能用普通话正确表达时，才能使用广东话或其他方言。（5）讯问结束后，办案检察官无权处理视听资料，这些资料由技术人员同步制成视听资料证据交由专门部门保管。任何人未经批准不得查阅、调取、复制或剪辑这些资料。（6）对案件重要证人的询问，也可以在检察院专设的询问室进行全程录音、录像，但必须事先征得证人本人同意。这种地方性规定具有积极意义，可为我国《中华人民共和国刑事诉讼法》所吸收。

第十七章

客观真实在理念层次的检审

一、客观真实的含义

客观真实并不是一个不言而喻的概念。这一点，一些学者在论及客观真实的概念时，多多少少有所忽略。这也是造成目前"客观真实"与"法律真实"之争的一个重要原因。因此，框定客观真实的论域，划定客观真实的适用范围，以及确定客观真实的本质属性，是我们在使用客观事实这个概念时，不得不考虑的一个前置性问题。否则，我们会陷入无谓的争论，把本来很清楚的问题搞得比较模糊。

首先，客观真实的提出是针对诉讼证明标准这个问题的。这一点，"客观真实说"和"法律真实说"都会一致同意。这也是我们在证据法中探讨客观事实的基本论域。而证明标准问题会涉及认识问题，笔者认为程序正义论者也会承认。① 因此，如果离开了诉讼证明标准问题，以案件在诉讼发生以前本身呈现的客观真实状态来说明客观真实，无疑会使问题复杂化。例如，有的学者在探讨客观真实时，以姚锦云光天化日之下在天安门广场用驾驶汽车的方式危害公共安全案说明绝对真实是存在的，以此来否定相对真实。笔者个人认为这多多少少误解了客观真实的概念。"客观真实"和"客观真实的（事实）"应当是两个不同的概念。前者是认识论上的概念，是对事实的认知，它关涉主体的理性认知能力；而后者是本体论上的概念，是指事实本身，是不依赖于主体主观意识的客观存在状态。事实的认知和事实，这是两回事。

---

① 例如，陈瑞华主张用程序正义理论作为证据法学的理论基础。笔者注意到他主要是针对证明的手段和方式而言的，更多地体现在证据规则等问题上。他也承认证明活动会涉及认识问题。

以本体意义的客观真实来对证明标准这一认识论问题做出回答，无疑不太恰当。相反，以程序正义理论这一价值论应对认识论上的问题，来说明认识主体和认识客体的关系，也有进一步讨论的必要。① 当然，证明活动不仅仅是认识问题，它还具有程序性或者诉讼性。这也应当明确。

　　强调证据法中探讨客观真实基本论域的突出意义，在于确定客观真实的对象是案件中需要证明的事实。这是个证明对象的问题，在刑事诉讼和民事诉讼中的表现不同。因此，我们不能以案件中非法律意义的事实或者细节没有得到说明来否认客观真实存在的可能性。换句话说，如果案件所有的要证事实都能够得到证明，客观真实的存在是可能的，虽然这种可能性很小。这也是目前法律真实论者所忽略的问题。因此，如果用刑事案件中杀人凶手的表情等细节性问题无法查明来否认客观真实不存在，可能不太恰当。这也是目前一些研究者"盲目"坚持法律真实论的一个重要原因。

　　其次，就客观真实概念的适用，笔者认为有三个层面的意思，即客观真实是绝对的而非相对的，是认识的而非本体的，是一般的而非具体的。

　　第一，客观真实是绝对的而非相对的判断标准。正如有的学者所言，证明标准的研究涉及的层次较多，首要的则是理念层次，即"客观真实说"和"法律真实说"。② 就理念层面，客观真实与法律真实之争的关键是对认识主体对案件的主观回复能力的评价。客观真实说认为在司法活动中，人们对案件事实的认识能够完全符合客观的实际情况。而法律真实说认为，在司法活动中，人们对案件事实的认识能够符合客观的实际情况。这里要注意的是，完全符合和符合是两个不同的概念。完全符合是一种绝对的没有任何偏差的符合，它是个绝对概念；而符合本身是个程度概念，它本身就隐含着误差的可能性。完全符合不过是符合的一种特殊状态。但是，不是完全符合的情况也存在符合的可能性。这取决于人们凭借经验法则和逻辑法则对符合本身做出的质的规定性。这就是证明标准的法律规定问题。因此，就理念的层次而

---

① 例如，陈瑞华认为证明活动并不等于认识活动，更主要的是"法律法规的适用和法律价值选择的问题"。这显然也有讨论的必要。在诉讼中即使不承认法官是承担证明责任的主体，法官也要通过听审、通过当事人双方对案件充分而理性的交涉来形成"内心确信"，这当然是对案件事实的认识问题。再退一步，法律规则的适用和价值选择也会涉及事实认知问题。

② 龙宗智，何家弘. 刑事证明标准纵横谈［J］. 证据学论坛，2002，4（1）：146，147，153.

言，客观真实与法律真实并不是矛盾的两极。

对客观真实概念绝对性的理解，应当是符合有关表述的习惯的。这里要注意区分绝对真实和绝对可靠两个概念。陈光中教授主张的客观真实并不是我们在这里所讨论的客观真实。因为他承认证明活动具有有限性，"即使已证实犯罪事实和犯罪人的案件，其所达到的客观真实也不可能与客观存在的犯罪事实情况完全吻合，不仅细枝末节无法查清，而且某些与定罪量刑有关的情节也常常难以认定"①。他主张的客观真实，笔者认为是绝对可靠的"符合论"，是能经得起科学检验的"符合"。在对客观真实的表述中，陈老师并没有用完全符合的表述——"我们认为刑事证明的目的，总体来说是要达到诉讼（案件）客观真实，即指公安司法人员在诉讼中根据证据所认定的案件事实要符合客观存在的案件事实"。陈老师只不过强调"符合"一定是绝对可靠的符合，包含着"不依赖于人们意志为转移的客观内容"，"能够区分正确与错误"。因此，在刑事案件对犯罪的认定中，不能借口相对真实否认有"绝对的把握性"的"符合"。在这个意义上，陈老师说的绝对，应当不是客观真实概念中所说的绝对。从这里可以反证，客观事实的绝对性应当没有疑义，它不是一个程度概念。

第二，客观真实是认识的而非本体的判断标准。客观真实反映的是主体与客体之间的认知关系，它反映了主体对客体的评价。这里有必要再次强调，"客观真实"这一认识论范畴与"客观真实的（事物）"这一本体论范畴是两个完全不同的概念。不能用"客观真实的（事物）"的绝对性存在理所当然地推出"客观真实"的认识绝对性的存在。事实是客观的、唯一的，而对事实的认知由于受到多方面因素的限制，可能偏离事实真相。现代哲学诠释学中所讲的"前见""前理解""场景"（S）② 等概念讲的也是同一回事，即人的理性认知能力并不具有绝对性和至上性。③ （1）对于人的这种认识能力的检审，在康德那儿达到极致。（2）现代心理学的研究和人类实践、社会文化的发展都表明，康德的怀疑是有道理的。

---

① 陈光中，陈海光，魏晓娜. 刑事证据制度与认识论：兼与误区论、法律真实论、相对真实论商榷 [J]. 中国法学，2001（1）：38-53.
② 梁治平. 法律的文化解释：增订本 [M]. 北京：生活·读书·新知三联书店，1994：12-16.
③ 理性有本体论和认识论两个考察角度。

具体在证明活动中，偏离事实真相的因素主要有五点：（1）证明活动是对"两种过去"的操作。先在于程序的案件"过去"只有经过程序加工才成为确定的过去。^①当事方的讨论、辩驳和说服以及证据的展示，都有着很强的技术性。（2）法官形成内心确信，主要通过证明责任是否完成来进行。他所依据的经验法则和逻辑法则都有一个盖然性问题，取决于法官的道德素质和职业能力。（3）案件事实的探知方式是历史因溯性的思维。时间不可逆，使得法官和当事方不得不依靠先前的案件事实留下的主观痕迹和客观痕迹（证据）来认定案件事实。（4）对于无法查明的"过去"，用法律推定的方式来查明。（5）用来证明案件事实的证据材料本身的主观属性，也存在盖然性问题。

第三，客观真实是一般的而非具体的判断标准。客观真实作为一种判断，当然包含着人的主观意识。只不过这是主观意识与认知客体完全达到一致状态下的判断。恩格斯就人的认识能力的至上性和非至上性有过精辟的论述。他说，思维的至上性是在一系列非常不至上的思维着的人们中实现，拥有无条件真理权的那种认识是在一系列相对谬误中实现的，从这个意义上说，人的思维是至上的，同时又是不至上的，它的认识能力是无限的。按它的个别实现和每次现实来说，又是不至上的和有限的。具体在对客观真实的判断中，客观真实就是我们所说的绝对真实、绝对真理。但这种绝对性是针对一般人而言的，它是指人的认知潜力而非具体的认知能力。所谓世界是可知的，也主要在这个意义上使用。而诉讼是"人的事业而非神的功业。人有认识的局限、有性格的弱点，在资源有限、信息有限的情况下，就具体案件所达到的真实，应当说只是一种'排除合理怀疑'、具有'合理可接受性'的真实"^②。

最后，在现阶段，客观真实的本质属性在于对法律真实的反思性批判功能。客观真实是一种理念。这种查明案件事实真理的理念，不管是在刑事诉讼还是民事诉讼中，也不论是在英美法系国家还是大陆法系国家，与其他的诉讼价值和理念相比，具有更为根本和基础性的地位。^③其原因在于，这一理念一直以来被人们视作正确解决诉讼纠纷的事实基础和前提条件。但是强调

---

①　季卫东. 法治秩序的建构［M］. 北京：中国政法大学出版社，1999：25.

②　龙宗智，何家弘. 刑事证明标准纵横谈［J］. 证据学论坛，2002，4（1）：146，147，153.

③　这种对案件客观真实追求的理念，超越了法文化、法体系的界限。所谓法律真实和客观真实之争，不在于这种求真理念是否应当具有的争执，而是绝对案件客观真实是否能够达到的争执。

这一理念的反思性批判功能的，似乎只有中国这样一个特定法文化背景的国家。尤其是在刑事案件发生后，老百姓所看重的是正义的实质实现。在形式理性和程序正义的观念尚付阙如，公安司法人员素质和能力都有待提高的情形下，理性有本体论和认识论两个考察角度。① 康德的"批判哲学"，按照他自己的话来说，"我之所谓批判，不是意味着对诸书籍或诸体系的批判，而是关于独立于所有经验去追求一切知识的一般理性能力的批判"②。这种对案件客观真实追求的理念，超越了法文化、法体系的界限。所谓法律真实和客观真实之争，不在于这种求真理念是否应当具有的争执，而是绝对案件客观真实是否能够达到的争执。客观真实对法律真实的反思性批判功能的发挥最为重要。龙宗智教授关于"客观真实是刑事诉讼中不倒的旗帜"的论述，也有这个层面的意思。

　　这里一个饶有趣味的问题是，纵观大陆法系国家和英美法系国家有关证据标准设定的法制度，似乎都承认证明活动的盖然性特征，都是通过较为严密的程序设定来追求案件事实。对其裁判结果，他们都会认为是"客观"事实，并不存在法律真实与客观真实之争。③ 其原因可以归结为这些国家司法的高度职业化特征和法律制度的高度技术性特征。职业化特征保证了法官的职业伦理素质，技术性特征意味着通过程序（制度）追求案件真实的可能性。

二、客观真实与相邻概念的关系

　　目前在理念的层面，有很多概念来表述证明标准问题。如客观真实与法律真实，绝对真实和相对真实，实质（体）真实和程序真实。对于客观真实与这些相邻概念的关系，笔者的观点主要有三：（1）法律真实和客观真实并不是矛盾的两极，法律真实在某些情况下可以包容客观真实。（2）客观真实是绝对真实，但法律真实不等同于相对真实。（3）实质（体）真实与程序真

---

① 欧阳康．合理性与当代人文社会科学 [J]．中国社会科学，2001（4）：16-25，203.
② 转引自李泽厚．李泽厚哲学文存：上编 [M]．安徽：安徽文艺出版社，1983：68。
③ 根据笔者所阅读的，似乎还没有发现当代"法治"国家强调客观真实具有对法制真实的反思批判功能的。提得比较多的，是案件事实暴露程度这一客观方面对法官主观心证形成的制约和反思性批判，如日本的刑事司法制度。笔者认为这是两个不同的问题域。简单地说，前者是以"事实乌托邦"作为标准，伦理道德化色彩较重；后者是以"通过程序发现的事实"作为标准，具有更强的可操作性。在法官素质问题和司法"精密化"问题没有解决之前，笔者认为客观真实的坚持在中国具有非常重大的意义。

实的划分有进一步讨论的必要。前两个观点笔者已经说明理由。下面主要说明第三个问题。

第一，这种划分可能会造成一定程度的误解，尤其是程序真实的概念。程序真实可以作"通过正当程序的方法所表见的案件真实"的理解，但还存在作其他解释的可能性。比如，（1）通过正在进行的程序追求案件真实，（2）程序本体上（程序的进行）是真实的。前一种理解抛弃了程序方法中的正当化因素；后一种理解只把程序看作一种"过场"或"形式"。这种解释的歧义，在司法实务中可能会成为司法人员错误裁判的借口。

第二，最重要的是，程序真实是通过善的方法以得到真，着重在善的方法；实体真实是人们的认识对案件实体结果的符合，着重在认识的方法。善的方法是价值论层面问题，认识的方法是认识论层面的问题。似乎不能用同一个划分标准来区分实体真实和程序真实。

第三，这种划分有可能造成实体真实和程序真实的不可调和。笔者赞同实体真实和程序真实二者"不可偏废"、具有同等的重要性的观点，也赞成利用程序中的形式理性理念和正当性理念在司法实务中确保实体真实和程序真实都能够得到同等程度的重视。可能会产生疑问的是，如果通过善的方法追求的结果与案件的实体结果有冲突，例如，辛普森案件；或者利用"擦边球"战术甚至恶的方法得到实体真实，例如，现在刑事司法实务部门的情况，我们应当如何处理呢？我们能借口程序不正当而撤销可能正确的裁判，或者偏重实体结果的追求而用非善的方法吗？因此，我们在强调实体真实和程序真实二者不可偏废的同时，可能会造成实体真实和程序真实不可调和。当然，这种不可调和更主要的原因在于实务中"重实体、轻程序"的观念，并不是这种划分所带来的结果。

基于上述三点理由，笔者以为，更好的说法可能是，我们要通过至少不是恶的程序方法来追求已发生的案件真实。这种说法可能会直接一点，少一些歧义和矛盾。

综上讨论，笔者想特别指出的是，对客观真实问题似是而非、大而化之的理解所带来的破坏性，远远超过其概念可能带来的建构意义。这也是目前坚持客观真实说甚至会被当作"保守"的一个重要原因。在这个意义上，我们似乎更能理解，在当代特定语境下提倡"客观真实"的理论价值和现实意义。

主要参考文献

一、中文文献

（一）著作

[1] 陈波. 逻辑哲学 [M]. 北京：北京大学出版社，2005.

[2] 陈光中. 证据法学 [M]. 北京：法律出版社，2012.

[3] 黄维智. 证据与证明：以刑事法治为视角 [M]. 北京：中国检察出版社，2006.

[4] 梁根林. 刑事法网：扩张与限缩 [M]. 北京：法律出版社，2005.

[5] 林钰雄. 干预处分与刑事证据 [M]. 台北：元照出版公司，2007.

[6] 刘大椿. 科学哲学 [M]. 北京：人民出版社，1998.

[7] 裴苍龄. 新证据学论纲 [M]. 北京：中国法制出版社，2002.

[8] 彭孟尧. 知识论 [M]. 台北：三民书局，2009.

[9] 孙长永. 探索正当程序：比较刑事诉讼法专论 [M]. 北京：中国法制出版社，2005.

[10] 张斌. 科学证据采信基本原理研究 [M]. 北京：中国政法大学出版社，2012.

（二）译著

[1] 艾伦，库恩斯，斯威夫特. 证据法：文本、问题和案例 [M]. 张保生，王进喜，赵滢，译. 北京：高等教育出版社，2006.

[2] 奥尔森. 基督教神学思想史 [M]. 吴瑞诚，徐成德，译. 北京：北京大学出版社，2003.

[3] 波塞尔. 科学：什么是科学 [M]. 李文潮，译. 上海：上海三联书店，2002.

[4] 福斯特，休伯．对科学证据的认定：科学知识与联邦法院 [M]．王增森，译．北京：法律出版社，2001.

[5] 哈克．证据与探究：走向认识论的重构 [M]．陈波，等译．北京：中国人民大学出版社，2004.

[6] 胡萨克．刑法哲学．第2版 [M]．谢望原，等译．北京：中国人民公安大学出版社，2004.

[7] 华尔兹．刑事证据大全．第2版 [M]．何家弘，等译．北京：中国人民公安大学出版社，2004.

[8] 罗科信．刑事诉讼法．第24版 [M]．吴丽琪，译．北京：法律出版社，2003.

[9] 罗森贝克，施瓦布，戈特瓦尔德．德国民事诉讼法 [M]．李大雪，译．北京：中国法制出版社，2007.

[10] 罗素．人类的知识 [M]．张金言，译．北京：商务印书馆，2003.

[11] 斯特龙．麦考密克论证据 [M]．汤维建，等译．北京：中国政法大学出版社，2004.

[12] 松尾浩也．日本刑事诉讼法：下卷 [M]．张凌，译．北京：中国人民大学出版社，2005.

[13] 田口守一．刑事诉讼法 [M]．刘迪，等译．北京：法律出版社，2001.

[14] 魏根特．德国刑事诉讼程序 [M]．岳礼玲，温小结，译．北京：中国政法大学出版社，2004.

（三）期刊

[1] 何家弘．让证据走下人造的神坛：试析证据概念的误区 [J]．法学研究，1999（5）.

[2] 龙宗智，何家弘．刑事证明标准纵横谈 [J]．证据学论坛，2002，4（1）.

[3] 龙宗智．推定的界限及适用 [J]．法学研究，2008（1）.

[4] 宋振武．传统证据概念的拓展性分析 [J]．中国社会科学，2009（5）.

[5] 吴家麟．论证据的主观性与客观性 [J]．法学研究，1981（6）.

[6] 张斌．科学证据采信的基本原理 [J]．四川大学学报（哲学社会科

学版），2011（4）.

　　［7］张斌. 论被告人承担客观证明责任［J］. 中国刑事法杂志，2007（5）.

　　［8］张斌. 论科学证据的概念［J］. 中国刑事法杂志，2006（6）.

　　［9］张斌. 论科学证据的三大基本理论问题［J］. 证据科学，2008（2）.

　　［10］张斌. 证据概念的学科分析：法学、哲学、科学的视角［J］. 四川大学学报（哲学社会科学版），2013（1）.

　　［11］张继成. 事实、命题与证据［J］. 中国社会科学，2001（5）.

　　［12］张继成. 诉讼证明标准的科学重构［J］. 中国社会科学，2005（5）.

　　［13］周洪波. 修正的事实说：诉讼视野中的证据概念新解［J］. 法律科学（西北政法大学学报），2010，28（2）.

二、外文文献

　　［1］Bernard of Pavia, Ernst Adolph Theodor Laspeyres. Summa Decretalium［M］. Ratisbonae：Apud G. I. Manz, 1860.

　　［2］MAY R, POWLES S. Criminal Evidence［M］. 5th ed. London：Sweet & Maxwell, 2004.

　　［3］MURPHY P. Murphy on Evidence［M］. 6th ed. Blackstone Press Limited, 1997.

　　［4］ROBERTS P, ZUCKERMAN A. Criminal Evidence［M］. London：Oxford University Press, 2004.

　　［5］SHAPIRO B. Beyond Reasonable Doubt and Probable Cause：Historical Perspectives on the Anglo-American Law of Evidence［M］. Berkeley：University of California Press, 1991.

　　［6］WHITMAN J Q. In The Origins of Reasonable Doubt：Theological Roots of the Criminal Trial［M］. New Haven：Yale University Press, 2008.